2021 年
全国高校社科统计资料汇编

2021 Nian

Quanguo Gaoxiao Sheke Tongji

Ziliao Huibian

教育部社会科学司　编

高等教育出版社·北京

图书在版编目（C I P）数据

2021 年全国高校社科统计资料汇编 / 教育部社会科学司编 . -- 北京：高等教育出版社，2024.10. --ISBN 978-7-04-062818-0

Ⅰ. G649.28-66

中国国家版本馆 CIP 数据核字第 20245BY669 号

策划编辑 王 楠 王 杨　　责任编辑 王 杨　　封面设计 李卫青　　版式设计 明 艳
责任校对 高 歌　　责任印制 赵 佳

出版发行 高等教育出版社
社　　址 北京市西城区德外大街 4 号
邮政编码 100120
印　　刷 北京中科印刷有限公司
开　　本 787mm×1092mm 1/16
印　　张 19.25
字　　数 620千字
购书热线 010-58581118
咨询电话 400-810-0598

网　　址 http://www.hep.edu.cn
http://www.hep.com.cn
网上订购 http://www.hepmall.com.cn
http://www.hepmall.com
http://www.hepmall.cn

版　　次 2024 年10月第 1 版
印　　次 2024 年10月第 1 次印刷
定　　价 150.00 元

物 料 号 62818-00

出 版 说 明

本资料汇编的统计范围是:截止到 2021 年 12 月 31 日按国家规定审批程序批准的全日制普通高等学校中的社会科学、综合、师范、体育类院校(包括大学、专门学院和高等专科学校)以及理工农医本科院校的数据。其中,学科的分类是以《学科分类与代码》(GB/T 13745—2009)为依据,学校的名称和分类是以教育部 2021 年 12 月底公布的数据为依据。

教育部社会科学司

2022 年 12 月

目　录

一、2021 年全国高等学校人文、社会科学学校分布表

省市自治区名称	合计	按规格划分		按隶属关系划分			按类型划分								
		本科院校	专科院校	教育部直属院校	部委院校	地方院校	综合大学	理工农医院校	师范院校	语言院校	财经院校	政法院校	艺术院校	民族院校	体育院校
合计	2 543	1 229	1 314	73	41	2 429	612	1 186	241	49	254	61	89	18	33
北京市	90	65	25	23	14	53	5	36	2	10	16	8	9	1	3
天津市	53	30	23	2	1	50	15	21	2	2	5	1	4	0	3
河北省	122	61	61	0	4	118	22	64	15	4	7	5	4	0	1
山西省	71	29	42	0	0	71	15	29	12	3	9	1	1	0	1
内蒙古自治区	46	17	29	0	0	46	19	17	3	1	2	1	2	0	1
辽宁省	104	61	43	2	3	99	14	62	11	2	7	2	4	1	1
吉林省	60	37	23	2	0	58	8	31	9	2	5	2	2	0	1
黑龙江省	80	39	41	1	2	77	21	35	7	1	8	2	3	1	2
上海市	61	40	21	8	2	51	4	27	2	2	17	3	5	0	1
江苏省	165	78	87	7	3	155	23	105	15	0	14	2	5	0	1
浙江省	106	58	48	1	0	105	40	33	9	3	14	2	4	0	1
安徽省	116	46	70	1	1	114	9	66	16	2	17	2	3	0	1
福建省	88	39	49	1	1	86	26	39	8	2	8	1	3	0	1
江西省	96	45	51	0	0	96	33	43	11	0	6	1	2	0	0
山东省	135	69	66	2	0	133	61	51	7	1	8	3	3	0	1
河南省	144	57	87	0	1	143	9	93	14	0	20	4	3	0	1
湖北省	115	66	49	7	1	107	8	78	7	1	10	2	4	2	3
湖南省	104	38	66	2	1	101	42	35	11	1	8	2	2	2	1
广东省	149	64	85	2	2	145	66	48	8	2	14	2	6	0	3
广西壮族自治区	81	38	43	0	0	81	25	32	10	1	7	1	3	1	1
海南省	21	8	13	0	0	21	4	7	2	1	5	1	0	0	1
重庆市	67	26	41	2	0	65	16	31	4	2	9	2	3	0	0
四川省	126	52	74	4	2	120	42	55	12	2	6	1	5	2	1
贵州省	68	26	42	0	0	68	20	25	13	0	7	1	0	2	0
云南省	81	32	49	0	0	81	16	35	11	1	10	2	4	1	1
西藏自治区	4	4	0	0	0	4	1	2	0	0	0	0	0	1	0
陕西省	76	54	22	5	1	70	20	32	8	2	8	2	3	0	1
甘肃省	45	22	23	1	1	43	7	25	6	1	3	2	0	1	0
青海省	11	3	8	0	0	11	4	4	1	0	0	1	0	1	0
宁夏回族自治区	17	8	9	0	1	16	3	5	2	0	2	1	1	2	1
新疆维吾尔自治区	41	17	24	0	0	41	14	20	3	0	2	1	1	0	0

1. 各省、市、自治区高等学校人文、社会科学研究与发展概况表(一)*

省市自治区名称	社科活动人员(人)								
	合计	按职称划分				其他人员	合计	按职称划分	
		小计	高级	中级	初级			高级	中级
合计	896 954	896 479	322 607	413 117	160 755	475	697 460	287 696	267 998
北京市	40 372 7	40 349 7	20 610 2	17 094 10	2 645 23	23 7	53 760 1	23 721 1	13 616 7
天津市	16 980 24	16 978 24	6 389 23	8 104 23	2 485 24	2 13	15 083 20	6 152 21	5 817 20
河北省	41 415 6	41 410 6	14 890 7	19 118 7	7 402 7	5 12	28 675 10	11 746 9	13 528 8
山西省	21 616 22	21 616 22	6 383 24	9 870 20	5 363 14	0 20	10 655 24	4 604 25	4 580 22
内蒙古自治区	13 380 25	13 380 25	5 389 26	6 037 25	1 954 26	0 20	7 526 27	3 488 26	3 060 26
辽宁省	32 777 11	32 777 11	13 598 10	15 269 11	3 910 19	0 20	21 060 18	10 136 11	7 617 17
吉林省	22 569 21	22 569 21	8 960 18	9 123 22	4 486 17	0 20	21 783 16	8 902 18	8 216 16
黑龙江省	23 457 20	23 457 20	10 269 15	10 246 19	2 942 21	0 20	11 447 23	5 288 24	4 539 23
上海市	26 888 17	26 888 17	11 224 13	12 948 16	2 716 22	0 20	21 672 17	9 605 13	7 143 18
江苏省	54 958 4	54 957 4	22 422 1	27 046 2	5 489 13	1 15	49 016 3	21 054 2	20 619 2
浙江省	40 274 8	40 266 8	14 273 8	20 071 6	5 922 11	8 11	47 756 4	18 926 4	18 837 3
安徽省	32 218 12	32 204 12	10 417 14	14 593 13	7 194 8	14 10	23 347 15	9 122 16	9 860 12
福建省	28 595 16	28 595 16	9 790 16	12 350 17	6 455 9	0 20	26 688 11	11 242 10	10 243 10
江西省	30 330 14	30 330 14	8 760 19	13 870 15	7 700 6	0 20	14 023 21	5 319 22	6 320 19
山东省	57 225 2	57 171 2	19 660 3	27 029 3	10 482 3	54 4	38 443 5	16 189 5	15 921 4
河南省	56 084 3	56 082 3	16 013 6	25 502 4	14 567 1	2 13	31 095 8	10 136 11	14 042 5
湖北省	40 156 9	40 027 9	17 350 5	17 590 8	5 087 15	129 1	29 994 9	13 376 7	9 131 13
湖南省	39 046 10	39 022 10	13 396 11	17 562 9	8 064 5	24 6	32 843 7	14 282 6	13 526 9
广东省	65 582 1	65 559 1	19 062 4	32 516 1	13 981 2	23 7	49 191 2	18 956 3	21 077 1
广西壮族自治区	29 225 15	29 203 15	8 984 17	14 098 14	6 121 10	22 9	23 656 14	9 496 14	10 003 11
海南省	7 541 28	7 515 28	2 427 28	3 310 28	1 778 27	26 5	4 655 28	1 930 28	1 749 28
重庆市	25 045 18	25 045 18	8 384 20	12 033 18	4 628 16	0 20	24 446 12	9 038 17	8 811 14
四川省	45 130 5	45 129 5	13 820 9	21 335 5	9 974 4	1 15	34 767 6	12 677 8	13 784 6
贵州省	18 580 23	18 579 23	7 385 22	7 628 24	3 566 20	1 15	13 506 22	6 517 19	4 290 24
云南省	23 913 19	23 912 19	8 377 21	9 616 21	5 919 12	1 15	15 691 19	6 286 20	5 489 21
西藏自治区	1 457 31	1 456 31	532 31	671 31	253 31	1 15	1 096 30	459 31	417 30
陕西省	31 350 13	31 271 13	12 272 12	14 648 12	4 351 18	79 2	24 021 13	9 235 15	8 710 15
甘肃省	13 003 26	13 003 26	6 067 25	5 684 27	1 252 29	0 20	10 004 25	5 290 23	3 321 25
青海省	2 237 30	2 237 30	955 30	735 30	547 30	0 20	1 085 31	588 30	284 31
宁夏回族自治区	4 607 29	4 548 29	1 463 29	1 670 29	1 415 28	59 3	2 231 29	733 29	737 29
新疆维吾尔自治区	10 944 27	10 944 27	3 086 27	5 751 26	2 107 25	0 20	8 245 26	3 203 27	2 711 27

* 表内各省(区、市)数据中前为该项数值,后为该数值在全国的排位。

研究发展人员（人）														R & D 经费情况（千元）					
		按学历学位划分								其他人员		折合全时人员（人年）		当年经费收入合计				当年经费支出合计	
初级		博士毕业		硕士毕业		本科毕业		其他学历								其中：科研事业费			
65 083		200 445		346 359		142 578		8 078		5 545		147 108		31 248 184.7		10 309 360.1		29 478 514.3	
1 367	19	24 727	1	16 428	9	12 252	1	353	8	759	2	10 433	1	3 628 530.7	1	1 591 621.3	1	3 501 282.7	1
1 561	17	5 139	17	7 242	21	2 665	22	37	26	1	29	3 516	21	413 309.2	23	110 815.6	22	423 032.0	22
2 248	12	5 270	16	17 858	5	5 299	13	248	15	42	21	5 995	9	740 383.5	15	121 532.0	21	772 890.5	15
1 028	23	3 271	21	5 936	24	1 445	27	3	28	0	30	2 194	25	350 176.8	24	82 574.2	24	309 548.6	24
663	27	1 655	27	3 877	27	1 825	26	169	20	17	26	1 410	27	203 874.1	26	81 357.2	25	188 875.8	26
1 146	21	6 726	12	9 556	17	4 718	15	60	24	3	27	4 569	16	578 762.3	18	211 726.4	16	575 121.1	17
2 790	10	5 791	15	12 266	13	3 466	19	260	12	486	3	4 873	15	693 731.9	16	239 284.7	14	645 936.1	16
700	25	2 622	24	6 391	22	2 434	23	0	31	0	30	3 881	20	260 739.4	25	67 536.1	27	246 358.9	25
1 043	22	11 326	5	7 314	20	2 844	20	188	18	80	18	5 366	12	2 522 708.4	4	1 335 639.2	2	2 344 924.3	4
2 754	11	15 439	3	24 633	3	8 768	3	176	19	66	19	9 484	4	1 814 509.1	5	526 066.8	5	1 678 837.3	5
4 533	3	13 727	4	25 520	1	7 733	4	776	1	771	1	9 922	3	2 726 549.4	3	780 261.5	4	2 412 491.0	3
3 124	9	4 506	18	13 993	11	4 589	16	259	13	130	14	5 579	11	1 209 004.3	11	397 799.3	8	1 130 946.5	11
3 171	8	7 011	10	14 428	10	4 930	14	319	10	391	5	5 002	14	1 016 829.1	14	391 033.2	9	981 778.4	13
2 100	15	3 558	20	8 054	19	2 161	25	250	14	49	20	2 507	23	557 845.7	19	137 314.1	19	512 693.9	20
3 843	5	10 026	7	20 498	4	7 264	6	655	3	283	7	8 319	5	1 510 034.3	6	312 649.0	11	1 345 050.3	6
5 193	2	6 446	13	17 636	6	6 521	9	492	6	137	13	5 599	10	1 284 653.6	10	178 532.0	17	1 233 026.7	10
1 818	16	10 810	6	11 896	15	6 858	7	430	7	331	6	7 467	7	1 316 034.7	9	429 720.1	7	1 262 143.7	9
3 279	6	8 940	8	16 626	8	6 693	8	584	5	189	12	7 324	8	1 340 270.0	8	478 029.9	6	1 304 162.8	8
5 372	1	16 064	2	24 932	2	7 582	5	613	4	464	4	9 952	2	3 071 234.6	2	1 213 851.6	3	2 910 908.4	2
3 175	7	4 371	19	13 260	12	5 685	11	340	9	261	9	4 407	18	626 242.9	17	254 116.7	12	569 968.4	18
690	26	1 223	28	2 322	28	1 056	28	54	25	42	21	896	28	139 222.0	28	45 876.2	28	129 862.6	28
2 199	13	7 609	9	10 417	16	6 207	10	213	16	101	16	5 154	13	1 166 021.9	12	244 123.2	13	1 111 113.8	12
4 430	4	6 963	11	17 307	7	9 732	2	765	2	196	10	7 546	6	1 343 852.0	7	326 307.7	10	1 317 658.5	7
1 327	20	3 177	22	6 341	23	3 796	18	192	17	193	11	2 564	22	481 646.1	21	106 266.2	23	462 316.3	21
2 138	14	2 955	23	8 071	18	4 349	17	316	11	274	8	3 901	19	491 687.3	20	142 409.0	18	520 127.4	19
164	31	198	31	671	30	224	30	3	28	20	25	202	31	36 352.3	30	16 645.8	30	37 061.3	30
1 553	18	6 173	14	12 120	14	5 615	12	113	21	102	15	4 557	17	1 049 499.9	13	228 764.8	15	942 343.0	14
328	29	2 213	25	4 863	25	2 825	21	103	22	21	24	2 264	24	419 058.2	22	129 995.3	20	378 985.8	23
172	30	331	30	542	31	209	31	3	28	2	28	265	30	17 938.2	31	10 944.4	31	18 639.8	31
448	28	444	29	1 128	29	624	29	35	27	35	23	539	29	71 809.2	29	35 987.6	29	76 388.2	29
726	24	1 734	26	4 233	26	2 209	24	69	23	99	17	1 422	26	165 673.4	27	80 579.1	26	134 040.1	27

2. 各省、市、自治区高等学校人文、社会科学研究与发展概况表(二)*

省市自治区名称	研究与发展课题											
	课题总数(项)		当年新开课题数(项)		当年完成课题数(项)		当年新开课题批准经费(千元)		当年投入人数(人年)		当年拨入经费(千元)	
合计	640 568		206 126		153 097		18 513 840.4		147 075		16 189 416.4	
北京市	54 864	1	13 672	4	10 618	4	3 505 033.7	1	10 436	1	2 635 599.6	1
天津市	12 278	20	3 222	21	2 166	22	244 046.9	19	3 510	21	223 907.6	20
河北省	19 738	14	7 817	13	5 330	13	235 451.2	20	5 989	9	230 589.0	19
山西省	9 782	23	2 871	23	2 446	19	198 275.8	22	2 196	25	178 124.7	22
内蒙古自治区	6 528	26	2 497	24	1 410	26	157 281.1	25	1 410	27	112 526.9	25
辽宁省	16 937	17	5 306	17	4 591	16	318 321.9	17	4 567	16	281 184.6	17
吉林省	16 548	18	4 637	19	3 031	18	280 580.6	18	4 877	15	284 663.6	16
黑龙江省	6 770	25	2 078	26	1 706	24	87 201.6	27	3 881	20	84 602.0	27
上海市	27 346	10	7 900	12	6 687	10	1 341 757.3	5	5 363	12	1 250 383.6	4
江苏省	46 474	3	18 107	1	14 284	1	1 401 310.8	4	9 483	4	1 217 460.8	5
浙江省	45 045	4	14 179	3	12 508	2	1 580 177.5	2	9 921	3	1 340 810.7	3
安徽省	24 761	12	8 761	10	5 007	14	433 205.3	14	5 578	11	369 820.8	14
福建省	24 188	13	7 508	14	5 730	12	528 039.8	13	5 002	14	488 267.0	13
江西省	17 337	16	4 773	18	2 338	21	414 217.4	15	2 508	23	273 121.0	18
山东省	35 428	6	11 848	5	7 884	7	875 127.4	7	8 319	5	791 015.9	7
河南省	25 377	11	11 477	6	8 947	5	670 152.7	10	5 599	10	612 452.2	10
湖北省	28 712	9	10 335	9	8 652	6	918 235.5	6	7 459	7	890 170.6	6
湖南省	32 280	7	8 454	11	6 031	11	545 150.9	12	7 322	8	496 476.4	12
广东省	47 883	2	14 557	2	10 887	3	1 434 213.1	3	9 946	2	1 404 432.9	2
广西壮族自治区	16 330	19	5 508	16	3 625	17	372 981.8	16	4 407	18	368 615.2	15
海南省	3 307	28	1 156	28	833	28	66 010.7	28	896	28	56 811.7	28
重庆市	18 841	15	6 314	15	4 755	15	590 456.6	11	5 156	13	549 378.1	11
四川省	36 493	5	11 234	7	7 861	8	674 919.4	9	7 546	6	617 102.2	9
贵州省	10 081	22	3 224	20	2 430	20	193 054.9	23	2 563	22	166 421.6	24
云南省	10 673	21	2 920	22	2 006	23	183 966.9	24	3 894	19	175 421.4	23
西藏自治区	1 058	30	194	30	118	31	19 913.6	30	202	31	21 524.8	30
陕西省	28 880	8	10 434	8	7 708	9	819 370.9	8	4 555	17	732 199.6	8
甘肃省	8 387	24	2 487	25	1 649	25	225 803.1	21	2 264	24	191 927.3	21
青海省	616	31	162	31	199	30	11 854	31	265	30	11 627.2	31
宁夏回族自治区	2 659	29	774	29	488	29	65 015.9	29	539	29	32 298.3	29
新疆维吾尔自治区	4 967	27	1 720	27	1 172	27	122 712.1	26	1 423	26	100 479.3	26

* 表内各省(区、市)数据中前为该项数值,后为该数值在全国的排位。

其中：当年新开课题拨入经费（千元）		当年支出经费（千元）		研究与发展成果										获奖成果数（项）			
				著作（部）		学术论文（篇）				研究与咨询报告（篇）				合计		其中：国家级和部级	
						合计		其中：国外学术刊物发表		提交有关部门数		其中：被采纳数					
12 490 198.1		14 410 602.3		28 893		375 093		28 801		44 874		21 967		3 490		408	
1 740 363.5	1	2 402 141.8	1	3 464	1	32 855	1	4 034	1	2 155	9	1 492	8	296	5	111	1
164 179.9	22	240 864.0	19	479	23	7 715	21	538	16	609	17	434	15	255	8	2	25
203 460.7	19	240 455.0	20	759	14	11 785	13	384	19	603	19	273	19	4	22	2	25
164 428.4	21	131 042.3	24	646	16	5 858	23	200	22	285	23	193	21	0	30	0	29
94 588.2	25	106 035.0	25	426	25	3 915	27	155	23	84	27	35	29	2	29	2	25
223 409.8	18	282 445.0	16	849	13	11 631	14	587	14	1 673	12	921	10	517	1	12	7
246 150.7	16	247 761.6	17	645	17	9 687	17	567	15	728	16	529	13	12	15	12	7
71 799.1	27	74 892.0	27	494	22	5 794	24	98	27	173	24	129	23	0	30	0	29
923 775.4	5	1 039 835.3	5	2 188	2	20 644	4	2 601	4	3 376	5	2 377	1	46	13	45	2
980 168.4	3	1 073 193.6	4	1 622	7	30 090	2	1 964	5	3 889	3	2 144	2	26	14	23	5
946 412.6	4	1 078 918.1	3	1 740	5	19 201	6	2 621	3	4 816	1	1 631	7	336	3	36	3
309 911.8	15	310 653.2	15	550	21	11 163	15	522	17	609	17	444	14	3	25	2	25
368 702.5	13	460 956.4	12	603	20	10 514	16	1 097	10	1 799	11	1 690	5	274	6	11	10
226 607.4	17	242 744.9	18	668	15	8 617	19	510	18	155	25	127	24	321	4	0	29
661 791.9	6	653 916.2	7	1 663	6	18 879	7	1 567	8	2 786	7	1 008	9	170	11	7	15
555 791.3	9	587 715.0	9	1 346	8	18 191	8	892	11	3 141	6	56	26	237	9	4	18
659 156.4	7	871 680.2	6	1 807	3	20 308	5	1 682	6	2 091	10	1 727	4	73	12	32	4
377 927.2	12	413 672.2	13	1 261	9	16 984	10	867	12	754	15	307	17	4	22	4	18
1 031 384.7	2	1 232 801.9	2	1 743	4	28 379	3	3 186	2	3 689	4	2 136	3	227	10	20	6
318 329.3	14	322 893.5	14	622	19	9 428	18	378	20	330	22	220	20	10	18	10	11
48 018.6	28	52 331.8	28	220	27	2 817	28	114	25	105	26	98	25	6	21	4	18
432 069.4	11	470 075.2	11	1 009	12	12 062	12	666	13	2 574	8	1 684	6	12	15	10	11
509 396.7	10	576 510.4	10	1 209	10	17 329	9	1 593	7	1 525	13	856	11	359	2	10	11
153 261.4	23	168 053.5	22	441	24	6 781	22	110	26	1 477	14	321	16	10	18	10	11
138 479.7	24	190 033.6	21	626	18	7 856	20	256	21	387	21	177	22	12	15	12	7
14 115.3	30	20 908.0	30	46	31	438	31	11	29	12	31	0	31	3	25	3	22
630 451.7	8	627 212.4	8	1 127	11	15 157	11	1 377	9	4 479	2	595	12	7	20	7	15
165 655.3	20	162 442.1	23	381	26	5 506	25	153	24	417	20	282	18	258	7	7	15
10 338	31	12 211.1	31	65	30	514	30	5	31	22	30	3	30	3	25	3	22
27 431.3	29	35 492.4	29	88	29	870	29	8	30	71	28	37	28	3	25	3	22
92 641.6	26	80 714.5	26	106	28	4 125	26	58	28	60	29	41	27	4	22	4	18

1. 全国高等学校人文、社会科学活动人员情况表

		总计		按职称划分			
			女性	小计	教授	副教授	讲师
	编号	L01	L02	L03	L04	L05	L06
合计	1	896 954	538 688	896 479	90 995	231 612	413 117
管理学	2	142 814	81 999	142 721	16 274	35 374	64 838
马克思主义	3	43 009	25 106	42 979	4 750	11 291	17 757
哲学	4	14 307	6 804	14 297	2 337	4 123	5 953
逻辑学	5	1 377	633	1 377	171	361	671
宗教学	6	706	281	706	152	200	311
语言学	7	118 371	92 807	118 343	7 316	31 016	62 951
中国文学	8	35 235	21 476	35 225	5 073	11 203	14 847
外国文学	9	20 006	15 566	19 998	1 643	4 861	10 323
艺术学	10	127 728	76 392	127 667	8 838	28 305	58 862
历史学	11	16 201	6 759	16 179	3 048	4 965	6 700
考古学	12	1 140	433	1 139	260	289	486
经济学	13	93 476	56 312	93 444	13 025	25 186	40 460
政治学	14	13 429	6 621	13 423	1 894	3 903	5 568
法学	15	41 333	21 627	41 309	5 431	11 554	18 299
社会学	16	13 834	8 129	13 831	1 627	3 436	6 467
民族学与文化学	17	3 573	1 937	3 572	664	956	1 493
新闻学与传播学	18	16 692	10 742	16 683	1 651	3 912	7 546
图书馆、情报与文献学	19	28 080	19 367	28 025	1 762	7 211	15 837
教育学	20	84 586	52 917	84 544	8 041	19 724	38 233
统计学	21	6 698	3 632	6 696	999	1 974	2 803
心理学	22	10 983	7 609	10 979	1 129	2 581	4 949
体育学	23	59 368	19 510	59 350	4 450	18 316	26 090
其他学科	24	4 008	2 029	3 992	460	871	1 673
60 岁及以上	25	6 693	1 650	6 687	5 356	1 264	63
55 岁 ~ 59 岁	26	83 454	32 851	83 433	32 677	38 142	11 814
50 岁 ~ 54 岁	27	95 396	47 691	95 362	22 974	44 110	26 586
45 岁 ~ 49 岁	28	118 871	64 508	118 833	17 001	50 077	48 280
40 岁 ~ 44 岁	29	190 072	116 843	190 046	10 093	60 800	108 016
35 岁 ~ 39 岁	30	180 191	117 674	180 146	2 633	31 830	119 197
30 岁 ~ 34 岁	31	144 341	99 399	144 272	249	5 129	83 413
29 岁及以下	32	77 936	58 072	77 700	12	260	15 748

助教	初级	按最后学历划分			按最后学位划分		其他人员
		研究生	本科生	其他	博士	硕士	
L07	L08	L09	L10	L11	L12	L13	L14
127 372	33 383	595 528	294 037	6 914	173 190	489 954	475
20 175	6 060	99 922	41 501	1 298	35 057	76 043	93
7 621	1 560	32 883	9 990	106	8 728	27 273	30
1 464	420	12 337	1 934	26	5 980	6 788	10
141	33	910	462	5	343	687	0
39	4	672	33	1	491	186	0
14 154	2 906	74 619	43 307	417	12 782	72 585	28
3 269	833	23 412	11 647	166	10 609	15 562	10
2 591	580	15 066	4 900	32	3 801	12 703	8
25 567	6 095	77 820	48 987	860	10 543	76 161	61
1 189	277	13 561	2 570	48	8 192	5 852	22
92	12	1 065	71	3	767	307	1
11 569	3 204	65 472	27 114	858	27 221	45 135	32
1 559	499	9 504	3 813	106	3 744	6 543	6
4 812	1 213	31 024	10 119	166	12 583	21 212	24
1 758	543	11 207	2 540	84	4 616	7 151	3
357	102	3 006	532	34	1 434	1 690	1
2 834	740	13 128	3 468	87	4 274	9 499	9
2 057	1 158	10 283	16 062	1 680	1 944	10 084	55
14 212	4 334	54 224	29 831	489	10 471	52 030	42
738	182	4 860	1 776	60	2 226	3 002	2
1 814	506	8 610	2 353	16	2 632	6 523	4
8 757	1 737	29 237	29 793	320	3 617	31 012	18
603	385	2 706	1 234	52	1 135	1 926	16
3	1	3 906	2 697	84	2 495	1 498	6
498	302	33 499	48 054	1 880	16 114	23 058	21
1 177	515	46 534	47 031	1 797	20 396	37 906	34
2 693	782	73 880	43 691	1 262	29 296	58 787	38
9 503	1 634	125 204	63 974	868	38 018	109 358	26
22 083	4 403	128 637	50 990	519	34 895	105 967	45
45 022	10 459	121 416	22 574	282	27 882	94 777	69
46 393	15 287	62 452	15 026	222	4 094	58 603	236

2. 本科学校人文、社会科学活动人员情况表

	编号	总计	女性	按职称划分 小计	教授	副教授	讲师
		L01	L02	L03	L04	L05	L06
合计	1	662 314	384 059	662 055	77 519	179 509	307 182
管理学	2	103 915	57 359	103 875	13 702	27 292	47 209
马克思主义	3	31 104	17 135	31 087	3 952	8 426	13 275
哲学	4	11 827	5 293	11 819	2 139	3 522	4 953
逻辑学	5	872	379	872	131	210	440
宗教学	6	671	261	671	148	192	296
语言学	7	89 718	69 172	89 708	6 272	23 907	48 123
中国文学	8	26 008	14 901	26 000	4 400	8 196	10 900
外国文学	9	17 276	13 334	17 270	1 558	4 214	8 912
艺术学	10	94 938	54 725	94 895	7 736	22 854	44 294
历史学	11	14 354	5 732	14 335	2 898	4 414	5 933
考古学	12	1 084	400	1 083	256	283	465
经济学	13	67 596	38 258	67 580	10 921	19 112	29 038
政治学	14	10 027	4 513	10 024	1 643	3 011	4 176
法学	15	33 084	16 361	33 070	4 970	9 688	14 592
社会学	16	11 069	6 313	11 068	1 482	2 963	5 228
民族学与文化学	17	3 131	1 622	3 131	628	864	1 300
新闻学与传播学	18	14 229	8 944	14 224	1 577	3 591	6 520
图书馆、情报与文献学	19	22 667	15 526	22 644	1 568	6 109	12 814
教育学	20	48 926	29 934	48 909	5 426	11 937	22 467
统计学	21	5 252	2 802	5 250	868	1 575	2 209
心理学	22	7 676	4 959	7 673	1 048	2 019	3 450
体育学	23	44 363	14 907	44 354	3 860	14 553	19 419
其他学科	24	2 527	1 229	2 513	336	577	1 169
60 岁及以上	25	6 068	1 443	6 063	4 995	1 019	46
55 岁 ~ 59 岁	26	65 490	25 478	65 481	27 779	28 611	8 649
50 岁 ~ 54 岁	27	72 533	34 988	72 518	18 987	32 848	19 685
45 岁 ~ 49 岁	28	93 331	49 360	93 308	14 514	39 341	37 176
40 岁 ~ 44 岁	29	146 344	88 222	146 330	8 788	47 952	82 044
35 岁 ~ 39 岁	30	126 639	80 012	126 620	2 216	24 810	83 979
30 岁 ~ 34 岁	31	100 727	66 990	100 699	230	4 686	63 461
29 岁及以下	32	51 182	37 566	51 036	10	242	12 142

		按最后学历划分			按最后学位划分		其他人员
助教	初级	研究生	本科生	其他	博士	硕士	
L07	L08	L09	L10	L11	L12	L13	L14
80 146	17 699	488 900	168 405	4 750	169 149	361 317	259
12 397	3 275	80 613	22 355	907	34 048	53 011	40
4 690	744	25 284	5 738	65	8 432	18 886	17
961	244	10 570	1 230	19	5 870	5 007	8
76	15	701	169	2	329	421	0
32	3	645	25	1	490	159	0
9 699	1 707	63 643	25 759	306	12 594	57 946	10
2 019	485	19 947	5 944	109	10 407	11 108	8
2 128	458	13 735	3 504	31	3 774	11 041	6
16 613	3 398	64 830	29 537	528	10 316	60 638	43
904	186	12 531	1 767	37	8 096	4 775	19
71	8	1 021	60	2	762	265	1
6 887	1 622	54 121	12 933	526	26 601	31 247	16
921	273	7 781	2 156	87	3 699	4 596	3
3 124	696	26 795	6 156	119	12 400	16 252	14
1 103	292	9 496	1 521	51	4 530	5 337	1
265	74	2 700	399	32	1 412	1 365	0
2 105	431	11 787	2 372	65	4 236	8 076	5
1 443	710	9 138	12 158	1 348	1 914	8 575	23
7 262	1 817	36 351	12 340	218	9 787	30 243	17
511	87	4 229	971	50	2 183	2 283	2
950	206	6 499	1 166	8	2 598	4 223	3
5 649	873	24 397	19 757	200	3 573	24 747	9
336	95	2 086	388	39	1 098	1 116	14
2	1	3 740	2 260	63	2 455	1 364	5
276	166	31 108	33 006	1 367	15 755	19 508	9
703	295	41 843	29 448	1 227	19 806	29 856	15
1 827	450	65 312	27 088	908	28 499	46 020	23
6 593	953	107 161	38 548	621	37 040	83 469	14
13 318	2 297	102 693	23 604	323	34 097	74 755	19
27 147	5 175	91 849	8 696	154	27 479	64 977	28
30 280	8 362	45 194	5 755	87	4 018	41 368	146

3. 专科学校人文、社会科学活动人员情况表

	编号	总计		按职称划分			
			女性	小计	教授	副教授	讲师
		L01	L02	L03	L04	L05	L06
合计	1	234 640	154 629	234 424	13 476	52 103	105 935
管理学	2	38 899	24 640	38 846	2 572	8 082	17 629
马克思主义	3	11 905	7 971	11 892	798	2 865	4 482
哲学	4	2 480	1 511	2 478	198	601	1 000
逻辑学	5	505	254	505	40	151	231
宗教学	6	35	20	35	4	8	15
语言学	7	28 653	23 635	28 635	1 044	7 109	14 828
中国文学	8	9 227	6 575	9 225	673	3 007	3 947
外国文学	9	2 730	2 232	2 728	85	647	1 411
艺术学	10	32 790	21 667	32 772	1 102	5 451	14 568
历史学	11	1 847	1 027	1 844	150	551	767
考古学	12	56	33	56	4	6	21
经济学	13	25 880	18 054	25 864	2 104	6 074	11 422
政治学	14	3 402	2 108	3 399	251	892	1 392
法学	15	8 249	5 266	8 239	461	1 866	3 707
社会学	16	2 765	1 816	2 763	145	473	1 239
民族学与文化学	17	442	315	441	36	92	193
新闻学与传播学	18	2 463	1 798	2 459	74	321	1 026
图书馆、情报与文献学	19	5 413	3 841	5 381	194	1 102	3 023
教育学	20	35 660	22 983	35 635	2 615	7 787	15 766
统计学	21	1 446	830	1 446	131	399	594
心理学	22	3 307	2 650	3 306	81	562	1 499
体育学	23	15 005	4 603	14 996	590	3 763	6 671
其他学科	24	1 481	800	1 479	124	294	504
60 岁及以上	25	625	207	624	361	245	17
55 岁 ~ 59 岁	26	17 964	7 373	17 952	4 898	9 531	3 165
50 岁 ~ 54 岁	27	22 863	12 703	22 844	3 987	11 262	6 901
45 岁 ~ 49 岁	28	25 540	15 148	25 525	2 487	10 736	11 104
40 岁 ~ 44 岁	29	43 728	28 621	43 716	1 305	12 848	25 972
35 岁 ~ 39 岁	30	53 552	37 662	53 526	417	7 020	35 218
30 岁 ~ 34 岁	31	43 614	32 409	43 573	19	443	19 952
29 岁及以下	32	26 754	20 506	26 664	2	18	3 606

		按最后学历划分			按最后学位划分		其他人员
助教	初级	研究生	本科生	其他	博士	硕士	
L07	L08	L09	L10	L11	L12	L13	L14
47 226	15 684	106 628	125 632	2 164	4 041	128 637	216
7 778	2 785	19 309	19 146	391	1 009	23 032	53
2 931	816	7 599	4 252	41	296	8 387	13
503	176	1 767	704	7	110	1 781	2
65	18	209	293	3	14	266	0
7	1	27	8	0	1	27	0
4 455	1 199	10 976	17 548	111	188	14 639	18
1 250	348	3 465	5 703	57	202	4 454	2
463	122	1 331	1 396	1	27	1 662	2
8 954	2 697	12 990	19 450	332	227	15 523	18
285	91	1 030	803	11	96	1 077	3
21	4	44	11	1	5	42	0
4 682	1 582	11 351	14 181	332	620	13 888	16
638	226	1 723	1 657	19	45	1 947	3
1 688	517	4 229	3 963	47	183	4 960	10
655	251	1 711	1 019	33	86	1 814	2
92	28	306	133	2	22	325	1
729	309	1 341	1 096	22	38	1 423	4
614	448	1 145	3 904	332	30	1 509	32
6 950	2 517	17 873	17 491	271	684	21 787	25
227	95	631	805	10	43	719	0
864	300	2 111	1 187	8	34	2 300	1
3 108	864	4 840	10 036	120	44	6 265	9
267	290	620	846	13	37	810	2
1	0	166	437	21	40	134	1
222	136	2 391	15 048	513	359	3 550	12
474	220	4 691	17 583	570	590	8 050	19
866	332	8 568	16 603	354	797	12 767	15
2 910	681	18 043	25 426	247	978	25 889	12
8 765	2 106	25 944	27 386	196	798	31 212	26
17 875	5 284	29 567	13 878	128	403	29 800	41
16 113	6 925	17 258	9 271	135	76	17 235	90

4. 教育部直属院校人文、社会科学活动人员情况表

		总计		按职称划分			
			女性	小计	教授	副教授	讲师
	编号	L01	L02	L03	L04	L05	L06
合计	1	70 855	34 640	70 837	15 710	25 262	27 963
管理学	2	11 828	5 073	11 826	2 917	4 238	4 373
马克思主义	3	2 988	1 387	2 987	645	1 009	1 251
哲学	4	2 118	701	2 118	635	733	713
逻辑学	5	105	26	105	36	34	32
宗教学	6	170	47	170	66	51	52
语言学	7	9 657	7 096	9 657	1 212	3 359	4 798
中国文学	8	2 338	1 089	2 338	710	800	792
外国文学	9	2 291	1 619	2 290	403	747	1 077
艺术学	10	5 791	2 880	5 785	1 071	1 978	2 406
历史学	11	2 331	697	2 331	743	794	771
考古学	12	373	121	373	128	118	127
经济学	13	9 074	3 797	9 073	2 472	3 249	3 216
政治学	14	1 771	633	1 770	485	640	619
法学	15	4 451	1 745	4 451	1 290	1 626	1 475
社会学	16	1 771	849	1 771	462	652	642
民族学与文化学	17	248	90	248	82	77	87
新闻学与传播学	18	2 236	1 231	2 236	479	847	862
图书馆、情报与文献学	19	2 930	1 899	2 930	377	972	1 484
教育学	20	2 969	1 533	2 969	690	1 078	1 140
统计学	21	678	295	676	150	245	260
心理学	22	852	454	852	219	325	294
体育学	23	3 592	1 266	3 589	364	1 592	1 396
其他学科	24	293	112	292	74	98	96
60 岁及以上	25	1 901	361	1 901	1 828	73	0
55 岁 ~ 59 岁	26	10 393	4 005	10 392	5 206	4 342	830
50 岁 ~ 54 岁	27	9 791	4 647	9 787	3 275	4 404	2 073
45 岁 ~ 49 岁	28	12 296	6 411	12 291	2 792	5 404	4 019
40 岁 ~ 44 岁	29	13 798	7 381	13 796	1 877	5 664	5 979
35 岁 ~ 39 岁	30	11 343	5 780	11 340	620	3 914	6 409
30 岁 ~ 34 岁	31	9 287	4 849	9 286	105	1 389	7 264
29 岁及以下	32	2 046	1 206	2 044	7	72	1 389

		按最后学历划分			按最后学位划分		其他人员
助教	初级	研究生	本科生	其他	博士	硕士	
L07	L08	L09	L10	L11	L12	L13	L14
1 618	284	64 131	6 510	196	44 807	20 092	18
250	48	11 167	633	26	8 748	2 512	2
65	17	2 821	163	3	2 180	668	1
33	4	2 069	49	0	1 770	307	0
2	1	100	5	0	85	17	0
1	0	169	1	0	154	15	0
274	14	8 442	1 211	4	3 666	4 962	0
31	5	2 252	82	4	1 909	343	0
61	2	2 152	137	1	1 331	842	1
240	90	4 938	825	22	2 105	2 913	6
22	1	2 288	43	0	2 104	183	0
0	0	359	14	0	319	40	0
112	24	8 752	319	2	7 496	1 299	1
26	0	1 717	51	2	1 400	331	1
54	6	4 277	167	7	3 478	813	0
15	0	1 718	49	4	1 496	232	0
2	0	237	11	0	203	34	0
38	10	2 103	133	0	1 565	556	0
72	25	1 934	888	108	768	1 245	0
53	8	2 803	161	5	2 013	820	0
19	2	637	39	0	554	89	2
12	2	835	17	0	686	151	0
226	11	2 077	1 506	6	542	1 668	3
10	14	284	6	2	235	52	1
0	0	1 634	262	5	1 279	363	0
12	2	8 074	2 250	68	5 357	2 829	1
25	10	8 275	1 451	61	5 492	2 977	4
66	10	11 063	1 189	39	7 219	4 105	5
246	30	12 852	937	7	8 338	4 663	2
353	44	11 049	276	15	8 332	2 764	3
444	84	9 191	94	1	7 555	1 636	1
472	104	1 993	51	0	1 235	755	2

5. 其他部委院校人文、社会科学活动人员情况表

	编号	总计	女性	按职称划分 小计	教授	副教授	讲师
		L01	L02	L03	L04	L05	L06
合计	1	20 761	10 966	20 761	3 168	6 238	9 830
管理学	2	3 653	1 752	3 653	665	1 082	1 633
马克思主义	3	966	498	966	150	307	416
哲学	4	492	213	492	104	123	245
逻辑学	5	16	9	16	3	5	6
宗教学	6	43	14	43	18	13	11
语言学	7	2 715	1 998	2 715	261	837	1 469
中国文学	8	809	470	809	134	236	387
外国文学	9	430	326	430	45	135	227
艺术学	10	1 393	771	1 393	159	365	712
历史学	11	390	150	390	87	120	167
考古学	12	64	21	64	14	24	25
经济学	13	1 788	940	1 788	350	579	787
政治学	14	362	142	362	69	101	175
法学	15	2 277	1 018	2 277	400	728	967
社会学	16	473	252	473	73	150	223
民族学与文化学	17	288	144	288	83	88	108
新闻学与传播学	18	480	277	480	62	149	241
图书馆、情报与文献学	19	884	616	884	65	288	478
教育学	20	1 173	601	1 173	114	275	618
统计学	21	130	55	130	24	45	54
心理学	22	221	139	221	61	45	93
体育学	23	1 588	510	1 588	210	504	728
其他学科	24	126	50	126	17	39	60
60 岁及以上	25	165	36	165	157	5	3
55 岁 ~ 59 岁	26	2 503	1 017	2 503	1 207	1 004	290
50 岁 ~ 54 岁	27	2 596	1 296	2 596	740	1 179	663
45 岁 ~ 49 岁	28	3 364	1 814	3 364	598	1 480	1 252
40 岁 ~ 44 岁	29	4 717	2 697	4 717	349	1 598	2 635
35 岁 ~ 39 岁	30	3 742	2 015	3 742	94	778	2 616
30 岁 ~ 34 岁	31	2 832	1 586	2 832	21	173	2 084
29 岁及以下	32	842	505	842	2	21	287

		按最后学历划分			按最后学位划分		其他人员
助教	初级	研究生	本科生	其他	博士	硕士	
L07	L08	L09	L10	L11	L12	L13	L14
1 235	290	16 400	3 744	617	8 492	9 247	0
224	49	3 016	566	71	1 865	1 364	0
62	31	868	71	27	510	401	0
16	4	467	24	1	337	133	0
2	0	13	2	1	6	9	0
1	0	41	1	1	34	8	0
123	25	2 085	534	96	648	1 650	0
49	3	702	84	23	455	279	0
15	8	361	58	11	154	233	0
143	14	953	343	97	258	838	0
12	4	350	34	6	268	94	0
1	0	61	2	1	47	14	0
60	12	1 496	224	68	1 060	555	0
13	4	310	47	5	210	111	0
123	59	1 853	391	33	959	1 037	0
21	6	433	31	9	281	167	0
9	0	243	27	18	177	80	0
23	5	402	60	18	240	188	0
26	27	435	402	47	134	384	0
151	15	926	208	39	318	677	0
6	1	118	10	2	77	44	0
17	5	201	18	2	109	97	0
128	18	947	601	40	269	840	0
10	0	119	6	1	76	44	0
0	0	124	37	4	97	36	0
1	1	1 431	919	153	813	757	0
12	2	1 701	797	98	939	1 026	0
31	3	2 591	663	110	1 433	1 456	0
124	11	3 820	739	158	1 878	2 345	0
222	32	3 275	419	48	1 751	1 706	0
466	88	2 656	133	43	1 374	1 324	0
379	153	802	37	3	207	597	0

6. 地方院校人文、社会科学活动人员情况表

		总计		按职称划分			
			女性	小计	教授	副教授	讲师
	编号	L01	L02	L03	L04	L05	L06
合计	1	805 338	493 082	804 881	72 117	200 112	375 324
管理学	2	127 333	75 174	127 242	12 692	30 054	58 832
马克思主义	3	39 055	23 221	39 026	3 955	9 975	16 090
哲学	4	11 697	5 890	11 687	1 598	3 267	4 995
逻辑学	5	1 256	598	1 256	132	322	633
宗教学	6	493	220	493	68	136	248
语言学	7	105 999	83 713	105 971	5 843	26 820	56 684
中国文学	8	32 088	19 917	32 078	4 229	10 167	13 668
外国文学	9	17 285	13 621	17 278	1 195	3 979	9 019
艺术学	10	120 544	72 741	120 489	7 608	25 962	55 744
历史学	11	13 480	5 912	13 458	2 218	4 051	5 762
考古学	12	703	291	702	118	147	334
经济学	13	82 614	51 575	82 583	10 203	21 358	36 457
政治学	14	11 296	5 846	11 291	1 340	3 162	4 774
法学	15	34 605	18 864	34 581	3 741	9 200	15 857
社会学	16	11 590	7 028	11 587	1 092	2 634	5 602
民族学与文化学	17	3 037	1 703	3 036	499	791	1 298
新闻学与传播学	18	13 976	9 234	13 967	1 110	2 916	6 443
图书馆、情报与文献学	19	24 266	16 852	24 211	1 320	5 951	13 875
教育学	20	80 444	50 783	80 402	7 237	18 371	36 475
统计学	21	5 890	3 282	5 890	825	1 684	2 489
心理学	22	9 910	7 016	9 906	849	2 211	4 562
体育学	23	54 188	17 734	54 173	3 876	16 220	23 966
其他学科	24	3 589	1 867	3 574	369	734	1 517
60 岁及以上	25	4 627	1 253	4 621	3 371	1 186	60
55 岁 ~ 59 岁	26	70 558	27 829	70 538	26 264	32 796	10 694
50 岁 ~ 54 岁	27	83 009	41 748	82 979	18 959	38 527	23 850
45 岁 ~ 49 岁	28	103 211	56 283	103 178	13 611	43 193	43 009
40 岁 ~ 44 岁	29	171 557	106 765	171 533	7 867	53 538	99 402
35 岁 ~ 39 岁	30	165 106	109 879	165 064	1 919	27 138	110 172
30 岁 ~ 34 岁	31	132 222	92 964	132 154	123	3 567	74 065
29 岁及以下	32	75 048	56 361	74 814	3	167	14 072

		按最后学历划分			按最后学位划分		其他人员
助教	初级	研究生	本科生	其他	博士	硕士	
L07	L08	L09	L10	L11	L12	L13	L14
124 519	32 809	514 997	283 783	6 101	119 891	460 615	457
19 701	5 963	85 739	40 302	1 201	24 444	72 167	91
7 494	1 512	29 194	9 756	76	6 038	26 204	29
1 415	412	9 801	1 861	25	3 873	6 348	10
137	32	797	455	4	252	661	0
37	4	462	31	0	303	163	0
13 757	2 867	64 092	41 562	317	8 468	65 973	28
3 189	825	20 458	11 481	139	8 245	14 940	10
2 515	570	12 553	4 705	20	2 316	11 628	7
25 184	5 991	71 929	47 819	741	8 180	72 410	55
1 155	272	10 923	2 493	42	5 820	5 575	22
91	12	645	55	2	401	253	1
11 397	3 168	55 224	26 571	788	18 665	43 281	31
1 520	495	7 477	3 715	99	2 134	6 101	5
4 635	1 148	24 894	9 561	126	8 146	19 362	24
1 722	537	9 056	2 460	71	2 839	6 752	3
346	102	2 526	494	16	1 054	1 576	1
2 773	725	10 623	3 275	69	2 469	8 755	9
1 959	1 106	7 914	14 772	1 525	1 042	8 455	55
14 008	4 311	50 495	29 462	445	8 140	50 533	42
713	179	4 105	1 727	58	1 595	2 869	0
1 785	499	7 574	2 318	14	1 837	6 275	4
8 403	1 708	26 213	27 686	274	2 806	28 504	15
583	371	2 303	1 222	49	824	1 830	15
3	1	2 148	2 398	75	1 119	1 099	6
485	299	23 994	44 885	1 659	9 944	19 472	20
1 140	503	36 558	44 783	1 638	13 965	33 903	30
2 596	769	60 226	41 839	1 113	20 644	53 226	33
9 133	1 593	108 532	62 298	703	27 802	102 350	24
21 508	4 327	114 313	50 295	456	24 812	101 497	42
44 112	10 287	109 569	22 347	238	18 953	91 817	68
45 542	15 030	59 657	14 938	219	2 652	57 251	234

7. 综合院校人文、社会科学活动人员情况表

		总计		按职称划分			
			女性	小计	教授	副教授	讲师
	编号	L01	L02	L03	L04	L05	L06
合计	1	253 101	148 993	253 003	27 879	65 141	115 488
管理学	2	38 171	21 409	38 147	4 478	9 285	17 165
马克思主义	3	10 892	6 170	10 888	1 351	2 917	4 438
哲学	4	4 790	2 001	4 789	962	1 394	1 914
逻辑学	5	261	107	261	45	77	106
宗教学	6	333	121	333	85	101	130
语言学	7	33 934	26 221	33 929	2 186	8 812	18 110
中国文学	8	11 917	6 895	11 914	1 952	3 702	4 954
外国文学	9	6 287	4 777	6 285	608	1 505	3 251
艺术学	10	34 358	20 622	34 334	2 087	7 104	16 039
历史学	11	6 285	2 441	6 283	1 405	1 952	2 488
考古学	12	695	251	695	198	196	262
经济学	13	27 641	16 231	27 635	3 978	7 315	12 052
政治学	14	4 347	1 999	4 346	762	1 379	1 694
法学	15	10 798	5 371	10 794	1 644	3 043	4 572
社会学	16	4 459	2 589	4 459	615	1 107	1 983
民族学与文化学	17	1 242	619	1 241	251	365	489
新闻学与传播学	18	5 494	3 369	5 494	679	1 308	2 433
图书馆、情报与文献学	19	8 298	5 697	8 287	663	2 300	4 433
教育学	20	22 390	14 167	22 384	2 103	5 188	10 132
统计学	21	1 359	738	1 359	216	389	538
心理学	22	2 934	1 939	2 933	344	718	1 254
体育学	23	15 483	4 907	15 481	1 171	4 824	6 750
其他学科	24	733	352	732	96	160	301
60 岁及以上	25	2 876	680	2 870	2 281	561	26
55 岁 ~ 59 岁	26	26 087	9 809	26 078	10 116	11 850	3 846
50 岁 ~ 54 岁	27	28 742	14 319	28 734	6 783	12 949	8 446
45 岁 ~ 49 岁	28	34 270	18 409	34 259	4 909	13 727	14 548
40 岁 ~ 44 岁	29	50 828	30 927	50 823	2 876	15 524	29 211
35 岁 ~ 39 岁	30	49 102	31 750	49 091	800	8 858	32 087
30 岁 ~ 34 岁	31	39 452	26 916	39 437	107	1 608	22 719
29 岁及以下	32	21 744	16 183	21 711	7	64	4 605

		按最后学历划分			按最后学位划分		其他人员
助教	初级	研究生	本科生	其他	博士	硕士	
L07	L08	L09	L10	L11	L12	L13	L14
35 088	9 407	166 404	84 747	1 852	54 822	131 403	98
5 377	1 842	26 114	11 681	352	9 530	19 642	24
1 841	341	8 105	2 751	32	2 446	6 537	4
399	120	4 201	582	6	2 485	1 850	1
22	11	171	90	0	81	114	0
16	1	317	16	0	246	75	0
3 969	852	21 025	12 790	114	4 261	20 156	5
1 047	259	8 129	3 724	61	4 148	4 914	3
792	129	4 743	1 535	7	1 354	3 843	2
7 510	1 594	20 304	13 816	214	2 607	20 282	24
371	67	5 342	927	14	3 613	1 923	2
38	1	640	54	1	502	144	0
3 251	1 039	19 088	8 364	183	8 084	13 098	6
417	94	3 056	1 271	19	1 554	1 787	1
1 220	315	8 181	2 575	38	3 906	4 980	4
556	198	3 586	848	25	1 639	2 119	0
109	27	1 037	198	6	557	527	1
884	190	4 338	1 135	21	1 650	2 903	0
535	356	2 997	4 750	540	838	2 690	11
3 701	1 260	14 208	8 048	128	2 987	13 425	6
165	51	900	453	6	378	616	0
477	140	2 253	675	5	762	1 645	1
2 270	466	7 129	8 275	77	919	7 834	2
121	54	540	189	3	275	299	1
1	1	1 795	1 047	28	1 219	585	6
165	101	11 371	14 199	508	6 145	6 875	9
367	189	14 213	13 977	544	6 856	10 991	8
801	274	21 131	12 777	351	9 180	16 297	11
2 656	556	32 950	17 707	166	11 062	28 334	5
6 014	1 332	34 942	14 041	108	10 769	27 575	11
11 990	3 013	33 000	6 365	72	8 493	24 820	15
13 094	3 941	17 002	4 634	75	1 098	15 926	33

8. 理工农医院校人文、社会科学活动人员情况表

		总计		按职称划分			
			女性	小计	教授	副教授	讲师
	编号	L01	L02	L03	L04	L05	L06
合计	1	300 618	185 124	300 410	25 670	76 485	143 499
管理学	2	58 315	33 466	58 268	6 810	14 963	26 823
马克思主义	3	18 925	11 236	18 912	1 834	4 940	8 028
哲学	4	4 833	2 539	4 828	618	1 376	2 091
逻辑学	5	434	200	434	47	111	212
宗教学	6	99	49	99	9	24	58
语言学	7	42 796	34 356	42 781	2 080	11 294	23 416
中国文学	8	7 849	5 294	7 848	736	2 418	3 573
外国文学	9	5 926	4 753	5 922	306	1 431	3 158
艺术学	10	32 917	20 067	32 903	1 820	6 958	15 875
历史学	11	3 063	1 462	3 060	360	907	1 375
考古学	12	126	45	126	18	29	58
经济学	13	29 759	18 508	29 749	3 788	8 015	13 115
政治学	14	4 148	2 305	4 146	451	1 134	1 797
法学	15	11 512	6 559	11 499	1 062	2 966	5 460
社会学	16	5 140	3 087	5 138	512	1 254	2 507
民族学与文化学	17	738	458	738	92	162	365
新闻学与传播学	18	4 054	2 719	4 052	294	886	1 904
图书馆、情报与文献学	19	11 848	8 236	11 811	641	2 843	6 892
教育学	20	29 754	18 318	29 739	2 432	6 708	13 991
统计学	21	1 996	1 122	1 994	267	562	877
心理学	22	3 740	2 798	3 737	215	762	1 814
体育学	23	20 633	6 539	20 627	1 050	6 306	9 302
其他学科	24	2 013	1 008	1 999	228	436	808
60 岁及以上	25	1 437	385	1 437	1 120	294	22
55 岁 ~ 59 岁	26	25 500	10 460	25 496	9 279	12 119	3 844
50 岁 ~ 54 岁	27	31 014	16 249	30 997	6 690	14 812	8 908
45 岁 ~ 49 岁	28	38 639	21 650	38 622	4 758	16 342	16 433
40 岁 ~ 44 岁	29	67 038	41 842	67 023	2 904	20 698	39 641
35 岁 ~ 39 岁	30	61 918	41 027	61 900	826	10 608	41 645
30 岁 ~ 34 岁	31	48 108	33 474	48 074	88	1 522	27 563
29 岁及以下	32	26 964	20 037	26 861	5	90	5 443

		按最后学历划分			按最后学位划分		其他人员
助教	初级	研究生	本科生	其他	博士	硕士	
L07	L08	L09	L10	L11	L12	L13	L14
43 887	10 869	192 230	106 214	1 966	45 408	171 110	208
7 660	2 012	40 640	17 252	376	14 054	31 167	47
3 423	687	14 590	4 295	27	3 522	12 393	13
604	139	4 077	744	7	1 565	2 683	5
52	12	236	194	4	86	195	0
6	2	93	6	0	57	36	0
4 998	993	25 524	17 150	107	2 780	26 777	15
889	232	4 676	3 140	32	1 510	3 912	1
826	201	4 332	1 583	7	772	4 016	4
6 865	1 385	20 340	12 440	123	2 735	20 133	14
336	82	2 529	512	19	1 227	1 384	3
19	2	118	8	0	78	41	0
3 762	1 069	19 188	10 340	221	6 573	15 004	10
617	147	2 800	1 328	18	648	2 424	2
1 583	428	8 596	2 872	31	2 763	6 527	13
693	172	4 050	1 054	34	1 448	2 836	2
93	26	592	142	4	186	433	0
749	219	3 022	1 014	16	796	2 390	2
900	535	4 436	6 733	642	617	4 549	37
5 285	1 323	18 036	11 544	159	2 126	19 180	15
224	64	1 336	646	12	472	990	2
725	221	2 822	908	7	451	2 574	3
3 331	638	9 010	11 530	87	567	10 402	6
247	280	1 187	779	33	375	1 064	14
1	0	758	665	14	442	349	0
162	92	9 230	15 682	584	3 699	7 544	4
425	162	13 908	16 498	591	4 946	13 062	17
863	226	22 971	15 306	345	7 432	20 285	17
3 289	491	42 407	24 428	188	10 490	40 081	15
7 394	1 427	42 113	19 659	128	9 381	37 333	18
15 348	3 553	39 568	8 447	59	7 720	32 306	34
16 405	4 918	21 275	5 529	57	1 298	20 150	103

9. 师范院校人文、社会科学活动人员情况表

		总计		按职称划分			
			女性	小计	教授	副教授	讲师
	编号	L01	L02	L03	L04	L05	L06
合计	1	135 486	77 990	135 406	15 833	38 223	61 137
管理学	2	10 518	5 747	10 514	1 150	2 624	4 931
马克思主义	3	5 826	3 116	5 820	859	1 693	2 276
哲学	4	2 281	973	2 277	417	718	912
逻辑学	5	219	94	219	36	65	101
宗教学	6	136	50	136	28	39	60
语言学	7	18 149	13 618	18 145	1 398	4 954	9 497
中国文学	8	9 606	5 366	9 600	1 669	3 280	3 825
外国文学	9	3 452	2 644	3 450	347	843	1 803
艺术学	10	23 585	13 879	23 583	1 752	5 958	11 063
历史学	11	5 116	2 004	5 100	1 034	1 607	2 083
考古学	12	217	83	216	30	46	114
经济学	13	7 295	3 992	7 288	1 112	2 067	3 185
政治学	14	2 497	1 151	2 496	369	813	1 022
法学	15	4 301	2 148	4 300	533	1 228	1 982
社会学	16	1 890	1 026	1 890	251	508	867
民族学与文化学	17	603	302	603	114	158	246
新闻学与传播学	18	2 583	1 635	2 581	238	603	1 218
图书馆、情报与文献学	19	3 644	2 452	3 643	255	1 095	2 018
教育学	20	19 759	12 170	19 744	2 626	5 416	8 262
统计学	21	658	360	658	95	201	267
心理学	22	2 864	1 768	2 864	478	821	1 206
体育学	23	9 861	3 208	9 853	977	3 375	4 041
其他学科	24	426	204	426	65	111	158
60 岁及以上	25	501	72	501	471	29	1
55 岁 ~ 59 岁	26	14 253	5 379	14 251	5 755	6 569	1 838
50 岁 ~ 54 岁	27	16 250	7 655	16 247	4 294	7 616	4 168
45 岁 ~ 49 岁	28	19 957	10 400	19 954	3 109	8 736	7 628
40 岁 ~ 44 岁	29	30 157	18 073	30 156	1 814	10 018	16 728
35 岁 ~ 39 岁	30	25 221	16 156	25 219	364	4 473	16 972
30 岁 ~ 34 岁	31	19 835	13 361	19 828	26	748	11 923
29 岁及以下	32	9 312	6 894	9 250	0	34	1 879

		按最后学历划分			按最后学位划分		其他人员
助教	初级	研究生	本科生	其他	博士	硕士	
L07	L08	L09	L10	L11	L12	L13	L14
16 682	3 531	92 470	42 230	706	29 646	71 654	80
1 440	369	7 649	2 766	99	2 668	5 633	4
810	182	4 437	1 377	6	1 426	3 457	6
176	54	1 982	292	3	1 085	969	4
15	2	161	58	0	79	94	0
8	1	130	6	0	94	37	0
1 958	338	11 368	6 749	28	2 452	10 535	4
662	164	6 518	3 057	25	3 339	3 846	6
387	70	2 596	849	5	730	2 088	2
4 087	723	13 952	9 516	115	1 887	13 514	2
318	58	4 232	861	7	2 632	1 762	16
25	1	207	8	1	140	69	1
775	149	5 648	1 612	28	2 484	3 544	7
236	56	1 768	723	5	679	1 241	1
472	85	3 403	890	7	1 317	2 359	1
205	59	1 633	253	4	721	974	0
65	20	505	96	2	248	274	0
425	97	2 079	495	7	538	1 628	2
205	70	1 288	2 108	247	276	1 191	1
2 745	695	13 990	5 678	76	4 410	11 076	15
77	18	475	176	7	202	314	0
298	61	2 407	457	0	1 198	1 337	0
1 215	245	5 740	4 088	25	899	5 527	8
78	14	302	115	9	142	185	0
0	0	388	108	5	295	97	0
69	20	5 378	8 686	187	2 662	3 559	2
143	26	7 926	8 107	214	3 730	6 046	3
430	51	12 387	7 398	169	5 239	9 296	3
1 506	90	20 698	9 388	70	6 888	16 578	1
3 078	332	19 761	5 426	32	5 830	15 110	2
6 098	1 033	17 706	2 105	17	4 447	13 310	7
5 358	1 979	8 226	1 012	12	555	7 658	62

10. 语言院校人文、社会科学活动人员情况表

		总计		按职称划分			
			女性	小计	教授	副教授	讲师
	编号	L01	L02	L03	L04	L05	L06
合计	1	23 421	15 870	23 421	2 611	6 134	11 022
管理学	2	2 470	1 573	2 470	263	620	1 128
马克思主义	3	757	483	757	59	170	346
哲学	4	242	129	242	44	74	89
逻辑学	5	28	15	28	6	4	16
宗教学	6	6	3	6	1	2	3
语言学	7	7 170	5 435	7 170	705	1 828	3 592
中国文学	8	912	612	912	175	317	369
外国文学	9	1 559	1 160	1 559	218	432	651
艺术学	10	2 719	1 711	2 719	189	622	1 348
历史学	11	185	98	185	38	54	73
考古学	12	5	3	5	1	0	4
经济学	13	1 676	1 094	1 676	252	439	723
政治学	14	406	190	406	77	113	184
法学	15	598	354	598	100	174	254
社会学	16	247	167	247	28	69	132
民族学与文化学	17	58	42	58	10	17	27
新闻学与传播学	18	1 275	799	1 275	186	397	577
图书馆、情报与文献学	19	431	303	431	18	96	267
教育学	20	1 671	1 199	1 671	164	405	781
统计学	21	125	69	125	14	41	52
心理学	22	148	110	148	18	33	68
体育学	23	656	272	656	39	215	298
其他学科	24	77	49	77	6	12	40
60 岁及以上	25	330	81	330	274	55	1
55 岁 ~ 59 岁	26	1 604	755	1 604	758	685	156
50 岁 ~ 54 岁	27	2 114	1 201	2 114	629	997	474
45 岁 ~ 49 岁	28	2 971	1 870	2 971	550	1 282	1 089
40 岁 ~ 44 岁	29	4 859	3 343	4 859	295	1 779	2 600
35 岁 ~ 39 岁	30	5 214	3 810	5 214	98	1 124	3 486
30 岁 ~ 34 岁	31	4 031	3 010	4 031	7	197	2 700
29 岁及以下	32	2 298	1 800	2 298	0	15	516

		按最后学历划分			按最后学位划分		其他人员
助教	初级	研究生	本科生	其他	博士	硕士	
L07	L08	L09	L10	L11	L12	L13	L14
3 069	585	18 407	4 944	70	6 643	12 747	0
396	63	1 817	643	10	622	1 311	0
153	29	614	142	1	138	510	0
33	2	209	32	1	103	111	0
2	0	18	10	0	6	16	0
0	0	6	0	0	4	2	0
924	121	5 855	1 309	6	1 835	4 223	0
40	11	784	127	1	444	359	0
190	68	1 377	182	0	557	853	0
491	69	1 941	770	8	495	1 634	0
18	2	164	21	0	92	79	0
0	0	4	1	0	1	4	0
211	51	1 372	297	7	596	832	0
29	3	384	22	0	269	117	0
45	25	511	84	3	262	264	0
17	1	219	25	3	110	114	0
4	0	48	10	0	29	23	0
99	16	1 136	137	2	636	530	0
28	22	189	222	20	30	182	0
240	81	1 140	523	8	256	1 042	0
15	3	94	31	0	43	58	0
26	3	125	23	0	49	77	0
90	14	325	331	0	17	380	0
18	1	75	2	0	49	26	0
0	0	206	124	0	121	88	0
4	1	1 008	577	19	568	530	0
10	4	1 534	568	12	862	821	0
37	13	2 434	527	10	1 243	1 392	0
150	35	3 820	1 031	8	1 364	2 776	0
427	79	4 123	1 083	8	1 348	2 945	0
929	198	3 503	522	6	999	2 525	0
1 512	255	1 779	512	7	138	1 670	0

11. 财经院校人文、社会科学活动人员情况表

	编号	总计		按职称划分			
			女性	小计	教授	副教授	讲师
		L01	L02	L03	L04	L05	L06
合计	1	112 741	70 844	112 685	10 745	26 701	50 667
管理学	2	27 743	16 690	27 725	3 021	6 607	12 292
马克思主义	3	4 347	2 793	4 341	359	897	1 767
哲学	4	1 338	764	1 338	142	319	594
逻辑学	5	294	154	294	20	69	159
宗教学	6	17	10	17	1	6	8
语言学	7	11 530	9 460	11 527	557	2 704	5 878
中国文学	8	2 816	1 951	2 816	252	808	1 223
外国文学	9	2 163	1 740	2 163	116	490	1 150
艺术学	10	8 779	5 701	8 778	331	1 469	3 867
历史学	11	823	400	822	82	227	381
考古学	12	22	17	22	0	4	6
经济学	13	24 861	15 118	24 852	3 550	6 763	10 421
政治学	14	1 060	537	1 059	96	240	498
法学	15	5 483	3 046	5 477	699	1 482	2 453
社会学	16	1 173	750	1 172	99	243	565
民族学与文化学	17	237	144	237	23	48	102
新闻学与传播学	18	1 813	1 268	1 810	128	356	792
图书馆、情报与文献学	19	2 276	1 560	2 275	94	443	1 355
教育学	20	7 416	4 896	7 411	449	1 210	3 422
统计学	21	2 285	1 183	2 285	382	709	936
心理学	22	769	609	769	26	119	352
体育学	23	4 904	1 726	4 903	261	1 369	2 179
其他学科	24	592	327	592	57	119	267
60 岁及以上	25	1 086	330	1 086	801	276	8
55 岁 ~ 59 岁	26	9 160	3 821	9 159	3 765	4 100	1 205
50 岁 ~ 54 岁	27	9 636	4 796	9 634	2 427	4 338	2 686
45 岁 ~ 49 岁	28	13 202	7 203	13 199	2 028	5 638	5 135
40 岁 ~ 44 岁	29	22 037	13 844	22 034	1 345	7 418	11 945
35 岁 ~ 39 岁	30	23 826	15 993	23 816	367	4 162	15 456
30 岁 ~ 34 岁	31	21 500	15 282	21 492	12	732	11 965
29 岁及以下	32	12 294	9 575	12 265	0	37	2 267

		按最后学历划分			按最后学位划分		其他人员
助教	初级	研究生	本科生	其他	博士	硕士	
L07	L08	L09	L10	L11	L12	L13	L14
18 767	5 805	79 648	31 963	1 074	24 367	64 406	56
4 388	1 417	20 080	7 295	350	7 128	15 307	18
1 085	233	3 422	907	12	701	3 024	6
195	88	1 166	165	7	423	775	0
38	8	213	80	1	76	169	0
2	0	17	0	0	10	7	0
1 861	527	7 779	3 697	51	857	8 000	3
430	103	1 867	935	14	607	1 529	0
317	90	1 568	593	2	297	1 506	0
2 332	779	5 562	3 187	29	336	5 936	1
83	49	708	113	1	322	403	1
7	5	22	0	0	4	18	0
3 313	805	18 698	5 838	316	8 744	11 777	9
166	59	816	239	4	270	594	1
664	179	4 331	1 118	28	1 792	2 871	6
187	78	973	195	4	354	667	1
42	22	218	19	0	73	150	0
409	125	1 432	365	13	335	1 187	3
265	118	767	1 378	130	92	873	1
1 558	772	4 614	2 739	58	372	5 069	5
220	38	1 886	374	25	1 090	882	0
208	64	600	167	2	74	566	0
876	218	2 439	2 443	21	172	2 827	1
121	28	470	116	6	238	269	0
1	0	545	521	20	291	284	0
44	45	4 135	4 791	233	2 028	2 827	1
113	70	5 395	4 046	193	2 606	4 042	2
278	120	8 975	4 029	195	4 002	6 700	3
1 061	265	15 040	6 794	200	5 280	12 911	3
3 097	734	16 952	6 714	150	4 958	14 011	10
7 040	1 743	18 365	3 077	50	4 430	14 148	8
7 133	2 828	10 241	1 991	33	772	9 483	29

12. 政法院校人文、社会科学活动人员情况表

		总计		按职称划分			
			女性	小计	教授	副教授	讲师
	编号	L01	L02	L03	L04	L05	L06
合计	1	18 661	9 431	18 661	2 401	5 479	8 524
管理学	2	2 294	1 126	2 294	235	586	1 065
马克思主义	3	793	430	793	116	258	341
哲学	4	353	155	353	69	116	150
逻辑学	5	99	40	99	10	22	58
宗教学	6	31	15	31	5	9	15
语言学	7	1 494	1 146	1 494	124	464	785
中国文学	8	436	292	436	52	136	201
外国文学	9	167	133	167	9	44	91
艺术学	10	229	160	229	9	41	118
历史学	11	158	79	158	18	54	70
考古学	12	5	4	5	0	1	3
经济学	13	781	460	781	106	230	355
政治学	14	471	169	471	76	125	227
法学	15	7 436	3 477	7 436	1 239	2 327	3 102
社会学	16	510	284	510	60	137	248
民族学与文化学	17	49	26	49	11	14	20
新闻学与传播学	18	306	181	306	37	70	159
图书馆、情报与文献学	19	495	322	495	30	153	252
教育学	20	899	469	899	74	220	443
统计学	21	120	62	120	10	27	61
心理学	22	223	153	223	18	62	114
体育学	23	1 243	214	1 243	91	370	605
其他学科	24	69	34	69	2	13	41
60 岁及以上	25	71	13	71	67	4	0
55 岁 ~ 59 岁	26	2 331	955	2 331	926	1 047	314
50 岁 ~ 54 岁	27	2 479	1 066	2 479	648	1 107	663
45 岁 ~ 49 岁	28	3 114	1 461	3 114	495	1 367	1 157
40 岁 ~ 44 岁	29	3 963	2 178	3 963	228	1 327	2 211
35 岁 ~ 39 岁	30	3 317	1 790	3 317	35	532	2 334
30 岁 ~ 34 岁	31	2 468	1 446	2 468	2	83	1 621
29 岁及以下	32	918	522	918	0	12	224

		按最后学历划分			按最后学位划分		其他人员
助教	初级	研究生	本科生	其他	博士	硕士	
L07	L08	L09	L10	L11	L12	L13	L14
1 916	341	12 671	5 911	79	4 766	9 361	0
331	77	1 508	766	20	539	1 188	0
69	9	609	184	0	236	422	0
17	1	288	65	0	137	160	0
9	0	82	17	0	9	74	0
2	0	29	2	0	23	5	0
112	9	1 027	466	1	197	965	0
37	10	302	133	1	113	218	0
22	1	114	53	0	21	107	0
58	3	165	64	0	21	157	0
12	4	132	26	0	81	54	0
0	1	5	0	0	2	3	0
77	13	618	161	2	345	312	0
35	8	412	59	0	244	180	0
641	127	5 097	2 315	24	2 224	3 550	0
58	7	424	85	1	192	249	0
3	1	40	9	0	22	19	0
30	10	263	43	0	137	134	0
49	11	220	260	15	53	186	0
152	10	570	328	1	75	586	0
18	4	76	39	5	21	55	0
26	3	160	63	0	33	135	0
149	28	483	751	9	19	570	0
9	4	47	22	0	22	32	0
0	0	58	13	0	44	15	0
22	22	905	1 395	31	370	680	0
39	22	1 214	1 241	24	489	1 106	0
68	27	1 918	1 184	12	810	1 546	0
171	26	2 920	1 034	9	1 097	2 165	0
377	39	2 697	619	1	1 089	1 744	0
692	70	2 211	256	1	777	1 444	0
547	135	748	169	1	90	661	0

13. 艺术院校人文、社会科学活动人员情况表

		总计		按职称划分			
			女性	小计	教授	副教授	讲师
	编号	L01	L02	L03	L04	L05	L06
合计	1	32 139	18 978	32 112	3 099	7 570	13 651
管理学	2	1 539	981	1 539	107	254	651
马克思主义	3	751	496	750	68	212	292
哲学	4	173	105	173	23	49	69
逻辑学	5	16	13	16	0	4	10
宗教学	6	3	1	3	1	0	2
语言学	7	1 211	1 014	1 210	66	320	608
中国文学	8	685	464	685	73	187	303
外国文学	9	137	120	137	7	27	66
艺术学	10	23 095	12 971	23 075	2 491	5 661	9 664
历史学	11	182	105	182	18	42	86
考古学	12	20	12	20	2	4	11
经济学	13	362	233	362	36	50	160
政治学	14	298	182	298	19	36	82
法学	15	266	170	266	12	51	88
社会学	16	84	44	84	4	12	38
民族学与文化学	17	43	30	43	9	6	18
新闻学与传播学	18	607	413	605	31	107	228
图书馆、情报与文献学	19	527	385	525	30	101	315
教育学	20	1 311	880	1 310	70	260	571
统计学	21	50	30	50	3	10	25
心理学	22	118	97	118	3	12	64
体育学	23	651	226	651	25	165	296
其他学科	24	10	6	10	1	0	4
60 岁及以上	25	317	69	317	274	41	2
55 岁 ~ 59 岁	26	2 214	791	2 212	1 007	863	306
50 岁 ~ 54 岁	27	2 797	1 291	2 794	792	1 240	667
45 岁 ~ 49 岁	28	3 722	1 945	3 719	600	1 601	1 289
40 岁 ~ 44 岁	29	6 778	4 078	6 776	346	2 422	3 341
35 岁 ~ 39 岁	30	7 439	4 747	7 435	78	1 271	4 463
30 岁 ~ 34 岁	31	5 765	3 866	5 760	2	129	3 043
29 岁及以下	32	3 107	2 191	3 099	0	3	540

		按最后学历划分			按最后学位划分		其他人员
助教	初级	研究生	本科生	其他	博士	硕士	
L07	L08	L09	L10	L11	L12	L13	L14
5 522	2 270	19 642	12 057	413	2 806	18 631	27
325	202	852	666	21	69	887	0
127	51	552	198	0	76	514	1
20	12	156	17	0	51	109	0
2	0	12	4	0	1	11	0
0	0	2	1	0	1	1	0
175	41	721	486	3	31	775	1
85	37	395	288	2	85	363	0
21	16	95	42	0	2	99	0
3 853	1 406	14 399	8 411	265	2 314	13 319	20
26	10	135	46	1	31	109	0
1	2	20	0	0	10	9	0
70	46	155	195	12	17	152	0
32	129	119	121	58	11	116	0
76	39	173	93	0	18	168	0
17	13	47	34	3	9	45	0
6	4	40	3	0	8	31	0
174	65	388	209	8	27	392	2
44	35	181	319	25	8	191	2
293	116	750	549	11	27	846	1
10	2	28	22	0	1	35	0
30	9	91	27	0	3	90	0
133	32	324	323	4	6	362	0
2	3	7	3	0	0	7	0
0	0	117	187	13	54	64	0
23	13	592	1 507	113	172	495	2
61	34	1 149	1 565	80	293	1 027	3
164	65	2 114	1 558	47	456	1 946	3
530	137	4 241	2 477	58	681	4 145	2
1 246	377	4 859	2 539	37	631	4 765	4
1 936	650	4 435	1 294	31	451	4 112	5
1 562	994	2 135	930	34	68	2 077	8

14. 民族院校人文、社会科学活动人员情况表

		总计		按职称划分			
			女性	小计	教授	副教授	讲师
	编号	L01	L02	L03	L04	L05	L06
合计	1	11 751	6 848	11 747	1 730	3 558	5 014
管理学	2	1 251	720	1 251	170	353	546
马克思主义	3	392	208	392	76	110	142
哲学	4	226	97	226	51	58	96
逻辑学	5	25	10	25	7	8	9
宗教学	6	81	32	81	22	19	35
语言学	7	1 643	1 211	1 643	178	523	804
中国文学	8	889	512	889	154	323	335
外国文学	9	249	181	249	28	79	115
艺术学	10	1 580	956	1 580	148	425	710
历史学	11	359	151	359	91	116	127
考古学	12	50	18	50	11	9	28
经济学	13	934	554	934	175	279	378
政治学	14	165	63	164	39	56	51
法学	15	846	440	846	134	261	357
社会学	16	301	164	301	54	99	113
民族学与文化学	17	596	311	596	153	184	224
新闻学与传播学	18	342	225	342	38	115	148
图书馆、情报与文献学	19	353	255	351	19	139	172
教育学	20	693	426	693	81	168	289
统计学	21	46	31	46	5	14	25
心理学	22	89	62	89	8	25	37
体育学	23	568	178	567	84	178	228
其他学科	24	73	43	73	4	17	45
60 岁及以上	25	45	9	45	43	1	1
55 岁 ~ 59 岁	26	1 371	545	1 368	692	505	164
50 岁 ~ 54 岁	27	1 405	693	1 405	443	640	313
45 岁 ~ 49 岁	28	1 751	975	1 750	333	844	539
40 岁 ~ 44 岁	29	2 583	1 603	2 583	171	1 001	1 337
35 岁 ~ 39 岁	30	2 233	1 380	2 233	44	490	1 481
30 岁 ~ 34 岁	31	1 694	1 147	1 694	4	74	1 037
29 岁及以下	32	669	496	669	0	3	142

		按最后学历划分			按最后学位划分		其他人员
助教	初级	研究生	本科生	其他	博士	硕士	
L07	L08	L09	L10	L11	L12	L13	L14
1 193	252	8 107	2 972	668	3 219	5 709	4
156	26	924	257	70	361	643	0
47	17	279	85	28	130	189	0
18	3	200	24	2	107	95	0
1	0	17	8	0	5	14	0
5	0	78	2	1	56	23	0
123	15	1 038	499	106	334	863	0
64	13	655	204	30	340	347	0
25	2	190	48	11	53	156	0
242	55	858	616	106	130	879	0
21	4	299	54	6	186	122	0
2	0	49	0	1	30	19	0
80	22	619	232	83	348	354	0
15	3	121	41	2	64	58	1
83	11	661	151	34	292	430	0
20	15	250	42	9	132	130	0
33	2	522	52	22	309	231	0
31	10	273	49	20	90	200	0
19	2	123	181	47	27	133	2
120	35	501	150	42	144	398	0
2	0	31	11	4	15	18	0
15	4	69	18	2	14	61	0
64	13	285	241	41	28	305	1
7	0	65	7	1	24	41	0
0	0	21	20	4	16	11	0
5	2	545	659	164	329	292	3
8	1	709	577	119	406	450	0
33	1	1 180	449	121	649	727	1
70	4	1 875	546	162	809	1 322	0
200	18	1 827	356	50	619	1 307	0
492	87	1 417	232	45	349	1 103	0
385	139	533	133	3	42	497	0

15. 体育院校人文、社会科学活动人员情况表

		总计		按职称划分			
			女性	小计	教授	副教授	讲师
	编号	L01	L02	L03	L04	L05	L06
合计	1	9 036	4 610	9 034	1 027	2 321	4 115
管理学	2	513	287	513	40	82	237
马克思主义	3	326	174	326	28	94	127
哲学	4	71	41	71	11	19	38
逻辑学	5	1	0	1	0	1	0
宗教学	6	0	0	0	0	0	0
语言学	7	444	346	444	22	117	261
中国文学	8	125	90	125	10	32	64
外国文学	9	66	58	66	4	10	38
艺术学	10	466	325	466	11	67	178
历史学	11	30	19	30	2	6	17
考古学	12	0	0	0	0	0	0
经济学	13	167	122	167	28	28	71
政治学	14	37	25	37	5	7	13
法学	15	93	62	93	8	22	31
社会学	16	30	18	30	4	7	14
民族学与文化学	17	7	5	7	1	2	2
新闻学与传播学	18	218	133	218	20	70	87
图书馆、情报与文献学	19	208	157	207	12	41	133
教育学	20	693	392	693	42	149	342
统计学	21	59	37	59	7	21	22
心理学	22	98	73	98	19	29	40
体育学	23	5 369	2 240	5 369	752	1 514	2 391
其他学科	24	15	6	14	1	3	9
60 岁及以上	25	30	11	30	25	3	2
55 岁 ~ 59 岁	26	934	336	934	379	404	141
50 岁 ~ 54 岁	27	959	421	958	268	411	261
45 岁 ~ 49 岁	28	1 245	595	1 245	219	540	462
40 岁 ~ 44 岁	29	1 829	955	1 829	114	613	1 002
35 岁 ~ 39 岁	30	1 921	1 021	1 921	21	312	1 273
30 岁 ~ 34 岁	31	1 488	897	1 488	1	36	842
29 岁及以下	32	630	374	629	0	2	132

		按最后学历划分			按最后学位划分		其他人员
助教	初级	研究生	本科生	其他	博士	硕士	
L07	L08	L09	L10	L11	L12	L13	L14
1 248	323	5 949	2 999	86	1 513	4 933	2
102	52	338	175	0	86	265	0
66	11	275	51	0	53	227	0
2	1	58	13	0	24	36	0
0	0	0	1	0	0	0	0
0	0	0	0	0	0	0	0
34	10	282	161	1	35	291	0
15	4	86	39	0	23	74	0
11	3	51	15	0	15	35	0
129	81	299	167	0	18	307	0
4	1	20	10	0	8	16	0
0	0	0	0	0	0	0	0
30	10	86	75	6	30	62	0
12	0	28	9	0	5	26	0
28	4	71	21	1	9	63	0
5	0	25	4	1	11	17	0
2	0	4	3	0	2	2	0
33	8	197	21	0	65	135	0
12	9	82	111	14	3	89	1
118	42	415	272	6	74	408	0
7	2	34	24	1	4	34	0
9	1	83	15	0	48	38	0
629	83	3 502	1 811	56	990	2 805	0
0	1	13	1	0	10	3	1
0	0	18	12	0	13	5	0
4	6	335	558	41	141	256	0
11	7	486	452	20	208	361	1
19	5	770	463	12	285	598	0
70	30	1 253	569	7	347	1 046	0
250	65	1 363	553	5	270	1 177	0
497	112	1 211	276	1	216	1 009	0
397	98	513	116	0	33	481	1

16. 全国高等学校人文、社会科学研究与发展人员情况表

			合计	其中			
				女性	研究人员	教授	副教授
		编号	L01	L02	L03	L04	L05
合计	全时人数	1	2 302	755	2 271	1 099	626
	非全时人数	2	695 158	343 948	577 464	101 771	184 200
	非全时折合全时人数	3	144 806	72 087	124 321	24 346	40 890
管理学	全时人数	4	480	154	478	244	112
	非全时人数	5	130 374	59 990	106 441	19 578	33 293
	非全时折合全时人数	6	28 249	13 149	24 061	4 976	7 808
马克思主义	全时人数	7	106	32	104	51	25
	非全时人数	8	43 317	21 609	36 029	6 382	11 370
	非全时折合全时人数	9	9 043	4 526	7 761	1 547	2 531
哲学	全时人数	10	44	6	44	26	10
	非全时人数	11	9 280	3 443	8 171	2 024	2 527
	非全时折合全时人数	12	1 760	629	1 557	416	477
逻辑学	全时人数	13	0	0	0	0	0
	非全时人数	14	358	167	302	59	109
	非全时折合全时人数	15	58	28	48	9	17
宗教学	全时人数	16	13	3	13	2	7
	非全时人数	17	1 493	510	1 340	354	420
	非全时折合全时人数	18	274	93	254	68	81
语言学	全时人数	19	114	54	113	44	35
	非全时人数	20	38 588	25 121	33 524	5 042	11 033
	非全时折合全时人数	21	8 017	5 275	7 113	1 175	2 393
中国文学	全时人数	22	72	17	72	38	14
	非全时人数	23	21 023	10 407	18 527	4 284	6 005
	非全时折合全时人数	24	4 308	2 102	3 859	989	1 256
外国文学	全时人数	25	36	17	36	13	7
	非全时人数	26	10 040	6 654	8 971	1 397	2 881
	非全时折合全时人数	27	1 867	1 263	1 693	286	548
艺术学	全时人数	28	118	41	113	35	50
	非全时人数	29	61 126	31 539	49 074	6 797	15 935
	非全时折合全时人数	30	14 238	7 441	11 899	1 761	4 056
历史学	全时人数	31	79	20	77	32	20
	非全时人数	32	15 385	5 353	13 338	3 431	4 121
	非全时折合全时人数	33	3 218	1 090	2 873	794	905
考古学	全时人数	34	31	6	31	18	8
	非全时人数	35	3 543	699	2 463	502	498
	非全时折合全时人数	36	597	138	467	117	116

按职称划分					按学历学位划分			
讲师	助教	初级	其他人员	研究生(学生)	博士毕业	硕士毕业	本科毕业	其他学历
L06	L07	L08	L09	L10	L11	L12	L13	L14
522	21	19	2	13	1 694	479	125	4
267 476	49 299	15 744	5 543	71 125	198 751	345 880	142 453	8 074
55 234	9 221	2 908	847	11 360	47 431	69 845	26 062	1 468
118	4	2	0	0	384	87	8	1
47 580	7 952	2 954	1 139	17 878	41 232	60 566	27 194	1 382
10 283	1 523	550	186	2 923	10 599	12 476	4 910	265
28	1	0	0	1	74	23	8	1
17 199	3 812	1 041	324	3 189	12 682	23 159	7 109	367
3 508	713	181	49	514	3 025	4 672	1 281	65
8	0	0	0	0	36	8	0	0
3 161	388	103	49	1 028	4 822	3 130	1 256	72
594	67	18	7	182	992	521	233	14
0	0	0	0	0	0	0	0	0
129	35	10	6	10	120	178	50	10
22	6	2	1	2	19	30	8	1
4	0	0	0	0	10	2	1	0
505	53	13	13	135	846	432	200	15
96	9	2	2	18	164	74	32	4
28	1	6	0	0	66	40	8	0
16 633	2 496	561	188	2 635	10 162	21 206	6 962	258
3 426	462	94	26	441	2 315	4 338	1 319	45
20	0	0	0	0	52	18	1	1
7 572	1 017	280	100	1 765	9 215	8 324	3 252	232
1 509	188	54	14	299	2 115	1 552	604	37
15	0	1	0	0	26	9	1	0
4 478	491	115	30	648	3 189	5 284	1 515	52
828	81	17	5	102	628	967	263	9
27	5	1	0	0	42	58	18	0
25 290	5 738	1 656	359	5 351	9 532	35 132	15 630	832
5 907	1 187	336	56	934	2 329	8 358	3 370	181
25	1	0	0	1	60	11	8	0
4 993	602	173	106	1 959	7 832	4 923	2 484	146
1 049	107	33	16	313	1 823	927	444	24
4	0	1	0	0	30	1	0	0
745	83	14	42	1 659	1 156	1 209	1 156	22
156	14	2	6	186	282	163	149	3

		编号	合计 L01	其中 女性 L02	其中 研究人员 L03	教授 L04	副教授 L05
经济学	全时人数	37	384	124	382	187	111
	非全时人数	38	72 113	33 148	60 368	12 151	19 183
	非全时折合全时人数	39	15 425	7 220	13 458	3 073	4 439
政治学	全时人数	40	51	15	51	22	15
	非全时人数	41	15 926	6 934	13 508	2 887	4 143
	非全时折合全时人数	42	2 852	1 184	2 447	570	755
法学	全时人数	43	195	55	194	116	42
	非全时人数	44	31 552	11 436	25 293	5 574	8 043
	非全时折合全时人数	45	7 033	2 695	6 081	1 586	2 023
社会学	全时人数	46	120	39	118	54	42
	非全时人数	47	34 341	16 893	29 029	5 268	9 428
	非全时折合全时人数	48	6 379	3 151	5 496	1 072	1 804
民族学与文化学	全时人数	49	30	13	29	12	10
	非全时人数	50	13 745	6 991	11 869	2 347	4 010
	非全时折合全时人数	51	2 474	1 235	2 157	455	729
新闻学与传播学	全时人数	52	66	26	65	38	11
	非全时人数	53	16 662	8 199	13 671	2 321	4 176
	非全时折合全时人数	54	3 384	1 702	2 874	565	920
图书馆、情报与文献学	全时人数	55	54	21	52	21	17
	非全时人数	56	9 809	5 545	8 423	1 404	2 534
	非全时折合全时人数	57	1 907	1 085	1 673	299	519
教育学	全时人数	58	203	78	196	96	63
	非全时人数	59	123 851	72 443	102 556	14 163	32 976
	非全时折合全时人数	60	24 797	14 557	21 001	3 148	6 914
统计学	全时人数	61	21	10	21	13	2
	非全时人数	62	5 838	2 390	4 806	974	1 522
	非全时折合全时人数	63	1 117	470	954	216	304
心理学	全时人数	64	18	8	18	5	7
	非全时人数	65	7 914	4 492	6 286	978	1 837
	非全时折合全时人数	66	1 470	858	1 220	214	371
体育学	全时人数	67	55	13	54	25	17
	非全时人数	68	23 748	7 798	19 294	2 939	6 816
	非全时折合全时人数	69	5 389	1 812	4 602	821	1 676
其他学科	全时人数	70	12	3	10	7	1
	非全时人数	71	5 132	2 187	4 181	915	1 340
	非全时折合全时人数	72	949	383	775	190	251

续表

按职称划分					按学历学位划分			
讲师	助教	初级	其他人员	研究生（学生）	博士毕业	硕士毕业	本科毕业	其他学历
L06	L07	L08	L09	L10	L11	L12	L13	L14
79	2	4	0	1	333	48	3	0
25 351	3 849	1 302	550	9 727	27 032	31 118	13 349	614
5 378	732	239	85	1 478	6 843	6 208	2 265	108
14	0	0	0	0	36	9	6	0
5 796	1 116	339	137	1 508	5 770	7 323	2 650	183
995	177	56	20	281	1 139	1 233	450	30
36	0	1	0	0	166	23	6	0
9 689	1 295	387	430	6 134	12 819	11 621	6 864	248
2 163	245	70	63	883	3 476	2 399	1 118	41
21	1	1	0	1	92	20	8	0
13 207	2 184	758	279	3 217	10 894	16 550	6 515	382
2 432	368	138	44	523	2 263	2 967	1 087	62
4	2	0	0	2	19	9	2	0
5 117	879	322	103	967	3 943	6 913	2 666	223
901	148	58	14	169	776	1 192	467	40
15	1	0	0	1	46	8	12	0
6 314	1 157	310	142	2 242	5 262	8 203	3 035	162
1 246	209	53	21	371	1 245	1 581	531	27
14	1	0	0	1	34	17	3	0
4 197	485	287	119	783	2 383	4 477	2 609	340
809	84	48	18	131	512	850	486	60
36	1	2	2	3	116	62	24	1
53 832	12 439	4 248	1 097	5 096	19 691	74 927	27 157	2 076
10 670	2 296	800	164	806	4 499	14 877	5 050	372
6	0	0	0	0	14	6	1	0
1 980	285	86	66	925	2 479	2 155	1 145	59
373	46	15	10	153	537	382	189	10
6	0	0	0	0	15	3	0	0
3 133	722	251	61	932	2 048	4 079	1 681	106
581	123	43	10	129	462	736	257	15
12	1	0	0	0	34	17	4	0
8 872	1 935	439	155	2 592	3 653	12 898	6 932	265
2 010	392	87	22	382	990	2 996	1 355	48
2	0	0	0	2	9	0	3	0
1 703	286	95	48	745	1 989	2 073	1 042	28
299	43	15	9	142	398	348	198	5

17. 本科学校人文、社会科学研究与发展人员情况表

		编号	合计 L01	其中 女性 L02	其中 研究人员 L03	教授 L04	副教授 L05
合计	全时人数	1	2 256	728	2 228	1 092	608
	非全时人数	2	582 600	271 024	485 790	92 762	154 400
	非全时折合全时人数	3	123 833	58 525	107 005	22 583	35 115
管理学	全时人数	4	479	154	477	243	112
	非全时人数	5	111 209	47 960	90 685	17 906	28 179
	非全时折合全时人数	6	24 681	10 896	21 076	4 651	6 807
马克思主义	全时人数	7	104	31	102	51	24
	非全时人数	8	36 394	17 049	30 658	5 864	9 598
	非全时折合全时人数	9	7 777	3 690	6 761	1 449	2 189
哲学	全时人数	10	44	6	44	26	10
	非全时人数	11	8 772	3 123	7 761	1 971	2 367
	非全时折合全时人数	12	1 678	579	1 491	408	449
逻辑学	全时人数	13	0	0	0	0	0
	非全时人数	14	310	143	269	55	97
	非全时折合全时人数	15	50	24	43	9	15
宗教学	全时人数	16	13	3	13	2	7
	非全时人数	17	1 461	491	1 312	351	411
	非全时折合全时人数	18	268	89	248	67	79
语言学	全时人数	19	113	54	112	44	34
	非全时人数	20	34 962	22 209	30 457	4 825	10 015
	非全时折合全时人数	21	7 385	4 765	6 576	1 135	2 205
中国文学	全时人数	22	72	17	72	38	14
	非全时人数	23	19 636	9 460	17 357	4 161	5 579
	非全时折合全时人数	24	4 077	1 941	3 661	966	1 183
外国文学	全时人数	25	36	17	36	13	7
	非全时人数	26	9 630	6 340	8 611	1 378	2 765
	非全时折合全时人数	27	1 801	1 214	1 634	284	529
艺术学	全时人数	28	117	40	112	35	49
	非全时人数	29	54 066	27 011	43 623	6 402	14 291
	非全时折合全时人数	30	12 825	6 547	10 787	1 682	3 707
历史学	全时人数	31	79	20	77	32	20
	非全时人数	32	14 973	5 131	13 003	3 381	4 017
	非全时折合全时人数	33	3 153	1 058	2 821	786	887
考古学	全时人数	34	31	6	31	18	8
	非全时人数	35	3 496	667	2 433	498	490
	非全时折合全时人数	36	589	134	461	116	114

按职称划分					按学历学位划分			
讲师	助教	初级	其他人员	研究生(学生)	博士毕业	硕士毕业	本科毕业	其他学历
L06	L07	L08	L09	L10	L11	L12	L13	L14
504	21	18	0	13	1 693	448	111	4
214 833	34 350	10 315	4 826	71 114	194 471	270 563	112 370	5 196
45 498	6 579	1 960	741	11 358	46 542	55 657	20 660	974
118	4	2	0	0	383	87	8	1
38 654	5 533	2 040	1 023	17 874	40 318	47 596	22 381	914
8 632	1 105	395	168	2 923	10 403	10 034	4 061	184
27	1	0	0	1	74	21	8	1
14 128	2 645	686	286	3 187	12 391	18 155	5 606	242
2 951	508	124	43	513	2 959	3 741	1 032	45
8	0	0	0	0	36	8	0	0
2 967	308	85	46	1 028	4 776	2 767	1 167	62
564	54	14	7	182	984	464	218	12
0	0	0	0	0	0	0	0	0
112	25	5	6	10	119	149	34	8
18	4	1	1	2	19	24	5	1
4	0	0	0	0	10	2	1	0
489	49	13	13	135	844	413	189	15
92	8	2	2	18	164	70	30	4
28	1	6	0	0	66	39	8	0
14 806	2 070	444	167	2 635	10 060	18 749	5 963	190
3 117	389	75	23	441	2 297	3 909	1 146	33
20	0	0	0	0	52	18	1	1
6 958	850	231	92	1 765	9 122	7 431	2 894	189
1 408	162	46	13	299	2 096	1 403	547	31
15	0	1	0	0	26	9	1	0
4 254	453	102	30	648	3 177	4 995	1 410	48
790	76	16	5	102	626	919	247	9
27	5	1	0	0	42	57	18	0
21 892	4 617	1 191	322	5 351	9 356	30 670	13 437	603
5 227	973	251	51	934	2 294	7 457	2 937	137
25	1	0	0	1	60	11	8	0
4 818	547	152	99	1 959	7 789	4 650	2 402	132
1 024	99	30	15	313	1 815	885	432	22
4	0	1	0	0	30	1	0	0
728	69	10	42	1 659	1 148	1 178	1 148	22
153	12	2	6	186	280	158	148	3

		编号	合计 L01	其中 女性 L02	其中 研究人员 L03	教授 L04	副教授 L05
经济学	全时人数	37	382	123	380	187	109
	非全时人数	38	63 341	27 395	52 993	11 353	16 715
	非全时折合全时人数	39	13 813	6 174	12 084	2 918	3 976
政治学	全时人数	40	51	15	51	22	15
	非全时人数	41	13 506	5 348	11 570	2 670	3 546
	非全时折合全时人数	42	2 471	931	2 138	535	660
法学	全时人数	43	195	55	194	116	42
	非全时人数	44	30 158	10 552	24 156	5 456	7 646
	非全时折合全时人数	45	6 782	2 536	5 872	1 563	1 948
社会学	全时人数	46	120	39	118	54	42
	非全时人数	47	29 089	13 529	24 751	4 826	8 027
	非全时折合全时人数	48	5 517	2 599	4 794	995	1 576
民族学与文化学	全时人数	49	30	13	29	12	10
	非全时人数	50	11 838	5 749	10 273	2 158	3 496
	非全时折合全时人数	51	2 166	1 031	1 900	424	645
新闻学与传播学	全时人数	52	66	26	65	38	11
	非全时人数	53	15 697	7 583	12 927	2 270	3 944
	非全时折合全时人数	54	3 229	1 603	2 753	556	879
图书馆、情报与文献学	全时人数	55	54	21	52	21	17
	非全时人数	56	8 816	4 862	7 619	1 347	2 322
	非全时折合全时人数	57	1 738	968	1 535	290	481
教育学	全时人数	58	165	55	161	90	50
	非全时人数	59	77 974	42 468	64 964	10 407	20 740
	非全时折合全时人数	60	15 852	8 729	13 575	2 363	4 435
统计学	全时人数	61	21	10	21	13	2
	非全时人数	62	5 439	2 150	4 484	944	1 403
	非全时折合全时人数	63	1 054	431	901	211	286
心理学	全时人数	64	17	7	17	5	7
	非全时人数	65	6 220	3 260	5 012	899	1 492
	非全时折合全时人数	66	1 187	648	1 007	202	313
体育学	全时人数	67	55	13	54	25	17
	非全时人数	68	21 272	6 835	17 323	2 805	6 147
	非全时折合全时人数	69	4 924	1 633	4 222	797	1 539
其他学科	全时人数	70	12	3	10	7	1
	非全时人数	71	4 341	1 709	3 549	835	1 113
	非全时折合全时人数	72	818	304	668	176	212

续表

按职称划分					按学历学位划分			
讲师	助教	初级	其他人员	研究生(学生)	博士毕业	硕士毕业	本科毕业	其他学历
L06	L07	L08	L09	L10	L11	L12	L13	L14
79	2	4	0	1	333	46	3	0
21 269	2 840	932	506	9 726	26 569	25 035	11 301	436
4 628	559	174	79	1 478	6 741	5 076	1 919	76
14	0	0	0	0	36	9	6	0
4 676	748	234	125	1 507	5 691	5 691	2 014	110
815	123	39	18	280	1 126	977	348	20
36	0	1	0	0	166	23	6	0
9 074	1 105	321	422	6 134	12 733	10 617	6 593	215
2 053	213	59	62	883	3 462	2 213	1 071	36
21	1	1	0	1	92	20	8	0
10 779	1 495	504	243	3 215	10 655	13 116	5 074	244
2 036	253	96	39	522	2 221	2 401	853	42
4	2	0	0	2	19	9	2	0
4 228	646	245	98	967	3 864	5 692	2 117	165
760	112	44	13	169	762	995	379	31
15	1	0	0	1	46	8	12	0
5 853	1 001	253	134	2 242	5 230	7 513	2 808	146
1 174	184	45	19	371	1 240	1 468	496	24
14	1	0	0	1	34	17	3	0
3 665	368	218	113	783	2 363	3 921	2 256	276
719	63	37	17	131	508	753	427	50
20	1	1	0	3	116	38	10	1
32 302	6 612	2 049	769	5 095	18 238	44 468	14 406	862
6 521	1 218	395	115	806	4 184	8 870	2 643	155
6	0	0	0	0	14	6	1	0
1 809	227	65	66	925	2 454	1 894	1 040	51
344	39	12	10	153	533	339	174	9
5	0	0	0	0	15	2	0	0
2 284	405	163	45	932	2 014	2 944	1 209	53
437	71	29	6	129	457	543	179	8
12	1	0	0	0	34	17	4	0
7 710	1 562	319	137	2 592	3 608	11 383	6 086	195
1 790	328	69	19	382	980	2 700	1 205	39
2	0	0	0	2	9	0	3	0
1 378	175	53	42	745	1 952	1 536	835	18
245	27	8	9	142	392	260	163	3

18. 专科学校人文、社会科学研究与发展人员情况表

			合计	其中			
				女性	研究人员	教授	副教授
		编号	L01	L02	L03	L04	L05
合计	全时人数	1	46	27	43	7	18
	非全时人数	2	112 558	72 924	91 674	9 009	29 800
	非全时折合全时人数	3	20 974	13 561	17 317	1 764	5 775
管理学	全时人数	4	1	0	1	1	0
	非全时人数	5	19 165	12 030	15 756	1 672	5 114
	非全时折合全时人数	6	3 568	2 254	2 985	326	1 001
马克思主义	全时人数	7	2	1	2	0	1
	非全时人数	8	6 923	4 560	5 371	518	1 772
	非全时折合全时人数	9	1 266	836	1 001	98	343
哲学	全时人数	10	0	0	0	0	0
	非全时人数	11	508	320	410	53	160
	非全时折合全时人数	12	83	50	66	9	28
逻辑学	全时人数	13	0	0	0	0	0
	非全时人数	14	48	24	33	4	12
	非全时折合全时人数	15	8	4	6	1	2
宗教学	全时人数	16	0	0	0	0	0
	非全时人数	17	32	19	28	3	9
	非全时折合全时人数	18	6	4	6	1	2
语言学	全时人数	19	1	0	1	0	1
	非全时人数	20	3 626	2 912	3 067	217	1 018
	非全时折合全时人数	21	632	510	537	39	188
中国文学	全时人数	22	0	0	0	0	0
	非全时人数	23	1 387	947	1 170	123	426
	非全时折合全时人数	24	232	161	198	22	73
外国文学	全时人数	25	0	0	0	0	0
	非全时人数	26	410	314	360	19	116
	非全时折合全时人数	27	66	49	59	3	18
艺术学	全时人数	28	1	1	1	0	1
	非全时人数	29	7 060	4 528	5 451	395	1 644
	非全时折合全时人数	30	1 413	894	1 112	80	349
历史学	全时人数	31	0	0	0	0	0
	非全时人数	32	412	222	335	50	104
	非全时折合全时人数	33	64	32	52	8	18
考古学	全时人数	34	0	0	0	0	0
	非全时人数	35	47	32	30	4	8
	非全时折合全时人数	36	7	5	5	1	2

按职称划分					按学历学位划分			
讲师	助教	初级	其他人员	研究生(学生)	博士毕业	硕士毕业	本科毕业	其他学历
L06	L07	L08	L09	L10	L11	L12	L13	L14
18	0	1	2	0	1	31	14	0
52 643	14 949	5 429	717	11	4 280	75 317	30 083	2 878
9 737	2 642	949	106	2	890	14 187	5 402	494
0	0	0	0	0	1	0	0	0
8 926	2 419	914	116	4	914	12 970	4 813	468
1 651	418	155	17	1	196	2 442	849	82
1	0	0	0	0	0	2	0	0
3 071	1 167	355	38	2	291	5 004	1 503	125
557	205	57	6	0	66	931	249	20
0	0	0	0	0	0	0	0	0
194	80	18	3	0	46	363	89	10
29	13	3	1	0	9	58	14	2
0	0	0	0	0	0	0	0	0
17	10	5	0	0	1	29	16	2
3	2	1	0	0	0	6	2	0
0	0	0	0	0	0	0	0	0
16	4	0	0	0	2	19	11	0
4	1	0	0	0	0	4	2	0
0	0	0	0	0	0	1	0	0
1 827	426	117	21	0	102	2 457	999	68
309	74	20	2	0	18	429	173	12
0	0	0	0	0	0	0	0	0
614	167	49	8	0	93	893	358	43
102	26	8	1	0	20	149	57	6
0	0	0	0	0	0	0	0	0
224	38	13	0	0	12	289	105	4
38	5	2	0	0	2	48	16	1
0	0	0	0	0	0	1	0	0
3 398	1 121	465	37	0	176	4 462	2 193	229
680	215	85	5	0	36	901	432	44
0	0	0	0	0	0	0	0	0
175	55	21	7	0	43	273	82	14
25	9	4	1	0	8	42	12	2
0	0	0	0	0	0	0	0	0
17	14	4	0	0	8	31	8	0
3	2	0	0	0	2	5	1	0

			合计	其中			
				女性	研究人员	教授	副教授
		编号	L01	L02	L03	L04	L05
经济学	全时人数	37	2	1	2	0	2
	非全时人数	38	8 772	5 753	7 375	798	2 468
	非全时折合全时人数	39	1 612	1 046	1 374	154	463
政治学	全时人数	40	0	0	0	0	0
	非全时人数	41	2 420	1 586	1 938	217	597
	非全时折合全时人数	42	381	254	309	35	94
法学	全时人数	43	0	0	0	0	0
	非全时人数	44	1 394	884	1 137	118	397
	非全时折合全时人数	45	252	159	209	23	75
社会学	全时人数	46	0	0	0	0	0
	非全时人数	47	5 252	3 364	4 278	442	1 401
	非全时折合全时人数	48	862	552	702	77	228
民族学与文化学	全时人数	49	0	0	0	0	0
	非全时人数	50	1 907	1 242	1 596	189	514
	非全时折合全时人数	51	308	204	257	31	84
新闻学与传播学	全时人数	52	0	0	0	0	0
	非全时人数	53	965	616	744	51	232
	非全时折合全时人数	54	155	99	121	9	41
图书馆、情报与文献学	全时人数	55	0	0	0	0	0
	非全时人数	56	993	683	804	57	212
	非全时折合全时人数	57	169	118	138	9	39
教育学	全时人数	58	38	23	35	6	13
	非全时人数	59	45 877	29 975	37 592	3 756	12 236
	非全时折合全时人数	60	8 945	5 828	7 426	785	2 479
统计学	全时人数	61	0	0	0	0	0
	非全时人数	62	399	240	322	30	119
	非全时折合全时人数	63	63	39	53	5	19
心理学	全时人数	64	1	1	1	0	0
	非全时人数	65	1 694	1 232	1 274	79	345
	非全时折合全时人数	66	284	210	213	12	57
体育学	全时人数	67	0	0	0	0	0
	非全时人数	68	2 476	963	1 971	134	669
	非全时折合全时人数	69	465	178	381	24	136
其他学科	全时人数	70	0	0	0	0	0
	非全时人数	71	791	478	632	80	227
	非全时折合全时人数	72	131	79	107	14	38

续表

按职称划分					按学历学位划分			
讲师	助教	初级	其他人员	研究生(学生)	博士毕业	硕士毕业	本科毕业	其他学历
L06	L07	L08	L09	L10	L11	L12	L13	L14
0	0	0	0	0	0	2	0	0
4 082	1 009	370	44	1	463	6 083	2 048	178
751	173	66	6	0	103	1 132	346	32
0	0	0	0	0	0	0	0	0
1 120	368	105	12	1	79	1 632	636	73
179	54	17	2	1	13	256	102	11
0	0	0	0	0	0	0	0	0
615	190	66	8	0	86	1 004	271	33
110	32	11	1	0	15	186	47	5
0	0	0	0	0	0	0	0	0
2 428	689	254	36	2	239	3 434	1 441	138
396	115	42	5	0	42	566	234	20
0	0	0	0	0	0	0	0	0
889	233	77	5	0	79	1 221	549	58
141	36	14	1	0	14	197	88	9
0	0	0	0	0	0	0	0	0
461	156	57	8	0	32	690	227	16
72	25	8	2	0	5	113	34	2
0	0	0	0	0	0	0	0	0
532	117	69	6	0	20	556	353	64
90	21	11	1	0	4	97	59	10
16	0	1	2	0	0	24	14	0
21 530	5 827	2 199	328	1	1 453	30 459	12 751	1 214
4 149	1 078	405	49	0	316	6 007	2 407	216
0	0	0	0	0	0	0	0	0
171	58	21	0	0	25	261	105	8
29	7	3	0	0	4	43	15	1
1	0	0	0	0	0	1	0	0
849	317	88	16	0	34	1 135	472	53
144	53	15	3	0	5	194	78	7
0	0	0	0	0	0	0	0	0
1 162	373	120	18	0	45	1 515	846	70
220	64	18	3	0	10	296	150	9
0	0	0	0	0	0	0	0	0
325	111	42	6	0	37	537	207	10
54	17	7	1	0	6	88	35	2

19. 教育部直属院校人文、社会科学研究与发展人员情况表

			合计	其中			
				女性	研究人员	教授	副教授
		编号	L01	L02	L03	L04	L05
合计	全时人数	1	1 375	399	1 370	705	349
	非全时人数	2	101 397	30 710	82 461	20 843	23 063
	非全时折合全时人数	3	21 604	6 869	18 306	5 465	5 541
管理学	全时人数	4	317	89	317	165	68
	非全时人数	5	23 351	6 168	18 581	4 505	4 935
	非全时折合全时人数	6	5 289	1 514	4 431	1 279	1 303
马克思主义	全时人数	7	64	18	63	28	17
	非全时人数	8	5 732	2 022	4 778	1 133	1 364
	非全时折合全时人数	9	1 261	451	1 091	302	342
哲学	全时人数	10	36	5	36	22	6
	非全时人数	11	2 402	599	2 137	689	577
	非全时折合全时人数	12	474	119	429	150	122
逻辑学	全时人数	13	0	0	0	0	0
	非全时人数	14	46	9	40	16	15
	非全时折合全时人数	15	7	2	6	3	2
宗教学	全时人数	16	12	3	12	2	7
	非全时人数	17	334	83	286	90	76
	非全时折合全时人数	18	59	16	53	18	12
语言学	全时人数	19	63	32	63	23	19
	非全时人数	20	5 507	2 739	4 739	1 104	1 529
	非全时折合全时人数	21	1 088	563	959	247	317
中国文学	全时人数	22	46	13	46	23	10
	非全时人数	23	2 828	949	2 461	775	653
	非全时折合全时人数	24	534	176	470	167	122
外国文学	全时人数	25	30	16	30	10	5
	非全时人数	26	1 660	897	1 470	333	408
	非全时折合全时人数	27	279	158	254	63	74
艺术学	全时人数	28	35	9	35	12	14
	非全时人数	29	5 906	1 972	4 508	956	1 384
	非全时折合全时人数	30	1 311	462	1 037	249	352
历史学	全时人数	31	51	11	50	18	15
	非全时人数	32	3 231	789	2 858	879	779
	非全时折合全时人数	33	670	161	610	215	170
考古学	全时人数	34	23	6	23	13	5
	非全时人数	35	1 455	157	1 084	165	147
	非全时折合全时人数	36	219	33	181	46	37

按职称划分					按学历学位划分			
讲师	助教	初级	其他人员	研究生（学生）	博士毕业	硕士毕业	本科毕业	其他学历
L06	L07	L08	L09	L10	L11	L12	L13	L14
305	4	6	0	6	1 101	224	50	0
24 094	1 290	482	1 656	29 969	50 862	30 080	19 728	727
5 088	230	84	264	4 930	12 481	5 413	3 585	125
82	2	0	0	0	272	43	2	0
5 061	253	113	388	8 096	11 175	7 167	4 903	106
1 198	59	20	70	1 360	2 984	1 368	910	26
18	0	0	0	1	47	11	6	0
1 728	128	61	74	1 244	3 005	1 753	932	42
364	21	10	12	210	756	323	175	7
8	0	0	0	0	28	8	0	0
573	35	5	25	498	1 583	512	294	13
117	5	1	4	76	336	83	53	3
0	0	0	0	0	0	0	0	0
7	0	0	0	8	30	6	9	1
1	0	0	0	1	5	1	1	0
3	0	0	0	0	9	2	1	0
91	6	0	1	70	224	54	55	1
19	1	0	0	9	43	8	8	0
16	0	5	0	0	38	20	5	0
1 696	99	25	40	1 014	2 868	1 749	855	35
339	14	4	8	159	601	327	152	7
13	0	0	0	0	34	11	1	0
750	28	16	28	578	1 795	613	394	26
141	4	4	4	92	364	98	69	4
15	0	0	0	0	20	9	1	0
600	22	0	10	287	909	534	212	5
101	3	0	2	36	165	84	30	1
9	0	0	0	0	17	16	2	0
1 573	116	73	56	1 748	1 974	2 329	1 556	47
348	21	10	9	322	480	489	333	9
17	0	0	0	1	40	5	6	0
787	35	10	27	714	2 105	702	404	20
164	7	3	4	107	485	117	67	2
4	0	1	0	0	22	1	0	0
159	6	1	34	943	398	671	369	17
35	1	0	4	97	101	74	43	2

		编号	合计 L01	其中 女性 L02	其中 研究人员 L03	教授 L04	副教授 L05
经济学	全时人数	37	206	50	206	128	49
	非全时人数	38	13 372	3 332	10 780	2 951	2 954
	非全时折合全时人数	39	2 872	785	2 451	814	744
政治学	全时人数	40	46	13	46	19	15
	非全时人数	41	2 997	834	2 639	781	731
	非全时折合全时人数	42	596	148	524	172	151
法学	全时人数	43	122	32	122	76	28
	非全时人数	44	8 061	1 955	6 303	1 802	1 753
	非全时折合全时人数	45	1 880	541	1 602	570	496
社会学	全时人数	46	81	24	80	41	26
	非全时人数	47	5 094	1 569	4 087	990	1 220
	非全时折合全时人数	48	1 042	344	868	247	267
民族学与文化学	全时人数	49	11	3	11	2	4
	非全时人数	50	817	227	710	220	197
	非全时折合全时人数	51	148	37	131	41	36
新闻学与传播学	全时人数	52	49	17	48	28	10
	非全时人数	53	4 049	1 413	3 289	684	854
	非全时折合全时人数	54	856	312	709	191	210
图书馆、情报与文献学	全时人数	55	50	19	49	19	16
	非全时人数	56	2 070	847	1 719	402	508
	非全时折合全时人数	57	424	175	361	99	113
教育学	全时人数	58	89	26	89	53	25
	非全时人数	59	7 261	2 657	5 807	1 400	1 695
	非全时折合全时人数	60	1 525	556	1 254	351	383
统计学	全时人数	61	5	2	5	4	0
	非全时人数	62	1 086	285	867	224	237
	非全时折合全时人数	63	216	60	177	51	50
心理学	全时人数	64	15	5	15	5	5
	非全时人数	65	1 035	358	825	177	252
	非全时折合全时人数	66	193	77	164	43	56
体育学	全时人数	67	18	4	18	8	5
	非全时人数	68	1 755	504	1 439	254	496
	非全时折合全时人数	69	369	104	315	70	115
其他学科	全时人数	70	6	2	6	6	0
	非全时人数	71	1 348	345	1 054	313	299
	非全时折合全时人数	72	294	77	231	78	67

续表

按职称划分					按学历学位划分			
讲师	助教	初级	其他人员	研究生(学生)	博士毕业	硕士毕业	本科毕业	其他学历
L06	L07	L08	L09	L10	L11	L12	L13	L14
29	0	0	0	0	193	13	0	0
2 633	101	25	162	4 546	7 191	3 471	2 647	63
568	18	5	24	698	1 852	570	440	10
12	0	0	0	0	33	7	6	0
754	39	19	40	633	1 865	744	377	11
131	5	3	6	127	383	133	78	2
18	0	0	0	0	106	13	3	0
1 467	60	10	219	2 750	4 109	2 032	1 878	42
350	11	2	31	421	1 184	371	315	9
13	1	0	0	0	63	13	5	0
1 150	37	18	88	1 591	2 675	1 364	1 021	34
232	6	3	16	272	620	239	178	5
2	1	0	0	2	9	2	0	0
185	4	6	4	201	491	201	118	7
32	0	1	0	38	90	37	20	1
10	0	0	0	1	37	4	8	0
1 110	54	10	57	1 280	1 757	1 480	782	30
203	10	1	8	232	446	248	156	7
14	0	0	0	1	33	15	2	0
625	22	10	56	447	868	739	426	37
121	4	1	8	78	205	132	82	6
11	0	0	0	0	67	21	1	0
1 908	154	70	255	1 779	3 450	2 324	1 332	155
384	24	16	39	329	840	406	260	19
1	0	0	0	0	4	1	0	0
234	10	0	12	369	568	285	227	6
41	1	0	3	70	124	51	40	1
5	0	0	0	0	13	2	0	0
222	11	3	25	345	553	271	201	10
42	1	1	4	47	123	42	28	1
5	0	0	0	0	10	7	1	0
503	65	5	23	409	543	754	442	16
99	11	1	3	70	128	153	86	2
0	0	0	0	0	6	0	0	0
278	5	2	32	419	726	325	294	3
59	1	0	7	82	168	59	66	1

20. 其他部委院校人文、社会科学研究与发展人员情况表

		编号	合计 L01	其中 女性 L02	其中 研究人员 L03	教授 L04	副教授 L05
合计	全时人数	1	35	9	34	17	7
	非全时人数	2	22 150	9 024	18 985	4 300	5 946
	非全时折合全时人数	3	4 904	2 083	4 393	1 068	1 443
管理学	全时人数	4	4	1	4	1	1
	非全时人数	5	4 879	1 758	3 860	878	1 247
	非全时折合全时人数	6	1 136	435	963	242	330
马克思主义	全时人数	7	4	2	4	1	2
	非全时人数	8	1 639	717	1 433	289	428
	非全时折合全时人数	9	373	179	337	72	108
哲学	全时人数	10	0	0	0	0	0
	非全时人数	11	366	115	342	93	105
	非全时折合全时人数	12	73	23	69	19	20
逻辑学	全时人数	13	0	0	0	0	0
	非全时人数	14	5	3	5	0	0
	非全时折合全时人数	15	1	1	1	0	0
宗教学	全时人数	16	0	0	0	0	0
	非全时人数	17	177	55	151	61	46
	非全时折合全时人数	18	29	8	26	11	8
语言学	全时人数	19	1	0	1	1	0
	非全时人数	20	1 373	721	1 144	219	370
	非全时折合全时人数	21	291	161	254	56	85
中国文学	全时人数	22	0	0	0	0	0
	非全时人数	23	712	325	638	189	199
	非全时折合全时人数	24	139	63	128	43	40
外国文学	全时人数	25	1	0	1	0	1
	非全时人数	26	213	145	205	42	75
	非全时折合全时人数	27	49	32	48	11	17
艺术学	全时人数	28	0	0	0	0	0
	非全时人数	29	916	433	767	156	258
	非全时折合全时人数	30	202	99	176	37	63
历史学	全时人数	31	0	0	0	0	0
	非全时人数	32	463	163	431	126	142
	非全时折合全时人数	33	93	31	88	26	31
考古学	全时人数	34	2	0	2	2	0
	非全时人数	35	210	41	171	77	44
	非全时折合全时人数	36	38	8	33	13	11

按职称划分					按学历学位划分			
讲师	助教	初级	其他人员	研究生(学生)	博士毕业	硕士毕业	本科毕业	其他学历
L06	L07	L08	L09	L10	L11	L12	L13	L14
9	0	0	0	2	31	3	1	0
7 866	598	232	272	2 936	10 115	8 008	3 880	147
1 739	119	43	37	456	2 520	1 664	697	24
2	0	0	0	0	4	0	0	0
1 599	119	56	54	926	2 254	1 460	1 149	16
363	27	12	6	156	618	314	203	3
1	0	0	0	0	4	0	0	0
661	74	30	38	119	828	630	178	3
147	14	5	4	22	210	126	36	0
0	0	0	0	0	0	0	0	0
131	6	0	4	27	255	75	32	4
27	1	0	1	5	55	12	5	1
0	0	0	0	0	0	0	0	0
5	0	0	0	0	4	1	0	0
1	0	0	0	0	1	0	0	0
0	0	0	0	0	0	0	0	0
43	7	1	1	18	89	54	31	3
6	1	0	0	2	15	8	4	1
0	0	0	0	0	1	0	0	0
498	23	21	14	228	523	598	249	3
108	6	5	1	31	127	124	40	0
0	0	0	0	0	0	0	0	0
229	13	3	8	71	408	204	95	5
42	2	1	1	10	85	36	17	1
0	0	0	0	0	1	0	0	0
88	4	1	0	3	109	91	13	0
20	1	0	0	1	30	16	3	0
0	0	0	0	0	0	0	0	0
343	35	1	5	118	229	457	216	14
74	6	0	1	21	53	103	43	2
0	0	0	0	0	0	0	0	0
143	9	1	9	33	274	130	48	11
27	2	0	1	5	60	23	10	1
0	0	0	0	0	2	0	0	0
31	4	0	4	50	106	60	44	0
6	1	0	1	7	21	10	7	0

			合计	其中			
				女性	研究人员	教授	副教授
		编号	L01	L02	L03	L04	L05
经济学	全时人数	37	7	1	7	4	1
	非全时人数	38	1 659	636	1 414	331	477
	非全时折合全时人数	39	400	162	357	91	125
政治学	全时人数	40	2	0	2	2	0
	非全时人数	41	680	256	625	138	185
	非全时折合全时人数	42	122	45	116	25	35
法学	全时人数	43	7	4	7	3	2
	非全时人数	44	2 482	868	2 119	509	683
	非全时折合全时人数	45	576	219	525	128	181
社会学	全时人数	46	0	0	0	0	0
	非全时人数	47	925	419	855	221	277
	非全时折合全时人数	48	191	89	181	46	62
民族学与文化学	全时人数	49	1	1	1	1	0
	非全时人数	50	1 263	468	1 107	288	350
	非全时折合全时人数	51	226	88	205	64	67
新闻学与传播学	全时人数	52	3	0	3	2	0
	非全时人数	53	574	261	501	94	139
	非全时折合全时人数	54	150	66	138	28	38
图书馆、情报与文献学	全时人数	55	0	0	0	0	0
	非全时人数	56	439	240	398	70	121
	非全时折合全时人数	57	86	51	80	12	25
教育学	全时人数	58	2	0	1	0	0
	非全时人数	59	1 653	854	1 412	226	440
	非全时折合全时人数	60	343	173	301	52	98
统计学	全时人数	61	0	0	0	0	0
	非全时人数	62	140	51	124	31	40
	非全时折合全时人数	63	27	10	25	8	7
心理学	全时人数	64	0	0	0	0	0
	非全时人数	65	270	103	248	54	34
	非全时折合全时人数	66	63	26	59	19	8
体育学	全时人数	67	1	0	1	0	0
	非全时人数	68	841	287	780	141	219
	非全时折合全时人数	69	254	99	245	54	73
其他学科	全时人数	70	0	0	0	0	0
	非全时人数	71	271	105	255	67	67
	非全时折合全时人数	72	42	18	41	10	11

续表

按职称划分					按学历学位划分			
讲师	助教	初级	其他人员	研究生(学生)	博士毕业	硕士毕业	本科毕业	其他学历
L06	L07	L08	L09	L10	L11	L12	L13	L14
2	0	0	0	0	7	0	0	0
541	29	8	27	246	946	417	288	8
129	7	1	6	40	256	91	51	1
0	0	0	0	0	0	2	0	0
267	10	4	7	69	387	204	89	0
51	2	1	1	8	76	33	14	0
2	0	0	0	0	7	0	0	0
878	81	17	13	301	1 085	870	503	24
204	18	3	2	40	285	198	88	4
0	0	0	0	0	0	0	0	0
345	17	5	2	58	499	321	99	6
71	4	1	0	8	112	63	16	1
0	0	0	0	0	1	0	0	0
372	30	11	18	194	571	476	191	25
64	5	2	2	23	117	76	29	3
1	0	0	0	0	3	0	0	0
234	16	4	10	77	275	212	84	3
62	4	1	2	16	78	54	18	1
0	0	0	0	0	0	0	0	0
199	7	17	5	20	120	226	83	10
42	1	3	1	3	27	43	15	2
0	0	0	0	2	0	1	1	0
707	79	42	48	111	537	792	316	8
146	14	8	6	19	114	163	64	2
0	0	0	0	0	0	0	0	0
45	2	1	2	19	89	33	17	1
8	0	0	0	3	19	6	2	0
0	0	0	0	0	0	0	0	0
66	6	4	1	105	88	155	26	1
14	1	1	0	21	27	30	5	0
1	0	0	0	0	1	0	0	0
331	21	5	1	123	279	452	108	2
110	5	1	0	13	110	121	23	0
0	0	0	0	0	0	0	0	0
110	6	0	1	20	160	90	21	0
18	1	0	0	2	25	15	3	0

21. 地方院校人文、社会科学研究与发展人员情况表

			合计	其中			
				女性	研究人员	教授	副教授
		编号	L01	L02	L03	L04	L05
合计	全时人数	1	892	347	867	377	270
	非全时人数	2	571 611	304 214	476 018	76 628	155 191
	非全时折合全时人数	3	118 298	63 134	101 622	17 813	33 906
管理学	全时人数	4	159	64	157	78	43
	非全时人数	5	102 144	52 064	84 000	14 195	27 111
	非全时折合全时人数	6	21 824	11 200	18 668	3 455	6 175
马克思主义	全时人数	7	38	12	37	22	6
	非全时人数	8	35 946	18 870	29 818	4 960	9 578
	非全时折合全时人数	9	7 409	3 896	6 334	1 172	2 081
哲学	全时人数	10	8	1	8	4	4
	非全时人数	11	6 512	2 729	5 692	1 242	1 845
	非全时折合全时人数	12	1 213	487	1 059	247	335
逻辑学	全时人数	13	0	0	0	0	0
	非全时人数	14	307	155	257	43	94
	非全时折合全时人数	15	50	25	41	7	14
宗教学	全时人数	16	1	0	1	0	0
	非全时人数	17	982	372	903	203	298
	非全时折合全时人数	18	187	69	175	39	61
语言学	全时人数	19	50	22	49	20	16
	非全时人数	20	31 708	21 661	27 641	3 719	9 134
	非全时折合全时人数	21	6 638	4 552	5 900	872	1 992
中国文学	全时人数	22	26	4	26	15	4
	非全时人数	23	17 483	9 133	15 428	3 320	5 153
	非全时折合全时人数	24	3 636	1 864	3 261	779	1 094
外国文学	全时人数	25	5	1	5	3	1
	非全时人数	26	8 167	5 612	7 296	1 022	2 398
	非全时折合全时人数	27	1 539	1 072	1 392	212	456
艺术学	全时人数	28	83	32	78	23	36
	非全时人数	29	54 304	29 134	43 799	5 685	14 293
	非全时折合全时人数	30	12 725	6 880	10 686	1 476	3 641
历史学	全时人数	31	28	9	27	14	5
	非全时人数	32	11 691	4 401	10 049	2 426	3 200
	非全时折合全时人数	33	2 454	899	2 175	553	703
考古学	全时人数	34	6	0	6	3	3
	非全时人数	35	1 878	501	1 208	260	307
	非全时折合全时人数	36	339	98	252	58	68

按职称划分					按学历学位划分			
讲师	助教	初级	其他人员	研究生（学生）	博士毕业	硕士毕业	本科毕业	其他学历
L06	L07	L08	L09	L10	L11	L12	L13	L14
208	17	13	2	5	562	252	74	4
235 516	47 411	15 030	3 615	38 220	137 774	307 792	118 845	7 200
48 407	8 872	2 781	545	5 974	32 430	62 769	21 781	1 319
34	2	2	0	0	108	44	6	1
40 920	7 580	2 785	697	8 856	27 803	51 939	21 142	1 260
8 722	1 438	517	109	1 408	6 997	10 794	3 798	236
9	1	0	0	0	23	12	2	1
14 810	3 610	950	212	1 826	8 849	20 776	5 999	322
2 997	679	166	32	282	2 059	4 223	1 070	57
0	0	0	0	0	8	0	0	0
2 457	347	98	20	503	2 984	2 543	930	55
450	61	17	3	101	602	427	175	10
0	0	0	0	0	0	0	0	0
117	35	10	6	2	86	171	41	9
20	6	2	1	1	14	29	7	1
1	0	0	0	0	1	0	0	0
371	40	12	11	47	533	324	114	11
70	7	1	1	8	106	58	20	3
12	1	1	0	0	27	20	3	0
14 439	2 374	515	134	1 393	6 771	18 859	5 858	220
2 979	443	86	17	251	1 587	3 887	1 127	38
7	0	0	0	0	18	7	0	1
6 593	976	261	64	1 116	7 012	7 507	2 763	201
1 326	181	49	9	197	1 666	1 419	518	33
0	0	1	0	0	5	0	0	0
3 790	465	114	20	358	2 171	4 659	1 290	47
707	78	17	4	65	432	868	231	9
18	5	1	0	0	25	42	16	0
23 374	5 587	1 582	298	3 485	7 329	32 346	13 858	771
5 485	1 160	325	47	591	1 797	7 766	2 994	169
8	1	0	0	0	20	6	2	0
4 063	558	162	70	1 212	5 453	4 091	2 032	115
858	98	31	10	201	1 279	787	368	20
0	0	0	0	0	6	0	0	0
555	73	13	4	666	652	478	743	5
115	13	2	1	82	160	78	99	2

		编号	合计	其中 女性	其中 研究人员	教授	副教授
			L01	L02	L03	L04	L05
经济学	全时人数	37	171	73	169	55	61
	非全时人数	38	57 082	29 180	48 174	8 869	15 752
	非全时折合全时人数	39	12 153	6 274	10 650	2 167	3 569
政治学	全时人数	40	3	2	3	1	0
	非全时人数	41	12 249	5 844	10 244	1 968	3 227
	非全时折合全时人数	42	2 134	991	1 808	372	568
法学	全时人数	43	66	19	65	37	12
	非全时人数	44	21 009	8 613	16 871	3 263	5 607
	非全时折合全时人数	45	4 578	1 935	3 954	888	1 346
社会学	全时人数	46	39	15	38	13	16
	非全时人数	47	28 322	14 905	24 087	4 057	7 931
	非全时折合全时人数	48	5 146	2 718	4 447	779	1 475
民族学与文化学	全时人数	49	18	9	17	9	6
	非全时人数	50	11 665	6 296	10 052	1 839	3 463
	非全时折合全时人数	51	2 100	1 110	1 821	351	626
新闻学与传播学	全时人数	52	14	9	14	8	1
	非全时人数	53	12 039	6 525	9 881	1 543	3 183
	非全时折合全时人数	54	2 378	1 324	2 026	346	671
图书馆、情报与文献学	全时人数	55	4	2	3	2	1
	非全时人数	56	7 300	4 458	6 306	932	1 905
	非全时折合全时人数	57	1 397	860	1 232	188	382
教育学	全时人数	58	112	52	106	43	38
	非全时人数	59	114 937	68 932	95 337	12 537	30 841
	非全时折合全时人数	60	22 930	13 828	19 446	2 745	6 433
统计学	全时人数	61	16	8	16	9	2
	非全时人数	62	4 612	2 054	3 815	719	1 245
	非全时折合全时人数	63	874	400	753	157	247
心理学	全时人数	64	3	3	3	0	2
	非全时人数	65	6 609	4 031	5 213	747	1 551
	非全时折合全时人数	66	1 214	755	997	152	307
体育学	全时人数	67	36	9	35	17	12
	非全时人数	68	21 152	7 007	17 075	2 544	6 101
	非全时折合全时人数	69	4 766	1 609	4 042	697	1 488
其他学科	全时人数	70	6	1	4	1	1
	非全时人数	71	3 513	1 737	2 872	535	974
	非全时折合全时人数	72	613	288	504	102	172

续表

按职称划分					按学历学位划分			
讲师	助教	初级	其他人员	研究生(学生)	博士毕业	硕士毕业	本科毕业	其他学历
L06	L07	L08	L09	L10	L11	L12	L13	L14
48	2	4	0	1	133	35	3	0
22 177	3 719	1 269	361	4 935	18 895	27 230	10 414	543
4 681	707	234	55	740	4 735	5 547	1 774	97
2	0	0	0	0	3	0	0	0
4 775	1 067	316	90	806	3 518	6 375	2 184	172
813	170	52	13	146	680	1 066	359	29
16	0	1	0	0	53	10	3	0
7 344	1 154	360	198	3 083	7 625	8 719	4 483	182
1 609	217	66	30	422	2 007	1 829	714	28
8	0	1	0	1	29	7	3	0
11 712	2 130	735	189	1 568	7 720	14 865	5 395	342
2 130	358	134	28	242	1 532	2 665	893	56
2	1	0	0	0	9	7	2	0
4 560	845	305	81	572	2 881	6 236	2 357	191
805	143	55	12	108	568	1 079	418	35
4	1	0	0	0	6	4	4	0
4 970	1 087	296	75	885	3 230	6 511	2 169	129
981	195	51	11	123	722	1 279	357	19
0	1	0	0	0	1	2	1	0
3 373	456	260	58	316	1 395	3 512	2 100	293
647	79	44	9	49	280	676	389	52
25	1	2	2	1	49	40	22	1
51 217	12 206	4 136	794	3 206	15 704	71 811	25 509	1 913
10 140	2 258	776	119	458	3 545	14 308	4 726	350
5	0	0	0	0	10	5	1	0
1 701	273	85	52	537	1 822	1 837	901	52
324	44	15	6	81	395	325	146	8
1	0	0	0	0	2	1	0	0
2 845	705	244	35	482	1 407	3 653	1 454	95
525	121	41	6	61	312	665	224	14
6	1	0	0	0	23	10	3	0
8 038	1 849	429	131	2 060	2 831	11 692	6 382	247
1 801	376	85	19	299	752	2 722	1 246	46
2	0	0	0	2	3	0	3	0
1 315	275	93	15	306	1 103	1 658	727	25
222	42	15	2	58	205	274	130	5

22. 综合院校人文、社会科学研究与发展人员情况表

			合计	其中			
				女性	研究人员	教授	副教授
		编号	L01	L02	L03	L04	L05
合计	全时人数	1	1 088	303	1 078	503	289
	非全时人数	2	208 513	97 342	173 903	31 946	53 433
	非全时折合全时人数	3	43 344	20 254	37 218	7 758	11 854
管理学	全时人数	4	224	72	223	98	56
	非全时人数	5	37 046	16 027	30 633	5 666	9 009
	非全时折合全时人数	6	7 881	3 444	6 751	1 439	2 087
马克思主义	全时人数	7	53	13	51	22	12
	非全时人数	8	11 924	5 566	9 927	1 889	2 973
	非全时折合全时人数	9	2 484	1 153	2 132	463	669
哲学	全时人数	10	31	5	31	16	8
	非全时人数	11	3 851	1 199	3 407	926	1 010
	非全时折合全时人数	12	771	227	674	201	197
逻辑学	全时人数	13	0	0	0	0	0
	非全时人数	14	78	27	69	18	27
	非全时折合全时人数	15	13	5	12	4	4
宗教学	全时人数	16	12	3	12	2	7
	非全时人数	17	643	209	570	166	166
	非全时折合全时人数	18	114	39	105	31	30
语言学	全时人数	19	39	22	39	15	12
	非全时人数	20	12 045	7 655	10 538	1 615	3 382
	非全时折合全时人数	21	2 546	1 626	2 248	372	731
中国文学	全时人数	22	44	9	44	23	8
	非全时人数	23	8 016	3 701	7 030	1 714	2 188
	非全时折合全时人数	24	1 668	748	1 473	401	458
外国文学	全时人数	25	14	8	14	3	2
	非全时人数	26	3 352	2 075	2 972	461	906
	非全时折合全时人数	27	627	395	559	91	171
艺术学	全时人数	28	36	9	35	6	15
	非全时人数	29	16 475	8 511	13 184	1 687	4 180
	非全时折合全时人数	30	3 895	2 029	3 224	431	1 067
历史学	全时人数	31	49	11	48	17	10
	非全时人数	32	6 619	2 026	5 720	1 544	1 636
	非全时折合全时人数	33	1 412	420	1 245	373	367
考古学	全时人数	34	21	4	21	10	8
	非全时人数	35	2 408	375	1 642	273	266
	非全时折合全时人数	36	396	79	303	72	69

按职称划分					按学历学位划分			
讲师	助教	初级	其他人员	研究生(学生)	博士毕业	硕士毕业	本科毕业	其他学历
L06	L07	L08	L09	L10	L11	L12	L13	L14
280	8	0	0	8	796	227	65	0
77 052	13 769	4 432	1 998	25 883	61 733	100 866	43 355	2 559
15 908	2 543	809	290	4 183	14 792	19 917	8 163	473
67	3	0	0	0	173	49	2	0
13 161	2 124	883	451	5 752	11 481	17 669	7 474	422
2 803	396	165	67	924	2 872	3 545	1 382	83
17	1	0	0	1	32	13	8	0
4 509	961	266	100	1 226	3 626	6 050	2 132	116
914	177	47	14	200	875	1 199	389	21
7	0	0	0	0	23	8	0	0
1 172	117	31	26	569	2 128	1 150	539	34
232	19	6	4	114	461	186	117	7
0	0	0	0	0	0	0	0	0
22	3	1	0	7	39	21	16	2
4	0	0	0	1	8	3	3	0
3	0	0	0	0	9	2	1	0
201	18	9	7	76	370	181	87	5
38	3	1	1	10	69	30	14	1
12	0	0	0	0	16	19	4	0
5 199	699	137	66	947	3 251	6 421	2 276	97
1 095	124	22	8	194	743	1 307	479	16
13	0	0	0	0	33	10	1	0
2 751	370	97	35	861	3 655	2 932	1 341	88
558	69	18	5	160	836	548	269	15
9	0	0	0	0	7	6	1	0
1 468	139	29	19	330	1 099	1 685	553	15
277	23	5	3	58	213	310	102	2
14	1	0	0	0	9	19	8	0
6 988	1 688	410	92	1 430	2 395	9 413	4 407	260
1 672	348	79	14	284	572	2 235	1 032	57
21	0	0	0	1	39	4	6	0
1 978	229	66	50	1 116	3 443	2 005	1 111	60
421	41	12	8	189	817	370	214	11
3	0	0	0	0	20	1	0	0
419	49	5	20	1 376	694	884	828	2
89	8	1	3	155	181	110	105	1

			合计	其中			
				女性	研究人员	教授	副教授
		编号	L01	L02	L03	L04	L05
经济学	全时人数	37	195	46	195	101	58
	非全时人数	38	21 342	9 152	17 579	3 628	5 359
	非全时折合全时人数	39	4 671	2 006	4 016	985	1 280
政治学	全时人数	40	22	7	22	8	6
	非全时人数	41	5 506	2 100	4 699	1 131	1 377
	非全时折合全时人数	42	1 012	367	880	241	262
法学	全时人数	43	91	16	91	60	17
	非全时人数	44	8 906	2 886	7 256	1 659	2 184
	非全时折合全时人数	45	2 067	700	1 798	502	572
社会学	全时人数	46	70	19	68	34	23
	非全时人数	47	10 690	4 964	9 017	1 697	2 811
	非全时折合全时人数	48	1 964	920	1 692	364	545
民族学与文化学	全时人数	49	11	3	11	3	2
	非全时人数	50	4 830	2 439	4 124	824	1 366
	非全时折合全时人数	51	884	438	771	159	251
新闻学与传播学	全时人数	52	41	12	40	25	4
	非全时人数	53	5 558	2 517	4 478	852	1 310
	非全时折合全时人数	54	1 131	536	960	219	298
图书馆、情报与文献学	全时人数	55	49	20	48	20	15
	非全时人数	56	3 782	1 946	3 200	621	962
	非全时折合全时人数	57	743	382	648	146	202
教育学	全时人数	58	55	14	54	27	19
	非全时人数	59	34 145	19 662	28 308	3 896	9 161
	非全时折合全时人数	60	6 741	3 881	5 708	859	1 900
统计学	全时人数	61	3	2	3	2	0
	非全时人数	62	1 147	454	975	211	297
	非全时折合全时人数	63	195	85	172	44	53
心理学	全时人数	64	7	3	7	1	2
	非全时人数	65	2 186	1 207	1 851	307	513
	非全时折合全时人数	66	407	222	353	68	100
体育学	全时人数	67	14	3	14	4	4
	非全时人数	68	6 113	1 955	5 182	770	1 889
	非全时折合全时人数	69	1 370	429	1 201	206	452
其他学科	全时人数	70	7	2	7	6	1
	非全时人数	71	1 851	689	1 542	391	461
	非全时折合全时人数	72	351	124	294	88	88

续表

按职称划分					按学历学位划分			
讲师	助教	初级	其他人员	研究生（学生）	博士毕业	硕士毕业	本科毕业	其他学历
L06	L07	L08	L09	L10	L11	L12	L13	L14
35	1	0	0	0	182	12	1	0
7 120	1 129	404	218	3 484	7 621	9 428	4 094	199
1 518	221	78	33	557	2 024	1 896	716	35
8	0	0	0	0	10	6	6	0
1 772	301	89	62	774	2 231	2 280	938	57
308	47	13	9	134	463	383	155	10
14	0	0	0	0	77	12	2	0
2 467	329	97	165	2 005	3 880	3 216	1 756	54
579	71	18	22	303	1 102	652	301	11
11	1	0	0	1	49	15	6	0
3 934	628	219	106	1 295	3 428	5 082	2 067	113
703	104	37	17	195	743	866	338	18
3	1	0	0	2	7	3	1	0
1 747	320	110	40	423	1 357	2 376	998	99
321	50	19	5	79	276	418	172	18
11	0	0	0	1	27	5	9	0
1 897	404	76	53	966	1 846	2 535	1 136	41
390	72	13	7	133	455	476	192	8
13	0	0	0	1	31	16	2	0
1 414	156	80	55	494	1 097	1 530	1 011	144
272	28	14	8	74	249	289	180	25
8	0	0	0	1	33	17	5	0
14 653	3 304	1 212	322	1 597	5 301	20 452	7 776	616
2 867	596	224	48	248	1 205	3 969	1 456	111
1	0	0	0	0	2	1	0	0
392	52	14	18	163	467	449	220	11
67	8	3	2	18	95	69	29	1
4	0	0	0	0	5	2	0	0
852	187	52	27	248	634	1 149	376	27
157	30	8	4	39	140	200	63	4
6	0	0	0	0	5	7	2	0
2 382	491	111	36	434	887	3 244	1 896	86
524	97	22	5	64	221	742	392	16
0	0	0	0	0	7	0	0	0
554	71	34	30	310	803	714	323	11
100	12	6	5	53	171	116	62	2

23. 理工农医院校人文、社会科学研究与发展人员情况表

		编号	合计 L01	其中 女性 L02	其中 研究人员 L03	教授 L04	副教授 L05
合计	全时人数	1	397	149	384	187	113
	非全时人数	2	205 127	107 380	171 447	25 810	56 164
	非全时折合全时人数	3	42 889	22 464	36 802	6 139	12 416
管理学	全时人数	4	154	46	153	89	33
	非全时人数	5	50 963	23 486	41 602	7 654	13 497
	非全时折合全时人数	6	11 582	5 359	9 844	2 070	3 290
马克思主义	全时人数	7	27	12	27	13	9
	非全时人数	8	15 874	8 172	13 144	2 041	4 240
	非全时折合全时人数	9	3 396	1 756	2 905	514	962
哲学	全时人数	10	2	0	2	1	1
	非全时人数	11	2 151	958	1 921	388	630
	非全时折合全时人数	12	400	177	359	72	117
逻辑学	全时人数	13	0	0	0	0	0
	非全时人数	14	149	83	119	21	39
	非全时折合全时人数	15	24	14	17	2	6
宗教学	全时人数	16	0	0	0	0	0
	非全时人数	17	192	83	178	34	61
	非全时折合全时人数	18	36	15	33	7	11
语言学	全时人数	19	10	4	10	2	3
	非全时人数	20	9 882	7 029	8 647	921	2 887
	非全时折合全时人数	21	2 089	1 498	1 862	221	631
中国文学	全时人数	22	2	1	2	0	1
	非全时人数	23	3 063	1 786	2 717	439	936
	非全时折合全时人数	24	578	340	521	91	184
外国文学	全时人数	25	3	0	3	1	2
	非全时人数	26	2 421	1 740	2 187	253	767
	非全时折合全时人数	27	469	343	431	58	149
艺术学	全时人数	28	32	12	29	9	14
	非全时人数	29	15 993	8 145	12 823	1 401	4 149
	非全时折合全时人数	30	3 641	1 878	3 062	375	1 063
历史学	全时人数	31	1	0	1	1	0
	非全时人数	32	2 176	907	1 927	395	635
	非全时折合全时人数	33	411	168	373	82	125
考古学	全时人数	34	5	1	5	4	0
	非全时人数	35	208	84	188	36	59
	非全时折合全时人数	36	40	15	37	7	12

按职称划分					按学历学位划分			
讲师	助教	初级	其他人员	研究生（学生）	博士毕业	硕士毕业	本科毕业	其他学历
L06	L07	L08	L09	L10	L11	L12	L13	L14
81	6	5	0	5	283	91	23	0
84 618	15 157	4 909	1 107	17 362	51 041	108 287	43 722	2 077
17 466	2 836	911	192	2 929	12 346	22 061	8 108	374
30	1	1	0	0	131	19	4	0
18 486	2 844	1 032	267	7 183	15 970	23 221	11 306	466
4 146	569	196	50	1 261	4 406	4 951	2 132	93
5	0	0	0	0	24	3	0	0
6 592	1 460	386	96	1 059	4 271	8 789	2 730	84
1 384	281	64	16	175	1 080	1 815	487	14
0	0	0	0	0	2	0	0	0
844	116	27	11	135	1 048	837	248	18
160	21	4	2	24	207	144	46	4
0	0	0	0	0	0	0	0	0
57	23	5	2	2	37	91	20	1
9	5	1	0	0	5	15	3	0
0	0	0	0	0	0	0	0	0
76	9	0	0	12	101	55	33	3
15	2	0	0	2	20	10	5	1
5	0	0	0	0	4	4	2	0
4 758	725	145	58	388	1 842	6 069	1 915	56
998	139	28	9	64	416	1 290	372	11
1	0	0	0	0	1	1	0	0
1 310	156	49	13	160	1 149	1 384	492	38
241	26	9	2	26	245	246	82	6
0	0	0	0	0	3	0	0	0
1 158	111	24	2	106	597	1 398	405	21
222	20	3	0	17	128	267	70	5
5	3	1	0	0	10	17	5	0
6 869	1 333	324	59	1 858	2 529	9 215	4 115	134
1 571	274	62	9	287	638	2 169	806	28
0	0	0	0	0	1	0	0	0
826	96	36	15	173	1 067	772	318	19
155	16	7	2	25	221	133	54	4
1	0	0	0	0	5	0	0	0
79	15	2	4	13	122	65	21	0
15	3	1	1	2	26	10	4	0

			合计	其中			
				女性	研究人员	教授	副教授
		编号	L01	L02	L03	L04	L05
经济学	全时人数	37	49	21	47	22	14
	非全时人数	38	19 413	9 532	16 481	3 099	5 529
	非全时折合全时人数	39	3 954	1 971	3 463	721	1 202
政治学	全时人数	40	2	1	2	1	1
	非全时人数	41	3 937	2 062	3 398	500	1 082
	非全时折合全时人数	42	659	345	571	86	181
法学	全时人数	43	29	11	29	13	11
	非全时人数	44	6 065	2 677	5 006	904	1 745
	非全时折合全时人数	45	1 428	633	1 217	237	445
社会学	全时人数	46	22	9	22	11	8
	非全时人数	47	12 397	6 432	10 430	1 641	3 454
	非全时折合全时人数	48	2 360	1 242	2 022	333	674
民族学与文化学	全时人数	49	2	1	2	1	1
	非全时人数	50	2 479	1 426	2 155	300	731
	非全时折合全时人数	51	411	239	357	51	126
新闻学与传播学	全时人数	52	7	5	7	5	0
	非全时人数	53	3 289	1 730	2 796	401	935
	非全时折合全时人数	54	644	345	566	95	198
图书馆、情报与文献学	全时人数	55	1	1	0	0	0
	非全时人数	56	3 106	1 888	2 680	347	804
	非全时折合全时人数	57	607	374	538	70	167
教育学	全时人数	58	43	23	39	12	14
	非全时人数	59	41 190	24 617	34 613	3 956	11 102
	非全时折合全时人数	60	8 100	4 857	6 885	814	2 255
统计学	全时人数	61	1	0	1	1	0
	非全时人数	62	1 260	603	1 072	195	351
	非全时折合全时人数	63	249	117	210	40	65
心理学	全时人数	64	1	1	1	0	0
	非全时人数	65	2 347	1 522	1 881	203	560
	非全时折合全时人数	66	425	284	345	36	110
体育学	全时人数	67	2	0	2	1	1
	非全时人数	68	4 842	1 619	4 141	442	1 518
	非全时折合全时人数	69	1 066	357	940	113	363
其他学科	全时人数	70	2	0	0	0	0
	非全时人数	71	1 730	799	1 341	239	453
	非全时折合全时人数	72	322	139	245	45	83

续表

按职称划分					按学历学位划分			
讲师	助教	初级	其他人员	研究生（学生）	博士毕业	硕士毕业	本科毕业	其他学历
L06	L07	L08	L09	L10	L11	L12	L13	L14
11	0	1	0	1	32	16	1	0
7 165	1 040	368	84	2 128	6 627	8 766	3 837	183
1 444	188	65	15	320	1 565	1 699	660	30
0	0	0	0	0	2	0	0	0
1 749	341	116	14	135	1 057	2 204	628	48
296	54	21	3	19	185	363	103	7
5	0	0	0	0	24	3	2	0
2 175	277	108	51	805	2 435	2 432	1 163	35
499	51	20	10	166	661	525	237	5
3	0	0	0	0	19	3	0	0
5 040	856	300	69	1 037	3 535	6 217	2 519	126
967	147	58	9	172	744	1 159	437	21
0	0	0	0	0	1	1	0	0
1 093	183	71	9	92	542	1 416	496	25
177	32	12	2	11	94	235	79	4
2	0	0	0	0	5	1	1	0
1 312	212	76	35	318	945	1 746	541	57
250	36	14	7	44	216	330	90	8
0	1	0	0	0	0	1	0	0
1 483	163	126	32	151	645	1 560	823	78
293	27	21	6	24	142	297	155	13
12	1	2	0	2	17	20	6	0
19 241	4 259	1 458	239	935	4 673	26 450	9 479	588
3 765	783	284	40	159	967	5 255	1 772	106
0	0	0	0	0	1	0	0	0
494	83	32	2	103	463	561	221	15
99	14	6	1	24	94	104	48	4
1	0	0	0	0	0	1	0	0
1 082	276	110	9	107	351	1 448	508	40
194	48	19	2	16	68	269	84	5
0	0	0	0	0	1	1	0	0
2 118	449	84	25	206	481	2 871	1 459	31
457	84	15	3	32	118	648	294	6
0	0	0	0	2	0	0	2	0
611	130	30	11	256	554	720	445	11
109	18	4	3	60	103	128	90	2

24. 师范院校人文、社会科学研究与发展人员情况表

		编号	合计 L01	其中 女性 L02	其中 研究人员 L03	教授 L04	副教授 L05
合计	全时人数	1	370	128	366	180	119
	非全时人数	2	116 938	57 285	98 077	19 343	32 033
	非全时折合全时人数	3	25 329	12 480	21 975	4 674	7 253
管理学	全时人数	4	19	5	19	8	7
	非全时人数	5	10 826	5 195	9 042	1 666	2 905
	非全时折合全时人数	6	2 361	1 135	2 035	401	650
马克思主义	全时人数	7	21	5	21	15	2
	非全时人数	8	7 817	3 821	6 649	1 394	2 194
	非全时折合全时人数	9	1 679	823	1 467	349	484
哲学	全时人数	10	10	1	10	9	0
	非全时人数	11	1 861	667	1 597	414	486
	非全时折合全时人数	12	349	117	309	87	94
逻辑学	全时人数	13	0	0	0	0	0
	非全时人数	14	37	20	31	6	5
	非全时折合全时人数	15	8	4	7	2	1
宗教学	全时人数	16	1	0	1	0	0
	非全时人数	17	299	98	279	64	83
	非全时折合全时人数	18	58	18	55	13	18
语言学	全时人数	19	14	8	14	5	6
	非全时人数	20	7 258	4 491	6 382	1 131	2 094
	非全时折合全时人数	21	1 552	962	1 394	268	463
中国文学	全时人数	22	20	4	20	12	2
	非全时人数	23	6 677	3 081	5 846	1 469	1 896
	非全时折合全时人数	24	1 458	677	1 319	362	429
外国文学	全时人数	25	11	5	11	6	2
	非全时人数	26	2 199	1 425	1 955	354	598
	非全时折合全时人数	27	421	283	381	73	120
艺术学	全时人数	28	28	11	28	6	16
	非全时人数	29	10 805	5 732	9 007	1 359	3 039
	非全时折合全时人数	30	2 544	1 362	2 188	351	761
历史学	全时人数	31	25	7	24	12	9
	非全时人数	32	5 229	1 796	4 474	1 203	1 456
	非全时折合全时人数	33	1 150	392	1 035	289	340
考古学	全时人数	34	2	0	2	2	0
	非全时人数	35	724	173	469	125	131
	非全时折合全时人数	36	126	33	98	27	26

按职称划分					按学历学位划分			
讲师	助教	初级	其他人员	研究生(学生)	博士毕业	硕士毕业	本科毕业	其他学历
L06	L07	L08	L09	L10	L11	L12	L13	L14
67	2	0	2	0	259	82	26	3
44 348	8 545	2 205	998	9 466	35 544	57 244	22 319	1 831
9 544	1 683	443	141	1 591	8 598	12 157	4 238	335
4	0	0	0	0	11	8	0	0
4 300	850	207	74	824	3 373	5 388	1 899	166
938	166	39	12	154	825	1 147	356	32
4	0	0	0	0	17	3	0	1
2 919	627	153	72	458	2 571	4 043	1 097	106
609	123	31	11	73	605	844	210	20
1	0	0	0	0	10	0	0	0
641	80	26	3	211	915	637	295	14
118	15	5	0	28	192	111	43	3
0	0	0	0	0	0	0	0	0
19	5	1	0	1	7	23	7	0
4	1	0	0	0	1	5	1	0
1	0	0	0	0	1	0	0	0
122	11	1	3	15	168	99	30	2
22	1	0	0	2	34	19	5	1
3	0	0	0	0	11	3	0	0
3 008	451	85	29	460	2 232	3 770	1 199	57
636	84	16	4	83	526	785	231	11
6	0	0	0	0	13	6	0	1
2 291	313	96	31	581	2 966	2 598	1 029	84
495	65	20	3	83	748	514	183	14
3	0	0	0	0	8	3	0	0
971	118	17	4	137	742	1 114	334	9
183	21	3	1	19	146	215	58	1
6	0	0	0	0	8	16	4	0
4 530	1 087	208	62	520	1 671	6 269	2 636	229
1 060	229	45	9	90	412	1 509	576	48
3	1	0	0	0	17	6	2	0
1 683	203	54	27	603	2 623	1 679	879	48
381	38	11	3	89	652	346	145	7
0	0	0	0	0	2	0	0	0
200	10	3	17	238	259	174	272	19
43	2	0	2	25	61	28	34	2

		编号	合计 L01	其中 女性 L02	其中 研究人员 L03	教授 L04	副教授 L05
经济学	全时人数	37	29	13	29	11	10
	非全时人数	38	7 119	3 305	6 084	1 240	1 981
	非全时折合全时人数	39	1 622	756	1 431	304	477
政治学	全时人数	40	12	1	12	7	4
	非全时人数	41	3 149	1 283	2 669	643	859
	非全时折合全时人数	42	620	233	524	126	162
法学	全时人数	43	9	2	9	4	3
	非全时人数	44	3 123	1 222	2 597	559	891
	非全时折合全时人数	45	703	287	622	148	217
社会学	全时人数	46	21	9	21	8	9
	非全时人数	47	5 827	2 663	4 893	1 048	1 582
	非全时折合全时人数	48	1 122	506	961	213	308
民族学与文化学	全时人数	49	9	3	9	4	4
	非全时人数	50	2 935	1 425	2 537	532	892
	非全时折合全时人数	51	522	236	452	99	159
新闻学与传播学	全时人数	52	12	6	12	5	5
	非全时人数	53	2 771	1 399	2 360	415	772
	非全时折合全时人数	54	584	309	510	93	170
图书馆、情报与文献学	全时人数	55	4	0	4	1	2
	非全时人数	56	1 505	869	1 322	244	409
	非全时折合全时人数	57	311	179	273	51	85
教育学	全时人数	58	99	39	97	55	26
	非全时人数	59	27 995	15 280	22 782	4 106	7 307
	非全时折合全时人数	60	6 241	3 455	5 299	1 077	1 725
统计学	全时人数	61	0	0	0	0	0
	非全时人数	62	527	219	441	95	148
	非全时折合全时人数	63	85	33	73	18	25
心理学	全时人数	64	10	4	10	4	5
	非全时人数	65	2 494	1 167	1 820	391	555
	非全时折合全时人数	66	489	248	396	97	123
体育学	全时人数	67	13	4	12	5	7
	非全时人数	68	5 084	1 659	4 253	745	1 567
	非全时折合全时人数	69	1 202	383	1 040	199	381
其他学科	全时人数	70	1	1	1	1	0
	非全时人数	71	677	295	588	140	183
	非全时折合全时人数	72	124	50	105	28	33

续表

按职称划分					按学历学位划分			
讲师	助教	初级	其他人员	研究生(学生)	博士毕业	硕士毕业	本科毕业	其他学历
L06	L07	L08	L09	L10	L11	L12	L13	L14
8	0	0	0	0	25	4	0	0
2 673	438	89	53	645	2 675	3 234	1 147	63
612	87	17	8	117	683	702	225	12
1	0	0	0	0	12	0	0	0
1 066	217	39	14	311	1 145	1 431	535	38
198	35	7	2	90	236	267	110	7
2	0	0	0	0	7	2	0	0
1 088	182	34	37	332	1 270	1 290	532	31
248	35	6	4	45	333	278	88	4
4	0	0	0	0	17	2	2	0
2 121	353	96	53	574	1 985	2 692	1 059	91
400	61	19	10	112	414	511	182	16
1	0	0	0	0	6	3	0	0
1 059	202	67	16	167	803	1 518	556	58
182	33	11	2	37	158	252	101	11
2	0	0	0	0	8	2	2	0
1 095	232	42	16	199	853	1 483	406	29
231	46	8	2	33	192	316	72	4
1	0	0	0	0	3	0	1	0
645	80	27	15	85	342	668	414	81
130	13	6	2	25	70	135	91	16
16	0	0	2	0	64	22	12	1
10 866	2 408	784	390	2 134	6 677	14 833	5 916	569
2 393	493	162	55	337	1 781	3 222	1 136	102
0	0	0	0	0	0	0	0	0
186	41	10	3	44	202	229	87	9
28	6	2	1	6	37	34	12	1
1	0	0	0	0	10	0	0	0
770	164	56	19	539	893	936	634	31
158	28	11	3	69	222	176	86	5
0	1	0	0	0	9	2	2	0
1 863	443	102	58	306	903	2 858	1 231	92
440	96	23	7	56	220	699	266	18
0	0	0	0	0	0	0	1	0
232	30	8	2	82	269	278	125	5
38	5	1	0	19	51	44	27	2

25. 语言院校人文、社会科学研究与发展人员情况表

			合计	其中			
				女性	研究人员	教授	副教授
		编号	L01	L02	L03	L04	L05
合计	全时人数	1	152	61	151	64	38
	非全时人数	2	22 631	12 774	19 383	3 705	6 120
	非全时折合全时人数	3	4 450	2 461	3 926	854	1 284
管理学	全时人数	4	10	5	10	7	1
	非全时人数	5	2 437	1 365	2 059	358	640
	非全时折合全时人数	6	483	268	424	86	134
马克思主义	全时人数	7	2	0	2	1	1
	非全时人数	8	1 052	589	876	145	295
	非全时折合全时人数	9	196	110	169	29	62
哲学	全时人数	10	0	0	0	0	0
	非全时人数	11	179	91	165	64	59
	非全时折合全时人数	12	32	18	29	11	11
逻辑学	全时人数	13	0	0	0	0	0
	非全时人数	14	16	9	11	1	5
	非全时折合全时人数	15	2	2	2	0	1
宗教学	全时人数	16	0	0	0	0	0
	非全时人数	17	15	9	14	3	5
	非全时折合全时人数	18	3	2	3	1	1
语言学	全时人数	19	46	17	46	21	12
	非全时人数	20	4 189	2 459	3 576	748	1 167
	非全时折合全时人数	21	830	502	748	181	252
中国文学	全时人数	22	6	3	6	3	3
	非全时人数	23	908	485	834	241	252
	非全时折合全时人数	24	159	82	146	46	48
外国文学	全时人数	25	8	4	8	3	1
	非全时人数	26	1 042	672	940	224	315
	非全时折合全时人数	27	182	121	170	44	58
艺术学	全时人数	28	1	1	1	0	1
	非全时人数	29	1 870	992	1 650	242	475
	非全时折合全时人数	30	412	200	363	68	103
历史学	全时人数	31	4	2	4	2	1
	非全时人数	32	245	140	227	60	79
	非全时折合全时人数	33	44	24	41	10	14
考古学	全时人数	34	1	1	1	0	0
	非全时人数	35	4	4	4	0	3
	非全时折合全时人数	36	1	1	1	0	1

按职称划分					按学历学位划分			
讲师	助教	初级	其他人员	研究生(学生)	博士毕业	硕士毕业	本科毕业	其他学历
L06	L07	L08	L09	L10	L11	L12	L13	L14
36	0	14	0	0	121	27	4	0
8 807	1 309	549	123	2 018	7 908	10 775	3 751	197
1 643	214	83	21	351	1 763	2 011	645	32
1	0	1	0	0	7	2	1	0
997	138	69	20	215	787	1 148	475	27
192	23	11	4	33	192	208	79	4
0	0	0	0	0	1	1	0	0
423	65	53	9	62	320	565	151	16
77	11	8	1	8	64	107	23	2
0	0	0	0	0	0	0	0	0
41	9	1	0	5	105	55	19	0
7	2	0	0	1	19	10	3	0
0	0	0	0	0	0	0	0	0
5	2	3	0	0	5	7	2	2
1	0	0	0	0	1	1	0	0
0	0	0	0	0	0	0	0	0
6	0	1	0	0	11	3	1	0
1	0	0	0	0	2	0	0	0
7	0	6	0	0	34	10	2	0
1 514	213	76	6	465	1 637	1 849	688	15
297	37	11	1	51	372	362	95	2
0	0	0	0	0	5	1	0	0
310	42	10	2	51	515	328	62	3
48	6	2	0	10	94	53	11	1
3	0	1	0	0	8	0	0	0
380	51	28	1	43	476	464	101	1
65	7	4	0	4	92	76	14	0
0	0	0	0	0	1	0	0	0
851	84	34	6	178	479	1 067	301	23
169	16	6	2	49	108	228	72	4
1	0	0	0	0	3	1	0	0
84	7	6	0	9	159	66	19	1
16	1	1	0	1	30	11	3	1
0	0	1	0	0	1	0	0	0
1	0	0	0	0	1	3	0	0
0	0	0	0	0	0	1	0	0

		编号	合计 L01	其中 女性 L02	其中 研究人员 L03	教授 L04	副教授 L05
经济学	全时人数	37	24	8	24	8	5
	非全时人数	38	1 561	864	1 370	294	481
	非全时折合全时人数	39	326	172	299	78	104
政治学	全时人数	40	14	5	14	5	4
	非全时人数	41	790	340	687	158	223
	非全时折合全时人数	42	138	54	124	33	43
法学	全时人数	43	23	10	22	9	4
	非全时人数	44	438	202	391	88	133
	非全时折合全时人数	45	98	45	91	28	30
社会学	全时人数	46	3	1	3	0	1
	非全时人数	47	628	373	575	117	187
	非全时折合全时人数	48	110	64	101	23	32
民族学与文化学	全时人数	49	1	1	1	0	1
	非全时人数	50	297	198	275	42	89
	非全时折合全时人数	51	44	29	41	6	15
新闻学与传播学	全时人数	52	3	1	3	2	1
	非全时人数	53	2 230	989	1 815	319	452
	非全时折合全时人数	54	504	206	410	93	110
图书馆、情报与文献学	全时人数	55	0	0	0	0	0
	非全时人数	56	212	146	184	25	58
	非全时折合全时人数	57	36	25	32	4	10
教育学	全时人数	58	3	1	3	2	1
	非全时人数	59	3 898	2 527	3 185	474	1 010
	非全时折合全时人数	60	737	482	629	92	217
统计学	全时人数	61	0	0	0	0	0
	非全时人数	62	57	32	54	13	12
	非全时折合全时人数	63	8	4	8	3	2
心理学	全时人数	64	0	0	0	0	0
	非全时人数	65	107	79	91	12	25
	非全时折合全时人数	66	15	10	12	2	3
体育学	全时人数	67	2	1	2	1	1
	非全时人数	68	246	108	209	23	92
	非全时折合全时人数	69	54	25	48	7	21
其他学科	全时人数	70	1	0	1	0	0
	非全时人数	71	210	101	191	54	63
	非全时折合全时人数	72	37	17	35	11	13

续表

按职称划分					按学历学位划分			
讲师	助教	初级	其他人员	研究生(学生)	博士毕业	硕士毕业	本科毕业	其他学历
L06	L07	L08	L09	L10	L11	L12	L13	L14
8	0	3	0	0	21	3	0	0
557	68	35	7	119	660	627	262	12
110	11	6	1	17	167	116	42	2
5	0	0	0	0	11	3	0	0
255	37	17	8	92	422	251	114	3
41	5	3	2	12	85	37	16	1
9	0	1	0	0	19	3	1	0
144	10	7	2	54	216	162	60	0
29	1	1	0	8	57	30	10	0
1	0	1	0	0	3	0	0	0
257	33	16	2	16	236	324	62	6
43	5	4	0	2	44	56	9	1
0	0	0	0	0	1	0	0	0
135	11	4	7	9	83	168	46	0
19	1	1	1	2	14	24	7	0
0	0	0	0	0	3	0	0	0
874	55	31	3	496	789	989	440	12
161	10	5	0	125	213	186	102	3
0	0	0	0	0	0	0	0	0
96	3	12	6	12	48	108	48	8
17	0	1	1	2	7	19	9	1
0	0	0	0	0	2	1	0	0
1 641	432	129	38	174	772	2 284	780	62
309	70	18	6	24	166	433	128	10
0	0	0	0	0	0	0	0	0
26	3	1	1	1	28	24	5	0
3	0	0	0	0	5	3	1	0
0	0	0	0	0	0	0	0	0
54	8	5	2	1	15	67	22	3
7	1	1	0	0	2	8	3	1
0	0	0	0	0	0	2	0	0
93	26	6	1	5	14	154	75	3
20	4	1	0	1	3	35	16	0
1	0	0	0	0	1	0	0	0
63	12	5	2	11	130	62	18	0
10	2	1	0	1	26	9	2	0

26. 财经院校人文、社会科学研究与发展人员情况表

			合计	其中			
				女性	研究人员	教授	副教授
		编号	L01	L02	L03	L04	L05
合计	全时人数	1	199	81	198	103	48
	非全时人数	2	87 947	45 645	72 542	12 590	22 746
	非全时折合全时人数	3	17 571	9 237	15 025	2 838	4 900
管理学	全时人数	4	70	25	70	40	15
	非全时人数	5	24 279	11 929	19 509	3 576	6 111
	非全时折合全时人数	6	5 067	2 556	4 294	841	1 414
马克思主义	全时人数	7	3	2	3	0	1
	非全时人数	8	4 372	2 372	3 576	559	1 052
	非全时折合全时人数	9	861	468	724	119	229
哲学	全时人数	10	0	0	0	0	0
	非全时人数	11	739	343	658	126	198
	非全时折合全时人数	12	128	60	115	23	35
逻辑学	全时人数	13	0	0	0	0	0
	非全时人数	14	63	22	59	10	28
	非全时折合全时人数	15	9	3	8	1	4
宗教学	全时人数	16	0	0	0	0	0
	非全时人数	17	53	25	44	5	19
	非全时折合全时人数	18	8	3	7	1	3
语言学	全时人数	19	5	3	4	1	2
	非全时人数	20	3 334	2 420	2 862	359	978
	非全时折合全时人数	21	645	479	559	74	203
中国文学	全时人数	22	0	0	0	0	0
	非全时人数	23	1 245	764	1 123	184	375
	非全时折合全时人数	24	227	140	207	36	69
外国文学	全时人数	25	0	0	0	0	0
	非全时人数	26	795	570	709	80	230
	非全时折合全时人数	27	133	94	121	17	39
艺术学	全时人数	28	0	0	0	0	0
	非全时人数	29	3 067	1 891	2 462	225	756
	非全时折合全时人数	30	635	394	529	45	171
历史学	全时人数	31	0	0	0	0	0
	非全时人数	32	498	234	442	73	133
	非全时折合全时人数	33	84	38	76	11	23
考古学	全时人数	34	0	0	0	0	0
	非全时人数	35	30	18	24	8	9
	非全时折合全时人数	36	5	2	4	1	2

按职称划分					按学历学位划分			
讲师	助教	初级	其他人员	研究生(学生)	博士毕业	硕士毕业	本科毕业	其他学历
L06	L07	L08	L09	L10	L11	L12	L13	L14
46	2	0	0	0	158	36	4	1
34 231	6 909	2 275	866	8 330	28 393	43 410	15 402	742
6 775	1 249	401	136	1 271	6 492	8 393	2 560	127
15	0	0	0	0	59	9	1	1
8 906	1 678	650	290	3 068	8 390	10 968	4 694	227
1 873	315	119	48	457	2 027	2 226	773	41
2	0	0	0	0	0	3	0	0
1 904	517	123	32	185	1 204	2 534	600	34
363	91	22	5	31	258	489	109	6
0	0	0	0	0	0	0	0	0
297	47	16	6	49	355	312	70	2
49	8	3	1	9	64	52	12	0
0	0	0	0	0	0	0	0	0
21	0	0	4	0	29	27	2	5
3	0	0	1	0	4	4	0	1
0	0	0	0	0	0	0	0	0
17	5	1	1	5	32	17	3	1
3	1	0	0	1	6	2	0	0
1	1	0	0	0	1	4	0	0
1 492	293	75	25	112	711	2 154	452	17
278	59	13	3	15	144	424	75	2
0	0	0	0	0	0	0	0	0
547	89	18	12	20	476	629	130	10
99	15	3	3	3	97	110	20	1
0	0	0	0	0	0	0	0	0
387	59	12	4	23	204	493	92	6
63	9	1	1	3	36	81	15	1
0	0	0	0	0	0	0	0	0
1 466	450	111	24	35	358	2 146	548	15
311	81	19	4	5	60	466	108	2
0	0	0	0	0	0	0	0	0
226	36	6	7	17	239	205	49	5
39	5	1	1	3	45	32	7	1
0	0	0	0	0	0	0	0	0
7	3	3	0	0	14	15	1	0
1	1	0	0	0	3	2	0	0

			合计	其中			
				女性	研究人员	教授	副教授
		编号	L01	L02	L03	L04	L05
经济学	全时人数	37	86	35	86	44	24
	非全时人数	38	20 929	9 569	17 452	3 596	5 355
	非全时折合全时人数	39	4 496	2 152	3 940	912	1 266
政治学	全时人数	40	1	1	1	1	0
	非全时人数	41	1 295	682	1 015	203	286
	非全时折合全时人数	42	215	109	168	33	51
法学	全时人数	43	12	6	12	6	3
	非全时人数	44	4 317	1 724	3 643	822	1 095
	非全时折合全时人数	45	934	369	813	209	249
社会学	全时人数	46	4	1	4	1	1
	非全时人数	47	3 035	1 598	2 591	443	855
	非全时折合全时人数	48	492	256	427	74	142
民族学与文化学	全时人数	49	0	0	0	0	0
	非全时人数	50	883	518	766	140	275
	非全时折合全时人数	51	153	94	129	23	45
新闻学与传播学	全时人数	52	0	0	0	0	0
	非全时人数	53	1 535	919	1 225	188	394
	非全时折合全时人数	54	276	171	221	32	75
图书馆、情报与文献学	全时人数	55	0	0	0	0	0
	非全时人数	56	633	382	538	69	143
	非全时折合全时人数	57	111	68	95	12	27
教育学	全时人数	58	0	0	0	0	0
	非全时人数	59	11 791	7 554	9 799	1 244	3 170
	非全时折合全时人数	60	2 103	1 364	1 759	220	580
统计学	全时人数	61	17	8	17	10	2
	非全时人数	62	2 737	1 032	2 178	444	683
	非全时折合全时人数	63	563	223	475	109	154
心理学	全时人数	64	0	0	0	0	0
	非全时人数	65	467	327	373	36	94
	非全时折合全时人数	66	77	55	61	6	15
体育学	全时人数	67	0	0	0	0	0
	非全时人数	68	1 404	537	1 181	151	385
	非全时折合全时人数	69	279	102	239	30	82
其他学科	全时人数	70	1	0	1	0	0
	非全时人数	71	446	215	313	49	122
	非全时折合全时人数	72	71	36	55	10	21

续表

按职称划分					按学历学位划分			
讲师	助教	初级	其他人员	研究生(学生)	博士毕业	硕士毕业	本科毕业	其他学历
L06	L07	L08	L09	L10	L11	L12	L13	L14
17	1	0	0	0	72	13	1	0
7 271	1 121	385	174	3 027	8 710	8 490	3 588	141
1 577	212	71	28	430	2 221	1 686	563	26
0	0	0	0	0	1	0	0	0
508	150	51	24	73	420	666	193	16
80	26	8	3	13	73	107	32	3
3	0	0	0	0	9	2	1	0
1 500	173	44	72	611	2 010	1 589	680	38
305	28	7	11	125	485	323	121	5
2	0	0	0	0	4	0	0	0
1 223	198	102	28	186	1 064	1 440	504	27
199	30	16	5	27	186	230	72	4
0	0	0	0	0	0	0	0	0
345	56	38	9	20	246	460	173	4
61	11	9	1	3	37	83	33	0
0	0	0	0	0	0	0	0	0
619	167	55	20	92	500	797	227	11
111	30	9	3	15	93	145	37	2
0	0	0	0	0	0	0	0	0
322	53	26	6	14	143	313	164	13
56	8	4	1	3	25	57	27	2
0	0	0	0	0	0	0	0	0
5 311	1 455	446	77	88	1 606	7 930	2 123	132
946	259	73	11	15	255	1 449	375	24
5	0	0	0	0	11	5	1	0
846	100	27	39	598	1 278	847	590	22
170	16	5	5	104	300	164	96	4
0	0	0	0	0	0	0	0	0
239	68	20	4	6	86	295	83	3
40	12	3	1	1	13	51	12	1
0	0	0	0	0	0	0	0	0
638	157	51	5	17	168	901	323	12
126	28	11	1	2	33	182	61	2
1	0	0	0	0	1	0	0	0
139	34	15	3	84	150	182	113	1
23	5	3	1	8	28	30	13	0

27. 政法院校人文、社会科学研究与发展人员情况表

			合计	其中			
				女性	研究人员	教授	副教授
		编号	L01	L02	L03	L04	L05
合计	全时人数	1	36	11	36	26	6
	非全时人数	2	17 563	6 625	13 573	2 819	4 311
	非全时折合全时人数	3	3 376	1 406	2 906	727	966
管理学	全时人数	4	3	1	3	2	0
	非全时人数	5	2 606	924	1 928	353	586
	非全时折合全时人数	6	449	180	370	72	117
马克思主义	全时人数	7	0	0	0	0	0
	非全时人数	8	792	347	656	146	221
	非全时折合全时人数	9	145	70	129	32	46
哲学	全时人数	10	1	0	1	0	1
	非全时人数	11	302	112	241	64	78
	非全时折合全时人数	12	49	19	42	14	12
逻辑学	全时人数	13	0	0	0	0	0
	非全时人数	14	8	4	8	1	4
	非全时折合全时人数	15	1	0	1	0	1
宗教学	全时人数	16	0	0	0	0	0
	非全时人数	17	50	11	37	10	10
	非全时折合全时人数	18	10	3	8	2	2
语言学	全时人数	19	0	0	0	0	0
	非全时人数	20	439	294	379	56	134
	非全时折合全时人数	21	88	63	81	13	35
中国文学	全时人数	22	0	0	0	0	0
	非全时人数	23	159	106	145	17	53
	非全时折合全时人数	24	26	17	24	4	9
外国文学	全时人数	25	0	0	0	0	0
	非全时人数	26	66	50	60	4	26
	非全时折合全时人数	27	11	8	9	1	4
艺术学	全时人数	28	0	0	0	0	0
	非全时人数	29	75	50	62	7	20
	非全时折合全时人数	30	13	9	11	2	4
历史学	全时人数	31	0	0	0	0	0
	非全时人数	32	118	48	103	25	40
	非全时折合全时人数	33	22	11	20	5	7
考古学	全时人数	34	0	0	0	0	0
	非全时人数	35	2	2	2	1	0
	非全时折合全时人数	36	1	1	1	0	0

按职称划分					按学历学位划分			
讲师	助教	初级	其他人员	研究生(学生)	博士毕业	硕士毕业	本科毕业	其他学历
L06	L07	L08	L09	L10	L11	L12	L13	L14
4	0	0	0	0	35	1	0	0
5 747	843	206	198	3 439	5 687	6 925	4 720	231
1 128	147	34	28	346	1 417	1 294	626	38
1	0	0	0	0	3	0	0	0
942	133	29	18	545	721	1 090	760	35
175	23	5	2	55	155	196	92	6
0	0	0	0	0	0	0	0	0
275	34	4	5	107	302	339	151	0
50	6	1	1	11	65	60	20	0
0	0	0	0	0	1	0	0	0
96	10	1	1	52	164	67	70	1
16	2	0	0	5	29	10	9	0
0	0	0	0	0	0	0	0	0
3	0	0	0	0	1	5	2	0
1	0	0	0	0	0	1	0	0
0	0	0	0	0	0	0	0	0
17	3	0	0	10	31	7	12	0
4	0	0	0	1	7	1	1	0
0	0	0	0	0	0	0	0	0
174	26	0	2	47	111	242	83	3
32	4	0	0	5	28	47	12	1
0	0	0	0	0	0	0	0	0
74	6	2	3	4	55	81	22	1
11	1	0	0	0	12	11	3	0
0	0	0	0	0	0	0	0	0
29	5	1	0	1	24	32	10	0
4	1	0	0	0	5	4	1	0
0	0	0	0	0	0	0	0	0
34	10	0	1	3	23	38	13	1
5	2	0	0	0	5	6	3	0
0	0	0	0	0	0	0	0	0
32	3	1	3	14	70	24	24	0
7	0	0	0	1	15	4	3	0
0	0	0	0	0	0	0	0	0
1	0	0	0	0	1	1	0	0
1	0	0	0	0	0	1	0	0

			合计	其中			
				女性	研究人员	教授	副教授
		编号	L01	L02	L03	L04	L05
经济学	全时人数	37	0	0	0	0	0
	非全时人数	38	611	238	466	98	167
	非全时折合全时人数	39	126	58	110	26	44
政治学	全时人数	40	0	0	0	0	0
	非全时人数	41	774	261	628	156	184
	非全时折合全时人数	42	137	47	119	37	35
法学	全时人数	43	30	9	30	23	4
	非全时人数	44	7 944	2 426	5 797	1 412	1 770
	非全时折合全时人数	45	1 651	596	1 411	428	460
社会学	全时人数	46	0	0	0	0	0
	非全时人数	47	899	456	773	152	275
	非全时折合全时人数	48	169	88	152	35	51
民族学与文化学	全时人数	49	0	0	0	0	0
	非全时人数	50	69	34	67	16	28
	非全时折合全时人数	51	15	8	14	4	5
新闻学与传播学	全时人数	52	2	1	2	1	1
	非全时人数	53	415	173	316	47	98
	非全时折合全时人数	54	79	40	67	11	21
图书馆、情报与文献学	全时人数	55	0	0	0	0	0
	非全时人数	56	204	107	181	32	55
	非全时折合全时人数	57	38	21	34	6	11
教育学	全时人数	58	0	0	0	0	0
	非全时人数	59	1 498	803	1 249	164	403
	非全时折合全时人数	60	253	138	217	26	73
统计学	全时人数	61	0	0	0	0	0
	非全时人数	62	28	11	22	1	9
	非全时折合全时人数	63	4	2	4	0	1
心理学	全时人数	64	0	0	0	0	0
	非全时人数	65	103	68	95	12	32
	非全时折合全时人数	66	19	12	17	2	6
体育学	全时人数	67	0	0	0	0	0
	非全时人数	68	276	51	237	22	83
	非全时折合全时人数	69	48	9	42	4	16
其他学科	全时人数	70	0	0	0	0	0
	非全时人数	71	125	49	121	23	35
	非全时折合全时人数	72	24	8	24	4	7

续表

按职称划分					按学历学位划分			
讲师	助教	初级	其他人员	研究生(学生)	博士毕业	硕士毕业	本科毕业	其他学历
L06	L07	L08	L09	L10	L11	L12	L13	L14
0	0	0	0	0	0	0	0	0
179	16	1	3	147	300	144	165	2
37	3	0	1	15	79	27	20	1
0	0	0	0	0	0	0	0	0
267	35	14	10	108	346	251	161	16
45	5	2	1	11	75	40	20	2
3	0	0	0	0	29	1	0	0
2 087	275	86	94	2 220	2 688	2 660	2 511	85
460	52	15	14	223	766	537	333	15
0	0	0	0	0	0	0	0	0
332	62	9	18	51	307	434	147	11
63	11	1	3	5	70	76	22	2
0	0	0	0	0	0	0	0	0
23	1	0	0	1	24	36	9	0
6	0	0	0	0	6	7	2	0
0	0	0	0	0	2	0	0	0
163	13	1	9	84	156	141	114	4
33	3	0	1	9	37	28	13	0
0	0	0	0	0	0	0	0	0
93	13	1	3	7	40	115	47	2
17	3	0	1	1	7	22	9	0
0	0	0	0	0	0	0	0	0
673	159	52	19	28	226	916	294	62
117	25	8	2	3	37	161	46	10
0	0	0	0	0	0	0	0	0
11	1	0	3	3	10	14	4	0
2	0	0	1	0	2	2	1	0
0	0	0	0	0	0	0	0	0
51	5	1	0	2	17	64	21	1
10	1	0	0	0	3	13	3	0
0	0	0	0	0	0	0	0	0
128	29	3	6	5	20	157	92	7
21	4	1	1	1	4	29	14	1
0	0	0	0	0	0	0	0	0
63	4	0	0	0	50	67	8	0
13	1	0	0	0	11	12	1	0

28. 艺术院校人文、社会科学研究与发展人员情况表

			合计	其中			
				女性	研究人员	教授	副教授
		编号	L01	L02	L03	L04	L05
合计	全时人数	1	21	8	20	14	4
	非全时人数	2	16 262	8 504	12 606	2 119	4 200
	非全时折合全时人数	3	3 654	1 949	2 966	531	1 032
管理学	全时人数	4	0	0	0	0	0
	非全时人数	5	754	428	563	83	182
	非全时折合全时人数	6	135	77	105	18	33
马克思主义	全时人数	7	0	0	0	0	0
	非全时人数	8	561	319	445	66	166
	非全时折合全时人数	9	100	59	84	14	30
哲学	全时人数	10	0	0	0	0	0
	非全时人数	11	25	12	24	3	10
	非全时折合全时人数	12	4	2	4	1	2
逻辑学	全时人数	13	0	0	0	0	0
	非全时人数	14	4	2	2	1	0
	非全时折合全时人数	15	1	0	0	0	0
宗教学	全时人数	16	0	0	0	0	0
	非全时人数	17	0	0	0	0	0
	非全时折合全时人数	18	0	0	0	0	0
语言学	全时人数	19	0	0	0	0	0
	非全时人数	20	219	172	185	15	66
	非全时折合全时人数	21	35	28	31	3	12
中国文学	全时人数	22	0	0	0	0	0
	非全时人数	23	96	64	84	11	29
	非全时折合全时人数	24	16	11	13	2	4
外国文学	全时人数	25	0	0	0	0	0
	非全时人数	26	37	33	33	2	14
	非全时折合全时人数	27	5	4	4	0	2
艺术学	全时人数	28	21	8	20	14	4
	非全时人数	29	11 779	5 674	9 053	1 722	3 034
	非全时折合全时人数	30	2 868	1 445	2 332	455	817
历史学	全时人数	31	0	0	0	0	0
	非全时人数	32	38	22	28	9	8
	非全时折合全时人数	33	6	4	4	1	1
考古学	全时人数	34	0	0	0	0	0
	非全时人数	35	19	9	16	4	4
	非全时折合全时人数	36	4	2	4	1	1

按职称划分					按学历学位划分			
讲师	助教	初级	其他人员	研究生（学生）	博士毕业	硕士毕业	本科毕业	其他学历
L06	L07	L08	L09	L10	L11	L12	L13	L14
2	1	0	0	0	14	6	1	0
6 145	1 528	790	126	1 354	2 222	9 362	4 435	243
1 377	308	166	21	220	558	2 143	898	56
0	0	0	0	0	0	0	0	0
298	78	46	3	64	45	461	226	22
53	13	8	1	9	8	83	40	4
0	0	0	0	0	0	0	0	0
212	68	34	3	12	84	372	100	5
40	10	4	1	2	17	67	15	1
0	0	0	0	0	0	0	0	0
11	1	0	0	0	8	15	2	0
2	0	0	0	0	2	2	0	0
0	0	0	0	0	0	0	0	0
1	2	0	0	0	0	3	1	0
0	0	0	0	0	0	1	0	0
0	0	0	0	0	0	0	0	0
0	0	0	0	0	0	0	0	0
0	0	0	0	0	0	0	0	0
0	0	0	0	0	0	0	0	0
104	22	3	1	8	9	165	41	4
16	3	0	0	1	1	26	7	1
0	0	0	0	0	0	0	0	0
44	8	2	0	2	19	59	17	1
7	1	1	0	0	2	11	2	0
0	0	0	0	0	0	0	0	0
17	3	1	0	0	2	35	0	0
2	0	0	0	0	0	5	0	0
2	1	0	0	0	14	6	1	0
4 165	984	548	110	1 216	1 918	6 401	3 310	150
1 035	219	122	18	202	504	1 616	710	38
0	0	0	0	0	0	0	0	0
10	9	1	0	1	7	24	6	1
2	2	0	0	0	1	4	1	0
0	0	0	0	0	0	0	0	0
8	2	1	0	0	5	11	2	1
2	0	0	0	0	1	2	1	1

			合计	其中			
				女性	研究人员	教授	副教授
		编号	L01	L02	L03	L04	L05
经济学	全时人数	37	0	0	0	0	0
	非全时人数	38	140	93	112	21	33
	非全时折合全时人数	39	25	17	20	4	6
政治学	全时人数	40	0	0	0	0	0
	非全时人数	41	96	58	81	5	27
	非全时折合全时人数	42	14	9	12	1	4
法学	全时人数	43	0	0	0	0	0
	非全时人数	44	35	21	31	5	9
	非全时折合全时人数	45	7	5	5	1	2
社会学	全时人数	46	0	0	0	0	0
	非全时人数	47	107	69	83	10	29
	非全时折合全时人数	48	16	10	13	2	4
民族学与文化学	全时人数	49	0	0	0	0	0
	非全时人数	50	135	81	116	17	42
	非全时折合全时人数	51	22	14	19	3	7
新闻学与传播学	全时人数	52	0	0	0	0	0
	非全时人数	53	306	184	234	17	73
	非全时折合全时人数	54	50	31	39	3	12
图书馆、情报与文献学	全时人数	55	0	0	0	0	0
	非全时人数	56	74	58	63	7	19
	非全时折合全时人数	57	13	11	11	1	3
教育学	全时人数	58	0	0	0	0	0
	非全时人数	59	1 654	1 114	1 303	112	408
	非全时折合全时人数	60	301	207	239	20	81
统计学	全时人数	61	0	0	0	0	0
	非全时人数	62	7	4	5	1	1
	非全时折合全时人数	63	2	1	2	0	1
心理学	全时人数	64	0	0	0	0	0
	非全时人数	65	44	30	37	2	10
	非全时折合全时人数	66	7	5	6	0	1
体育学	全时人数	67	0	0	0	0	0
	非全时人数	68	130	56	106	6	35
	非全时折合全时人数	69	23	10	20	1	8
其他学科	全时人数	70	0	0	0	0	0
	非全时人数	71	2	1	2	0	1
	非全时折合全时人数	72	1	0	1	0	1

续表

按职称划分					按学历学位划分			
讲师	助教	初级	其他人员	研究生（学生）	博士毕业	硕士毕业	本科毕业	其他学历
L06	L07	L08	L09	L10	L11	L12	L13	L14
0	0	0	0	0	0	0	0	0
58	9	8	2	9	9	77	49	5
11	2	1	0	1	2	15	7	1
0	0	0	0	0	0	0	0	0
49	12	3	0	0	3	60	30	3
7	1	0	0	0	0	10	4	0
0	0	0	0	0	0	0	0	0
17	2	2	0	0	8	22	5	0
2	0	1	0	0	1	5	1	0
0	0	0	0	0	0	0	0	0
43	18	0	0	7	7	59	40	1
7	3	0	0	1	1	9	7	0
0	0	0	0	0	0	0	0	0
57	14	2	0	3	10	82	41	2
9	3	0	0	0	2	13	7	0
0	0	0	0	0	0	0	0	0
143	33	14	1	25	19	217	67	3
24	7	2	0	3	3	37	9	1
0	0	0	0	0	0	0	0	0
37	4	5	0	2	1	40	29	4
6	1	1	0	0	0	8	5	1
0	0	0	0	0	0	0	0	0
777	233	114	5	5	66	1 130	420	38
137	37	24	1	1	12	207	74	7
0	0	0	0	0	0	0	0	0
3	1	1	0	0	0	3	2	2
0	0	0	0	0	0	1	0	0
0	0	0	0	0	0	0	0	0
25	6	1	0	0	0	36	8	0
4	1	0	0	0	0	6	1	0
0	0	0	0	0	0	0	0	0
65	19	4	1	0	2	89	38	1
11	3	1	0	0	0	16	7	0
0	0	0	0	0	0	0	0	0
1	0	0	0	0	0	1	1	0
0	0	0	0	0	0	0	1	0

29. 民族院校人文、社会科学研究与发展人员情况表

		编号	合计 L01	其中 女性 L02	其中 研究人员 L03	教授 L04	副教授 L05
合计	全时人数	1	14	8	13	8	5
	非全时人数	2	12 861	5 689	10 724	2 509	3 581
	非全时折合全时人数	3	2 540	1 164	2 198	540	756
管理学	全时人数	4	0	0	0	0	0
	非全时人数	5	1 259	541	955	201	322
	非全时折合全时人数	6	252	112	208	45	73
马克思主义	全时人数	7	0	0	0	0	0
	非全时人数	8	696	312	575	116	166
	非全时折合全时人数	9	135	63	114	22	35
哲学	全时人数	10	0	0	0	0	0
	非全时人数	11	161	58	148	37	54
	非全时折合全时人数	12	25	9	24	7	8
逻辑学	全时人数	13	0	0	0	0	0
	非全时人数	14	3	0	3	1	1
	非全时折合全时人数	15	0	0	0	0	0
宗教学	全时人数	16	0	0	0	0	0
	非全时人数	17	241	75	218	72	76
	非全时折合全时人数	18	46	14	42	13	15
语言学	全时人数	19	0	0	0	0	0
	非全时人数	20	1 156	560	897	194	305
	非全时折合全时人数	21	218	109	179	43	64
中国文学	全时人数	22	0	0	0	0	0
	非全时人数	23	832	408	729	207	266
	非全时折合全时人数	24	171	87	153	47	53
外国文学	全时人数	25	0	0	0	0	0
	非全时人数	26	109	75	97	17	23
	非全时折合全时人数	27	17	12	15	2	4
艺术学	全时人数	28	0	0	0	0	0
	非全时人数	29	899	453	738	148	263
	非全时折合全时人数	30	198	106	170	34	64
历史学	全时人数	31	0	0	0	0	0
	非全时人数	32	458	178	414	122	134
	非全时折合全时人数	33	88	33	79	23	27
考古学	全时人数	34	2	0	2	2	0
	非全时人数	35	148	34	118	55	26
	非全时折合全时人数	36	24	6	20	8	5

按职称划分					按学历学位划分			
讲师	助教	初级	其他人员	研究生(学生)	博士毕业	硕士毕业	本科毕业	其他学历
L06	L07	L08	L09	L10	L11	L12	L13	L14
0	1	0	0	0	8	4	2	0
4 292	689	233	100	1 457	4 677	5 455	2 578	151
857	128	37	12	211	992	1 062	461	26
0	0	0	0	0	0	0	0	0
409	81	27	16	203	417	521	305	16
87	15	5	2	27	100	101	48	3
0	0	0	0	0	0	0	0	0
282	46	18	7	61	246	323	124	3
56	8	3	1	11	48	63	24	0
0	0	0	0	0	0	0	0	0
53	7	1	2	7	91	54	13	3
8	1	0	0	1	16	7	2	0
0	0	0	0	0	0	0	0	0
1	0	0	0	0	2	1	0	0
0	0	0	0	0	0	0	0	0
0	0	0	0	0	0	0	0	0
66	7	1	2	17	133	70	34	4
13	2	0	0	3	26	13	6	2
0	0	0	0	0	0	0	0	0
350	64	38	1	204	361	491	296	8
66	12	4	0	28	83	88	46	2
0	0	0	0	0	0	0	0	0
238	31	6	4	80	369	307	149	7
49	6	2	1	14	79	59	32	1
0	0	0	0	0	0	0	0	0
54	4	3	0	8	38	54	17	0
9	1	0	0	1	5	9	3	0
0	0	0	0	0	0	0	0	0
318	67	8	5	90	148	493	238	20
71	13	1	1	14	30	113	51	4
0	0	0	0	0	0	0	0	0
151	19	3	4	25	221	148	77	12
28	4	0	1	6	43	28	16	1
0	0	0	0	0	2	0	0	0
30	4	0	1	32	60	56	32	0
6	1	0	1	4	10	9	5	0

			合计	其中			
				女性	研究人员	教授	副教授
		编号	L01	L02	L03	L04	L05
经济学	全时人数	37	1	1	1	1	0
	非全时人数	38	974	385	802	169	270
	非全时折合全时人数	39	202	87	176	43	60
政治学	全时人数	40	0	0	0	0	0
	非全时人数	41	359	139	317	89	100
	非全时折合全时人数	42	54	19	47	13	16
法学	全时人数	43	1	1	1	1	0
	非全时人数	44	709	274	564	122	211
	非全时折合全时人数	45	145	60	124	32	47
社会学	全时人数	46	0	0	0	0	0
	非全时人数	47	709	325	629	155	222
	非全时折合全时人数	48	138	64	121	28	45
民族学与文化学	全时人数	49	7	5	6	4	2
	非全时人数	50	2 105	862	1 820	476	584
	非全时折合全时人数	51	421	178	371	111	122
新闻学与传播学	全时人数	52	0	0	0	0	0
	非全时人数	53	336	178	283	57	89
	非全时折合全时人数	54	71	40	63	11	21
图书馆、情报与文献学	全时人数	55	0	0	0	0	0
	非全时人数	56	268	135	232	54	78
	非全时折合全时人数	57	44	23	39	9	14
教育学	全时人数	58	3	1	3	0	3
	非全时人数	59	928	492	739	131	248
	非全时折合全时人数	60	184	100	156	28	53
统计学	全时人数	61	0	0	0	0	0
	非全时人数	62	56	28	44	11	15
	非全时折合全时人数	63	9	5	8	2	3
心理学	全时人数	64	0	0	0	0	0
	非全时人数	65	59	41	56	4	21
	非全时折合全时人数	66	11	8	11	1	5
体育学	全时人数	67	0	0	0	0	0
	非全时人数	68	310	100	266	52	85
	非全时折合全时人数	69	72	22	63	14	18
其他学科	全时人数	70	0	0	0	0	0
	非全时人数	71	86	36	80	19	22
	非全时折合全时人数	72	17	8	16	4	5

续表

按职称划分					按学历学位划分			
讲师	助教	初级	其他人员	研究生(学生)	博士毕业	硕士毕业	本科毕业	其他学历
L06	L07	L08	L09	L10	L11	L12	L13	L14
0	0	0	0	0	1	0	0	0
321	27	12	9	166	419	341	205	9
68	6	2	1	22	101	66	33	1
0	0	0	0	0	0	0	0	0
123	20	9	3	15	143	167	48	1
18	3	1	0	3	20	25	9	0
0	0	0	0	0	1	0	0	0
211	46	9	9	101	305	248	151	5
42	7	2	1	13	71	48	25	1
0	0	0	0	0	0	0	0	0
240	32	16	3	41	312	281	109	7
48	7	3	0	7	59	57	21	1
0	1	0	0	0	4	2	1	0
652	89	30	22	252	877	849	345	34
125	18	5	3	37	189	159	66	6
0	0	0	0	0	0	0	0	0
134	23	5	5	23	102	177	54	3
31	4	1	1	3	21	41	9	1
0	0	0	0	0	0	0	0	0
95	11	10	2	18	67	130	61	10
16	1	1	0	3	12	21	9	2
0	0	0	0	0	0	2	1	0
352	80	30	5	82	250	451	221	6
73	14	4	1	11	56	90	38	1
0	0	0	0	0	0	0	0	0
16	3	1	0	10	29	16	11	0
3	0	0	0	1	6	2	1	0
0	0	0	0	0	0	0	0	0
31	2	1	0	0	12	41	5	1
5	1	0	0	0	2	8	1	0
0	0	0	0	0	0	0	0	0
128	23	2	0	20	42	191	75	2
31	6	0	0	3	8	47	16	0
0	0	0	0	0	0	0	0	0
37	3	3	0	2	33	45	8	0
7	1	0	0	0	7	8	2	0

30. 体育院校人文、社会科学研究与发展人员情况表

		编号	合计	其中 女性	其中 研究人员	教授	副教授
			L01	L02	L03	L04	L05
合计	全时人数	1	25	6	25	14	4
	非全时人数	2	7 316	2 704	5 209	930	1 612
	非全时折合全时人数	3	1 653	673	1 306	287	429
管理学	全时人数	4	0	0	0	0	0
	非全时人数	5	204	95	150	21	41
	非全时折合全时人数	6	40	19	32	5	10
马克思主义	全时人数	7	0	0	0	0	0
	非全时人数	8	229	111	181	26	63
	非全时折合全时人数	9	47	24	38	5	15
哲学	全时人数	10	0	0	0	0	0
	非全时人数	11	11	3	10	2	2
	非全时折合全时人数	12	3	1	3	0	0
逻辑学	全时人数	13	0	0	0	0	0
	非全时人数	14	0	0	0	0	0
	非全时折合全时人数	15	0	0	0	0	0
宗教学	全时人数	16	0	0	0	0	0
	非全时人数	17	0	0	0	0	0
	非全时折合全时人数	18	0	0	0	0	0
语言学	全时人数	19	0	0	0	0	0
	非全时人数	20	66	41	58	3	20
	非全时折合全时人数	21	14	8	12	1	4
中国文学	全时人数	22	0	0	0	0	0
	非全时人数	23	27	12	19	2	10
	非全时折合全时人数	24	6	2	4	1	2
外国文学	全时人数	25	0	0	0	0	0
	非全时人数	26	19	14	18	2	2
	非全时折合全时人数	27	3	3	3	0	0
艺术学	全时人数	28	0	0	0	0	0
	非全时人数	29	163	91	95	6	19
	非全时折合全时人数	30	30	18	19	1	4
历史学	全时人数	31	0	0	0	0	0
	非全时人数	32	4	2	3	0	0
	非全时折合全时人数	33	1	0	1	0	0
考古学	全时人数	34	0	0	0	0	0
	非全时人数	35	0	0	0	0	0
	非全时折合全时人数	36	0	0	0	0	0

按职称划分					按学历学位划分			
讲师	助教	初级	其他人员	研究生（学生）	博士毕业	硕士毕业	本科毕业	其他学历
L06	L07	L08	L09	L10	L11	L12	L13	L14
6	1	0	0	0	20	5	0	0
2 236	550	145	27	1 816	1 546	3 556	2 171	43
537	114	24	5	257	475	808	363	7
0	0	0	0	0	0	0	0	0
81	26	11	0	24	48	100	55	1
16	4	2	0	4	13	18	9	0
0	0	0	0	0	0	0	0	0
83	34	4	0	19	58	144	24	3
16	7	1	0	3	14	28	5	1
0	0	0	0	0	0	0	0	0
6	1	0	0	0	8	3	0	0
2	0	0	0	0	2	1	0	0
0	0	0	0	0	0	0	0	0
0	0	0	0	0	0	0	0	0
0	0	0	0	0	0	0	0	0
0	0	0	0	0	0	0	0	0
0	0	0	0	0	0	0	0	0
0	0	0	0	0	0	0	0	0
0	0	0	0	0	0	0	0	0
34	3	2	0	4	8	45	12	1
8	1	0	0	2	1	10	3	0
0	0	0	0	0	0	0	0	0
7	2	0	0	6	11	6	10	0
1	0	0	0	2	2	1	2	0
0	0	0	0	0	0	0	0	0
14	1	0	0	0	7	9	3	0
3	0	0	0	0	2	1	1	0
0	0	0	0	0	0	0	0	0
69	35	13	0	21	11	90	62	0
14	6	2	0	4	2	17	12	0
0	0	0	0	0	0	0	0	0
3	0	0	0	1	3	0	1	0
1	0	0	0	1	1	0	1	0
0	0	0	0	0	0	0	0	0
0	0	0	0	0	0	0	0	0
0	0	0	0	0	0	0	0	0

			合计	其中			
				女性	研究人员	教授	副教授
		编号	L01	L02	L03	L04	L05
经济学	全时人数	37	0	0	0	0	0
	非全时人数	38	24	10	22	6	8
	非全时折合全时人数	39	5	2	4	1	1
政治学	全时人数	40	0	0	0	0	0
	非全时人数	41	20	9	14	2	5
	非全时折合全时人数	42	4	2	2	0	1
法学	全时人数	43	0	0	0	0	0
	非全时人数	44	15	4	8	3	5
	非全时折合全时人数	45	2	1	1	0	1
社会学	全时人数	46	0	0	0	0	0
	非全时人数	47	49	13	38	5	13
	非全时折合全时人数	48	8	3	7	1	2
民族学与文化学	全时人数	49	0	0	0	0	0
	非全时人数	50	12	8	9	0	3
	非全时折合全时人数	51	2	1	1	0	1
新闻学与传播学	全时人数	52	1	1	1	0	0
	非全时人数	53	222	110	164	25	53
	非全时折合全时人数	54	45	24	37	7	14
图书馆、情报与文献学	全时人数	55	0	0	0	0	0
	非全时人数	56	25	14	23	5	6
	非全时折合全时人数	57	4	2	4	1	1
教育学	全时人数	58	0	0	0	0	0
	非全时人数	59	752	394	578	80	167
	非全时折合全时人数	60	138	73	108	14	31
统计学	全时人数	61	0	0	0	0	0
	非全时人数	62	19	7	15	3	6
	非全时折合全时人数	63	3	2	3	0	1
心理学	全时人数	64	0	0	0	0	0
	非全时人数	65	107	51	82	11	27
	非全时折合全时人数	66	22	14	19	3	7
体育学	全时人数	67	24	5	24	14	4
	非全时人数	68	5 343	1 713	3 719	728	1 162
	非全时折合全时人数	69	1 276	476	1 009	248	334
其他学科	全时人数	70	0	0	0	0	0
	非全时人数	71	5	2	3	0	0
	非全时折合全时人数	72	1	0	0	0	0

续表

按职称划分					按学历学位划分			
讲师	助教	初级	其他人员	研究生（学生）	博士毕业	硕士毕业	本科毕业	其他学历
L06	L07	L08	L09	L10	L11	L12	L13	L14
0	0	0	0	0	0	0	0	0
7	1	0	0	2	11	11	2	0
2	0	0	0	0	3	2	0	0
0	0	0	0	0	0	0	0	0
7	3	1	2	0	3	13	3	1
1	1	0	0	0	1	3	0	0
0	0	0	0	0	0	0	0	0
0	1	0	0	6	7	2	6	0
0	0	0	0	1	1	0	1	0
0	0	0	0	0	0	0	0	0
17	4	0	0	10	20	21	8	0
3	0	0	0	1	4	3	1	0
0	0	0	0	0	0	0	0	0
6	3	0	0	0	1	8	2	1
1	0	0	0	0	0	1	0	0
0	1	0	0	0	1	0	0	0
77	18	10	0	39	52	118	50	2
15	2	1	0	6	15	23	8	0
0	0	0	0	0	0	0	0	0
12	2	0	0	0	0	13	12	0
2	0	0	0	0	0	2	2	0
0	0	0	0	0	0	0	0	0
318	109	23	2	53	120	481	148	3
63	19	3	0	8	21	91	25	1
0	0	0	0	0	0	0	0	0
6	1	0	0	3	2	12	5	0
1	0	0	0	0	0	2	1	0
0	0	0	0	0	0	0	0	0
29	6	5	0	29	40	43	24	0
7	1	1	0	3	12	7	3	0
6	0	0	0	0	19	5	0	0
1 457	298	76	23	1 599	1 136	2 433	1 743	31
381	71	14	5	224	383	599	289	5
0	0	0	0	0	0	0	0	0
3	2	0	0	0	0	4	1	0
0	0	0	0	0	0	1	0	0

31. 各类高等学校人文、社会科学活动人员职称(职务)情况表

单位:人

		学校数(所)	合计	按职称划分						其他人员
				小计	教授	副教授	讲师	助教	初级	
	合计	2 543	896 954	896 479	90 995	231 612	413 117	127 372	33 383	475
按学校隶属关系划分	教育部直属院校	73	70 855	70 837	15 710	25 262	27 963	1 618	284	18
	其他部委院校	41	20 761	20 761	3 168	6 238	9 830	1 235	290	0
	地方院校	2 429	805 338	804 881	72 117	200 112	375 324	124 519	32 809	457
按学校规格划分	本科院校	1 229	662 314	662 055	77 519	179 509	307 182	80 146	17 699	259
	专科院校	1 314	234 640	234 424	13 476	52 103	105 935	47 226	15 684	216
按学校类型划分	综合大学	612	253 101	253 003	27 879	65 141	115 488	35 088	9 407	98
	理工农医院校	1 186	300 618	300 410	25 670	76 485	143 499	43 887	10 869	208
	高等师范院校	241	135 486	135 406	15 833	38 223	61 137	16 682	3 531	80
	语言院校	49	23 421	23 421	2 611	6 134	11 022	3 069	585	0
	财经院校	254	112 741	112 685	10 745	26 701	50 667	18 767	5 805	56
	政法院校	61	18 661	18 661	2 401	5 479	8 524	1 916	341	0
	体育院校	33	9 036	9 034	1 027	2 321	4 115	1 248	323	2
	艺术院校	89	32 139	32 112	3 099	7 570	13 651	5 522	2 270	27
	民族院校	18	11 751	11 747	1 730	3 558	5 014	1 193	252	4

32. 各省、市、自治区高等学校人文、社会科学活动人员职称(职务)情况表

单位:人

	学校数(所)	合计	按职称划分						其他人员
			小计	教授	副教授	讲师	助教	初级	
合计	2 543	896 954	896 479	90 995	231 612	413 117	127 372	33 383	475
北京市	90	40 372	40 349	7 492	13 118	17 094	2 126	519	23
天津市	53	16 980	16 978	1 829	4 560	8 104	1 558	927	2
河北省	122	41 415	41 410	4 229	10 661	19 118	7 250	152	5
山西省	71	21 616	21 616	1 141	5 242	9 870	4 955	408	0
内蒙古自治区	46	13 380	13 380	1 399	3 990	6 037	1 778	176	0
辽宁省	104	32 777	32 777	3 899	9 699	15 269	2 631	1 279	0
吉林省	60	22 569	22 569	2 795	6 165	9 123	3 898	588	0
黑龙江省	80	23 457	23 457	3 114	7 155	10 246	2 916	26	0
上海市	61	26 888	26 888	3 742	7 482	12 948	2 269	447	0
江苏省	165	54 958	54 957	5 889	16 533	27 046	5 411	78	1
浙江省	106	40 274	40 266	4 404	9 869	20 071	5 160	762	8
安徽省	116	32 218	32 204	2 598	7 819	14 593	5 327	1 867	14
福建省	88	28 595	28 595	2 430	7 360	12 350	4 504	1 951	0

续表

	学校数（所）	合计	按职称划分						其他人员
			小计	教授	副教授	讲师	助教	初级	
江西省	96	30 330	30 330	2 258	6 502	13 870	6 286	1 414	0
山东省	135	57 225	57 171	5 053	14 607	27 029	9 447	1 035	54
河南省	144	56 084	56 082	3 369	12 644	25 502	13 200	1 367	2
湖北省	115	40 156	40 027	4 541	12 809	17 590	4 449	638	129
湖南省	104	39 046	39 022	3 727	9 669	17 562	4 545	3 519	24
广东省	149	65 582	65 559	6 369	12 693	32 516	6 728	7 253	23
广西壮族自治区	81	29 225	29 203	2 992	5 992	14 098	3 203	2 918	22
海南省	21	7 541	7 515	687	1 740	3 310	1 429	349	26
重庆市	67	25 045	25 045	2 555	5 829	12 033	3 666	962	0
四川省	126	45 130	45 129	3 709	10 111	21 335	9 135	839	1
贵州省	68	18 580	18 579	1 809	5 576	7 628	2 695	871	1
云南省	81	23 913	23 912	2 291	6 086	9 616	3 825	2 094	1
西藏自治区	4	1 457	1 456	124	408	671	232	21	1
陕西省	76	31 350	31 271	3 443	8 829	14 648	4 152	199	79
甘肃省	45	13 003	13 003	1 626	4 441	5 684	1 251	1	0
青海省	11	2 237	2 237	318	637	735	360	187	0
宁夏回族自治区	17	4 607	4 548	418	1 045	1 670	1 066	349	59
新疆维吾尔自治区	41	10 944	10 944	745	2 341	5 751	1 920	187	0

33. 各省、市、自治区所属高等学校人文、社会科学活动人员职称（职务）情况表

单位：人

	学校数（所）	合计	按职称划分						其他人员
			小计	教授	副教授	讲师	助教	初级	
合计	2 429	805 338	804 881	72 117	200 112	375 324	124 519	32 809	457
北京市	53	15 450	15 438	1 657	4 739	7 413	1 331	298	12
天津市	50	14 197	14 195	1 259	3 633	7 019	1 477	807	2
河北省	118	39 906	39 901	4 004	10 215	18 470	7 065	147	5
山西省	71	21 616	21 616	1 141	5 242	9 870	4 955	408	0
内蒙古自治区	46	13 380	13 380	1 399	3 990	6 037	1 778	176	0
辽宁省	99	29 621	29 621	3 375	8 742	13 767	2 510	1 227	0
吉林省	58	19 232	19 232	1 989	5 079	7 823	3 753	588	0
黑龙江省	77	21 760	21 760	2 865	6 544	9 445	2 880	26	0
上海市	51	18 365	18 365	1 804	4 404	9 600	2 132	425	0
江苏省	155	48 947	48 946	4 640	14 291	24 683	5 254	78	1
浙江省	105	39 216	39 209	4 040	9 492	19 755	5 160	762	7

续表

	学校数（所）	合计	按职称划分						其他人员
			小计	教授	副教授	讲师	助教	初级	
安徽省	114	31 167	31 153	2 477	7 453	14 055	5 301	1 867	14
福建省	86	25 833	25 833	1 896	6 517	11 140	4 338	1 942	0
江西省	96	30 330	30 330	2 258	6 502	13 870	6 286	1 414	0
山东省	133	54 184	54 130	4 364	13 402	25 949	9 387	1 028	54
河南省	143	55 767	55 765	3 344	12 529	25 379	13 189	1 324	2
湖北省	107	31 516	31 393	2 563	9 464	14 431	4 312	623	123
湖南省	101	36 444	36 420	3 250	8 809	16 468	4 432	3 461	24
广东省	145	60 834	60 811	5 559	11 289	30 095	6 618	7 250	23
广西壮族自治区	81	29 225	29 203	2 992	5 992	14 098	3 203	2 918	22
海南省	21	7 541	7 515	687	1 740	3 310	1 429	349	26
重庆市	65	22 473	22 473	2 101	4 841	10 952	3 617	962	0
四川省	120	39 396	39 395	2 883	8 382	18 329	8 974	827	1
贵州省	68	18 580	18 579	1 809	5 576	7 628	2 695	871	1
云南省	81	23 913	23 912	2 291	6 086	9 616	3 825	2 094	1
西藏自治区	4	1 457	1 456	124	408	671	232	21	1
陕西省	70	26 809	26 730	2 753	7 147	12 661	3 970	199	79
甘肃省	43	11 143	11 143	1 192	3 799	4 931	1 220	1	0
青海省	11	2 237	2 237	318	637	735	360	187	0
宁夏回族自治区	16	3 855	3 796	338	827	1 373	916	342	59
新疆维吾尔自治区	41	10 944	10 944	745	2 341	5 751	1 920	187	0

34. 其他部委所属高等学校人文、社会科学活动人员中教师职称（职务）情况表

单位：人

	学校数（所）	合计	按职称划分						其他人员
			小计	教授	副教授	讲师	助教	初级	
合计	41	20 761	20 761	3 168	6 238	9 830	1 235	290	0
中共中央办公厅	1	77	77	6	20	48	2	1	0
外交部	1	274	274	52	97	124	1	0	0
国防部	1	226	226	17	61	123	9	16	0
国家民族事务委员会	6	5 367	5 367	911	1 629	2 484	316	27	0
公安部	5	2 061	2 061	302	647	936	103	73	0
司法部	1	363	363	91	105	114	52	1	0
工业和信息化部	7	3 824	3 824	600	1 489	1 625	91	19	0
交通运输部	1	639	639	110	206	307	12	4	0
国家卫生健康委员会	1	46	46	8	17	21	0	0	0

续表

	学校数（所）	合计	按职称划分						其他人员
			小计	教授	副教授	讲师	助教	初级	
海关总署	1	213	213	17	39	124	33	0	0
交通运输部（中国民用航空局）	4	1 629	1 629	98	292	890	226	123	0
中国地震局	1	244	244	30	67	104	39	4	0
国务院侨务办公室	2	2 890	2 890	355	676	1 661	189	9	0
应急管理部	2	489	489	61	147	213	68	0	0
国家体育总局	1	709	709	149	207	332	21	0	0
中国科学院	2	598	598	223	218	148	9	0	0
中国社会科学院	1	267	267	49	115	101	2	0	0
中华全国总工会	1	469	469	41	93	264	61	10	0
共青团中央	1	99	99	18	37	40	1	3	0
中华全国妇女联合会	1	277	277	30	76	171	0	0	0

35. 各类高等学校人文、社会科学研究与发展全时人员职称（职务）情况表

单位：人年

		学校数（所）	合计	按职称划分						研究生（学生）
				教授	副教授	讲师	助教	初级	其他人员	
	合计	2 543	147 108	25 445	41 516	55 756	9 242	2 927	849	11 373
按学校隶属关系划分	教育部直属院校	73	22 979	6 170	5 890	5 393	234	90	264	4 936
	其他部委院校	41	4 939	1 085	1 450	1 748	119	43	37	458
	地方院校	2 429	119 190	18 190	34 176	48 615	8 889	2 794	547	5 979
按学校规格划分	本科院校	1 229	126 089	23 675	35 723	46 002	6 600	1 978	741	11 371
	专科院校	1 314	21 020	1 771	5 793	9 755	2 642	950	108	2
按学校类型划分	综合大学	612	44 432	8 261	12 143	16 188	2 551	809	290	4 191
	理工农医院校	1 186	43 286	6 326	12 529	17 547	2 842	916	192	2 934
	高等师范院校	241	25 699	4 854	7 372	9 611	1 685	443	143	1 591
	语言院校	49	4 602	918	1 322	1 679	214	97	21	351
	财经院校	254	17 770	2 941	4 948	6 821	1 251	401	136	1 271
	政法院校	61	3 412	753	972	1 132	147	34	28	346
	体育院校	33	1 678	301	433	543	115	24	5	257
	艺术院校	89	3 675	545	1 036	1 379	309	166	21	220
	民族院校	18	2 554	548	761	857	129	37	12	211

36. 各省、市、自治区高等学校人文、社会科学研究与发展全时人员职称(职务)情况表

单位:人年

	学校数(所)	合计	按职称划分						研究生(学生)
			教授	副教授	讲师	助教	初级	其他人员	
合计	2 543	147 108	25 445	41 516	55 756	9 242	2 927	849	11 373
北京市	90	10 433	2 678	2 859	2 647	174	56	112	1 907
天津市	53	3 516	675	924	1 272	175	103	0	366
河北省	122	5 995	907	1 709	2 817	397	12	8	145
山西省	71	2 194	316	733	909	171	6	0	59
内蒙古自治区	46	1 410	230	448	585	92	10	2	43
辽宁省	104	4 569	930	1 441	1 650	162	69	1	317
吉林省	60	4 873	729	1 370	1 912	582	63	60	158
黑龙江省	80	3 881	636	1 130	1 490	207	0	0	418
上海市	61	5 366	1 438	1 459	1 720	144	99	16	490
江苏省	165	9 484	1 556	2 799	3 839	438	26	9	817
浙江省	106	9 922	1 748	2 677	3 911	565	269	116	637
安徽省	116	5 579	682	1 578	2 366	513	150	25	266
福建省	88	5 002	815	1 484	1 875	387	133	49	260
江西省	96	2 507	343	674	1 107	280	71	7	26
山东省	135	8 319	1 215	2 527	3 379	656	72	45	425
河南省	144	5 599	508	1 431	2 563	820	49	17	212
湖北省	115	7 467	1 538	2 177	1 977	232	114	76	1 354
湖南省	104	7 324	1 349	2 096	3 015	395	224	35	209
广东省	149	9 952	1 703	2 546	4 283	426	528	63	403
广西壮族自治区	81	4 407	682	1 141	1 868	293	303	41	78
海南省	21	896	147	237	344	83	50	5	31
重庆市	67	5 154	917	1 318	1 860	280	94	23	663
四川省	126	7 546	1 125	1 992	3 064	729	188	30	418
贵州省	68	2 564	436	842	780	157	76	25	247
云南省	81	3 901	586	1 062	1 320	355	98	47	433
西藏自治区	4	202	26	63	75	28	3	2	5
陕西省	76	4 557	718	1 374	1 668	250	10	11	526
甘肃省	45	2 264	439	818	733	61	2	4	208
青海省	11	265	64	82	73	31	10	0	5
宁夏回族自治区	17	539	71	131	178	72	23	7	57
新疆维吾尔自治区	41	1 422	240	394	478	91	18	13	189

37. 各省、市、自治区所属高等学校人文、社会科学研究与发展全时人员职称（职务）情况表

单位：人年

	学校数（所）	合计	按职称划分						研究生（学生）
			教授	副教授	讲师	助教	初级	其他人员	
合计	2 429	119 190	18 190	34 176	48 615	8 890	2 794	547	5 979
北京市	53	2 765	490	825	867	87	20	11	465
天津市	50	2 628	426	698	1 093	165	87	0	159
河北省	118	5 774	862	1 642	2 724	384	12	8	142
山西省	71	2 194	316	733	909	171	6	0	59
内蒙古自治区	46	1 410	230	448	585	92	10	2	43
辽宁省	99	3 943	750	1 256	1 413	152	66	1	306
吉林省	58	4 058	533	1 151	1 679	560	62	30	44
黑龙江省	77	3 491	557	996	1 328	203	0	0	406
上海市	51	2 822	570	793	1 029	131	82	6	212
江苏省	155	7 484	1 158	2 305	3 388	404	26	6	197
浙江省	105	9 568	1 644	2 612	3 886	564	268	91	503
安徽省	114	5 348	646	1 507	2 280	506	149	24	236
福建省	86	4 058	551	1 249	1 662	377	132	32	56
江西省	96	2 507	343	674	1 107	280	71	7	26
山东省	133	7 728	1 008	2 329	3 258	651	69	45	370
河南省	143	5 572	506	1 418	2 554	818	49	17	212
湖北省	107	3 794	557	1 289	1 390	196	99	15	249
湖南省	101	6 348	1 080	1 810	2 716	376	214	28	124
广东省	145	8 564	1 382	2 164	3 826	411	506	49	226
广西壮族自治区	81	4 407	682	1 141	1 868	293	303	41	78
海南省	21	896	147	237	344	83	50	5	31
重庆市	65	4 026	717	1 031	1 485	257	92	15	431
四川省	120	5 964	835	1 608	2 428	709	184	16	184
贵州省	68	2 564	436	842	780	157	76	25	247
云南省	81	3 901	586	1 062	1 320	355	98	47	433
西藏自治区	4	202	26	63	75	28	3	2	5
陕西省	70	3 524	530	1 103	1 380	240	9	2	260
甘肃省	43	1 578	270	617	563	55	1	3	69
青海省	11	265	64	82	73	31	10	0	5
宁夏回族自治区	16	387	52	98	130	64	23	7	14
新疆维吾尔自治区	41	1 422	240	394	478	91	18	13	189

38. 其他部委所属高等学校人文、社会科学研究与发展全时人员职称(职务)情况表

单位:人年

	学校数(所)	合计	按职称划分						研究生(学生)
			教授	副教授	讲师	助教	初级	其他人员	
合计	41	4 939	1 085	1 450	1 748	119	43	37	458
中共中央办公厅	1	9	1	2	6	0	0	0	0
外交部	1	53	9	19	18	0	0	0	7
国防部	1	97	9	33	48	2	6	0	0
国家民族事务委员会	6	1 411	336	414	464	35	4	8	151
公安部	5	546	96	141	232	16	1	5	55
司法部	1	70	17	23	23	7	0	0	0
工业和信息化部	7	1 001	227	341	306	8	1	9	109
交通运输部	1	177	50	56	66	2	0	0	3
国家卫生健康委员会	1	13	2	2	6	0	1	0	1
海关总署	1	37	4	12	20	2	0	0	0
交通运输部(中国民用航空局)	4	264	23	49	126	21	20	1	24
中国地震局	1	42	9	14	16	3	0	0	0
国务院侨务办公室	2	526	124	155	211	12	9	9	8
应急管理部	2	30	9	9	11	0	0	0	0
国家体育总局	1	209	49	56	87	3	0	0	14
中国科学院	2	208	66	51	24	3	0	1	64
中国社会科学院	1	91	26	28	12	0	1	3	20
中华全国总工会	1	71	13	20	33	5	1	0	0
共青团中央	1	40	11	15	13	0	0	1	1
中华全国妇女联合会	1	46	6	11	28	0	0	0	1

39. 各类高等学校人文、社会科学研究与发展人员职称(职务)情况表

单位:人

		学校数(所)	合计	按职称划分						研究生(学生)
				教授	副教授	讲师	助教	初级	其他人员	
	合计	2 543	697 460	102 870	184 826	267 998	49 320	15 763	5 545	71 138
按学校隶属关系划分	教育部直属院校	73	102 772	21 548	23 412	24 399	1 294	488	1 656	29 975
	其他部委院校	41	22 185	4 317	5 953	7 875	598	232	272	2 938
	地方院校	2 429	572 503	77 005	155 461	235 724	47 428	15 043	3 617	38 225
按学校规格划分	本科院校	1 229	584 856	93 854	155 008	215 337	34 371	10 333	4 826	71 127
	专科院校	1 314	112 604	9 016	29 818	52 661	14 949	5 430	719	11

续表

		学校数(所)	合计	按职称划分						研究生(学生)
				教授	副教授	讲师	助教	初级	其他人员	
按学校类型划分	综合大学	612	209 601	32 449	53 722	77 332	13 777	4 432	1 998	25 891
	理工农医院校	1 186	205 524	25 997	56 277	84 699	15 163	4 914	1 107	17 367
	高等师范院校	241	117 308	19 523	32 152	44 415	8 547	2 205	1 000	9 466
	语言院校	49	22 783	3 769	6 158	8 843	1 309	563	123	2 018
	财经院校	254	88 146	12 693	22 794	34 277	6 911	2 275	866	8 330
	政法院校	61	17 599	2 845	4 317	5 751	843	206	198	3 439
	体育院校	33	7 341	944	1 616	2 242	551	145	27	1 816
	艺术院校	89	16 283	2 133	4 204	6 147	1 529	790	126	1 354
	民族院校	18	12 875	2 517	3 586	4 292	690	233	100	1 457

40. 各省、市、自治区高等学校人文、社会科学研究与发展人员职称(职务)情况表

单位:人

	学校数(所)	合计	按职称划分						研究生(学生)
			教授	副教授	讲师	助教	初级	其他人员	
合计	2 543	697 460	102 870	184 826	267 998	49 320	15 763	5 545	71 138
北京市	90	53 760	10 843	12 878	13 616	1 057	310	759	14 297
天津市	53	15 083	2 393	3 759	5 817	972	589	1	1 552
河北省	122	28 675	3 834	7 912	13 528	2 163	85	42	1 111
山西省	71	10 655	1 347	3 257	4 580	987	41	0	443
内蒙古自治区	46	7 526	1 145	2 343	3 060	595	68	17	298
辽宁省	104	21 060	3 892	6 244	7 617	830	316	3	2 158
吉林省	60	21 783	3 060	5 842	8 216	2 489	301	486	1 389
黑龙江省	80	11 447	1 878	3 410	4 539	700	0	0	920
上海市	61	21 672	4 429	5 176	7 143	618	425	80	3 801
江苏省	165	49 016	6 888	14 166	20 619	2 608	146	66	4 523
浙江省	106	47 756	7 110	11 816	18 837	3 086	1 447	771	4 689
安徽省	116	23 347	2 708	6 414	9 860	2 383	741	130	1 111
福建省	88	26 688	3 738	7 504	10 243	2 332	839	391	1 641
江西省	96	14 023	1 685	3 634	6 320	1 696	404	49	235
山东省	135	38 443	5 184	11 005	15 921	3 471	372	283	2 207
河南省	144	31 095	2 552	7 584	14 042	4 871	322	137	1 587
湖北省	115	29 994	4 930	8 446	9 131	1 284	534	331	5 338
湖南省	104	32 843	5 258	9 024	13 526	2 140	1 139	189	1 567
广东省	149	49 191	7 283	11 673	21 077	2 421	2 951	464	3 322
广西壮族自治区	81	23 656	3 441	6 055	10 003	1 554	1 621	261	721
海南省	21	4 655	711	1 219	1 749	461	229	42	244
重庆市	67	24 446	3 374	5 664	8 811	1 628	571	101	4 297

续表

	学校数(所)	合计	按职称划分						研究生(学生)
			教授	副教授	讲师	助教	初级	其他人员	
四川省	126	34 767	4 433	8 244	13 784	3 472	958	196	3 680
贵州省	68	13 506	2 159	4 358	4 290	854	473	193	1 179
云南省	81	15 691	2 052	4 234	5 489	1 648	490	274	1 504
西藏自治区	4	1 096	125	334	417	142	22	20	36
陕西省	76	24 021	3 021	6 214	8 710	1 473	80	102	4 421
甘肃省	45	10 004	1 706	3 584	3 321	317	11	21	1 044
青海省	11	1 085	267	321	284	129	43	2	39
宁夏回族自治区	17	2 231	255	478	737	343	105	35	278
新疆维吾尔自治区	41	8 245	1 169	2 034	2 711	596	130	99	1 506

41. 各省、市、自治区所属高等学校人文、社会科学研究与发展人员职称(职务)情况表

单位:人

	学校数(所)	合计	按职称划分						研究生(学生)
			教授	副教授	讲师	助教	初级	其他人员	
合计	2 429	572 503	77 005	155 461	235 724	47 428	15 043	3 617	38 225
北京市	53	15 406	2 198	4 098	4 673	525	93	94	3 725
天津市	50	12 159	1 691	3 042	5 146	934	502	1	843
河北省	118	27 710	3 639	7 625	13 114	2 111	85	41	1 095
山西省	71	10 655	1 347	3 257	4 580	987	41	0	443
内蒙古自治区	46	7 526	1 145	2 343	3 060	595	68	17	298
辽宁省	99	18 335	3 141	5 470	6 596	781	298	3	2 046
吉林省	58	16 694	2 123	4 588	6 801	2 326	298	192	366
黑龙江省	77	10 444	1 689	3 060	4 131	691	0	0	873
上海市	51	11 296	1 959	2 854	3 996	542	359	28	1 558
江苏省	155	40 425	5 405	12 122	18 688	2 458	141	51	1 560
浙江省	105	45 533	6 735	11 546	18 698	3 085	1 442	613	3 414
安徽省	114	22 514	2 578	6 170	9 523	2 359	740	126	1 018
福建省	86	21 737	2 648	6 356	9 002	2 246	830	242	413
江西省	96	14 023	1 685	3 634	6 320	1 696	404	49	235
山东省	133	35 563	4 395	10 117	15 299	3 438	351	280	1 683
河南省	143	30 878	2 531	7 484	13 963	4 854	322	137	1 587
湖北省	107	18 335	2 175	5 622	6 963	1 112	468	88	1 907
湖南省	101	29 462	4 456	8 120	12 468	2 041	1 095	131	1 151
广东省	145	42 004	5 993	10 022	18 896	2 337	2 817	369	1 570
广西壮族自治区	81	23 656	3 441	6 055	10 003	1 554	1 621	261	721
海南省	21	4 655	711	1 219	1 749	461	229	42	244
重庆市	65	20 354	2 794	4 630	7 428	1 540	567	88	3 307
四川省	120	26 972	3 324	6 764	11 083	3 386	931	111	1 373

续表

	学校数（所）	合计	按职称划分						研究生（学生）
			教授	副教授	讲师	助教	初级	其他人员	
贵州省	68	13 506	2 159	4 358	4 290	854	473	193	1 179
云南省	81	15 691	2 052	4 234	5 489	1 648	490	274	1 504
西藏自治区	4	1 096	125	334	417	142	22	20	36
陕西省	70	17 894	2 210	4 952	7 207	1 406	68	10	2 041
甘肃省	43	7 085	1 039	2 693	2 606	288	10	20	429
青海省	11	1 085	267	321	284	129	43	2	39
宁夏回族自治区	16	1 565	181	337	540	306	105	35	61
新疆维吾尔自治区	41	8 245	1 169	2 034	2 711	596	130	99	1 506

42. 其他部委所属高等学校人文、社会科学研究与发展人员职称（职务）情况表

单位：人

	学校数（所）	合计	按职称划分						研究生（学生）
			教授	副教授	讲师	助教	初级	其他人员	
合计	41	22 185	4 317	5 953	7 875	598	232	272	2 938
中共中央办公厅	1	40	4	12	24	0	0	0	0
外交部	1	369	55	116	122	0	0	4	72
国防部	1	401	34	134	199	8	26	0	0
国家民族事务委员会	6	7 271	1 516	1 980	2 314	202	28	61	1 170
公安部	5	3 096	514	695	1 210	101	8	35	533
司法部	1	329	82	105	110	32	0	0	0
工业和信息化部	7	3 400	690	1 089	1 027	45	10	90	449
交通运输部	1	878	247	253	331	12	4	0	31
国家卫生健康委员会	1	31	4	7	16	0	2	0	2
海关总署	1	183	18	52	101	11	1	0	0
交通运输部（中国民用航空局）	4	1 066	80	190	501	83	100	4	108
中国地震局	1	90	21	29	35	5	0	0	0
国务院侨务办公室	2	2 531	490	672	1 130	67	47	53	72
应急管理部	2	98	27	33	38	0	0	0	0
国家体育总局	1	655	124	150	233	9	0	0	139
中国科学院	2	737	231	160	80	8	1	3	254
中国社会科学院	1	292	63	81	46	0	3	13	86
中华全国总工会	1	176	33	48	84	10	1	0	0
共青团中央	1	232	47	79	88	1	1	8	8
中华全国妇女联合会	1	310	37	68	186	4	0	1	14

43. 各类高等学校人文、社会科学人力情况表

		学校数（所）	社科活动人员（人）						
			合计	高级	中级	初级	其他人员	合计	高级
	合计	2 543	896 954	322 607	413 117	160 755	475	697 460	287 696
按学校隶属关系划分	教育部直属院校	73	70 855	40 972	27 963	1 902	18	102 772	44 960
	其他部委院校	41	20 761	9 406	9 830	1 525	0	22 185	10 270
	地方院校	2 429	805 338	272 229	375 324	157 328	457	572 503	232 466
按学校规格划分	本科院校	1 229	662 314	257 028	307 182	97 845	259	584 856	248 862
	专科院校	1 314	234 640	65 579	105 935	62 910	216	112 604	38 834
按学校类型划分	综合大学	612	253 101	93 020	115 488	44 495	98	209 601	86 171
	理工农医院校	1 186	300 618	102 155	143 499	54 756	208	205 524	82 274
	高等师范院校	241	135 486	54 056	61 137	20 213	80	117 308	51 675
	语言院校	49	23 421	8 745	11 022	3 654	0	22 783	9 927
	财经院校	254	112 741	37 446	50 667	24 572	56	88 146	35 487
	政法院校	61	18 661	7 880	8 524	2 257	0	17 599	7 162
	体育院校	33	9 036	3 348	4 115	1 571	2	7 341	2 560
	艺术院校	89	32 139	10 669	13 651	7 792	27	16 283	6 337
	民族院校	18	11 751	5 288	5 014	1 445	4	12 875	6 103

研究与发展人员（人）				研究与发展人员（人年）					
中级	初级	其他人员	研究生	合计	高级	中级	初级	其他人员	研究生
267 998	65 083	5 545	71 138	147 108	66 962	55 756	12 169	849	11 373
24 399	1 782	1 656	29 975	22 979	12 061	5 393	324	264	4 936
7 875	830	272	2 938	4 939	2 535	1 748	162	37	458
235 724	62 471	3 617	38 225	119 190	52 366	48 615	11 683	547	5 979
215 337	44 704	4 826	71 127	126 089	59 398	46 002	8 578	741	11 371
52 661	20 379	719	11	21 020	7 564	9 755	3 592	108	2
77 332	18 209	1 998	25 891	44 432	20 404	16 188	3 360	290	4 191
84 699	20 077	1 107	17 367	43 286	18 854	17 547	3 758	192	2 934
44 415	10 752	1 000	9 466	25 699	12 226	9 611	2 128	143	1 591
8 843	1 872	123	2 018	4 602	2 240	1 679	311	21	351
34 277	9 186	866	8 330	17 770	7 889	6 821	1 652	136	1 271
5 751	1 049	198	3 439	3 412	1 725	1 132	181	28	346
2 242	696	27	1 816	1 678	734	543	139	5	257
6 147	2 319	126	1 354	3 675	1 580	1 379	474	21	220
4 292	923	100	1 457	2 554	1 309	857	166	12	211

44. 各省、市、自治区高等学校人文、社会科学人力情况表

	学校数（所）	社科活动人员（人）						
		合计	高级	中级	初级	其他人员	合计	高级
合计	2 543	896 954	322 607	413 117	160 755	475	697 460	287 696
北京市	90	40 372	20 610	17 094	2 645	23	53 760	23 721
天津市	53	16 980	6 389	8 104	2 485	2	15 083	6 152
河北省	122	41 415	14 890	19 118	7 402	5	28 675	11 746
山西省	71	21 616	6 383	9 870	5 363	0	10 655	4 604
内蒙古自治区	46	13 380	5 389	6 037	1 954	0	7 526	3 488
辽宁省	104	32 777	13 598	15 269	3 910	0	21 060	10 136
吉林省	60	22 569	8 960	9 123	4 486	0	21 783	8 902
黑龙江省	80	23 457	10 269	10 246	2 942	0	11 447	5 288
上海市	61	26 888	11 224	12 948	2 716	0	21 672	9 605
江苏省	165	54 958	22 422	27 046	5 489	1	49 016	21 054
浙江省	106	40 274	14 273	20 071	5 922	8	47 756	18 926
安徽省	116	32 218	10 417	14 593	7 194	14	23 347	9 122
福建省	88	28 595	9 790	12 350	6 455	0	26 688	11 242
江西省	96	30 330	8 760	13 870	7 700	0	14 023	5 319
山东省	135	57 225	19 660	27 029	10 482	54	38 443	16 189
河南省	144	56 084	16 013	25 502	14 567	2	31 095	10 136
湖北省	115	40 156	17 350	17 590	5 087	129	29 994	13 376
湖南省	104	39 046	13 396	17 562	8 064	24	32 843	14 282
广东省	149	65 582	19 062	32 516	13 981	23	49 191	18 956
广西壮族自治区	81	29 225	8 984	14 098	6 121	22	23 656	9 496
海南省	21	7 541	2 427	3 310	1 778	26	4 655	1 930
重庆市	67	25 045	8 384	12 033	4 628	0	24 446	9 038
四川省	126	45 130	13 820	21 335	9 974	1	34 767	12 677
贵州省	68	18 580	7 385	7 628	3 566	1	13 506	6 517
云南省	81	23 913	8 377	9 616	5 919	1	15 691	6 286
西藏自治区	4	1 457	532	671	253	1	1 096	459
陕西省	76	31 350	12 272	14 648	4 351	79	24 021	9 235
甘肃省	45	13 003	6 067	5 684	1 252	0	10 004	5 290
青海省	11	2 237	955	735	547	0	1 085	588
宁夏回族自治区	17	4 607	1 463	1 670	1 415	59	2 231	733
新疆维吾尔自治区	41	10 944	3 086	5 751	2 107	0	8 245	3 203

研究与发展人员(人)				研究与发展人员(人年)					
中级	初级	其他人员	研究生	合计	高级	中级	初级	其他人员	研究生
267 998	65 083	5 545	71 138	147 108	66 962	55 756	12 169	849	11 373
13 616	1 367	759	14 297	10 433	5 537	2 647	229	112	1 907
5 817	1 561	1	1 552	3 516	1 599	1 272	279	0	366
13 528	2 248	42	1 111	5 995	2 616	2 817	409	8	145
4 580	1 028	0	443	2 194	1 049	909	177	0	59
3 060	663	17	298	1 410	678	585	102	2	43
7 617	1 146	3	2 158	4 569	2 372	1 650	231	1	317
8 216	2 790	486	1 389	4 873	2 099	1 912	644	60	158
4 539	700	0	920	3 881	1 766	1 490	207	0	418
7 143	1 043	80	3 801	5 366	2 897	1 720	243	16	490
20 619	2 754	66	4 523	9 484	4 355	3 839	464	9	817
18 837	4 533	771	4 689	9 922	4 425	3 911	833	116	637
9 860	3 124	130	1 111	5 579	2 260	2 366	662	25	266
10 243	3 171	391	1 641	5 002	2 299	1 875	520	49	260
6 320	2 100	49	235	2 507	1 017	1 107	350	7	26
15 921	3 843	283	2 207	8 319	3 742	3 379	728	45	425
14 042	5 193	137	1 587	5 599	1 939	2 563	869	17	212
9 131	1 818	331	5 338	7 467	3 715	1 977	346	76	1 354
13 526	3 279	189	1 567	7 324	3 445	3 015	619	35	209
21 077	5 372	464	3 322	9 952	4 249	4 283	954	63	403
10 003	3 175	261	721	4 407	1 823	1 868	596	41	78
1 749	690	42	244	896	384	344	133	5	31
8 811	2 199	101	4 297	5 154	2 234	1 860	374	23	663
13 784	4 430	196	3 680	7 546	3 117	3 064	917	30	418
4 290	1 327	193	1 179	2 564	1 278	780	233	25	247
5 489	2 138	274	1 504	3 901	1 648	1 320	454	47	433
417	164	20	36	202	89	75	31	2	5
8 710	1 553	102	4 421	4 557	2 092	1 668	260	11	526
3 321	328	21	1 044	2 264	1 257	733	62	4	208
284	172	2	39	265	147	73	41	0	5
737	448	35	278	539	202	178	95	7	57
2 711	726	99	1 506	1 422	633	478	109	13	189

45. 各省、市、自治区所属高等学校人文、社会科学人力情况表

	学校数（所）	社科活动人员（人）						
		合计	高级	中级	初级	其他人员	合计	高级
合计	2 429	805 338	272 229	375 324	157 328	457	572 503	232 466
北京市	53	15 450	6 396	7 413	1 629	12	15 406	6 296
天津市	50	14 197	4 892	7 019	2 284	2	12 159	4 733
河北省	118	39 906	14 219	18 470	7 212	5	27 710	11 264
山西省	71	21 616	6 383	9 870	5 363	0	10 655	4 604
内蒙古自治区	46	13 380	5 389	6 037	1 954	0	7 526	3 488
辽宁省	99	29 621	12 117	13 767	3 737	0	18 335	8 611
吉林省	58	19 232	7 068	7 823	4 341	0	16 694	6 711
黑龙江省	77	21 760	9 409	9 445	2 906	0	10 444	4 749
上海市	51	18 365	6 208	9 600	2 557	0	11 296	4 813
江苏省	155	48 947	18 931	24 683	5 332	1	40 425	17 527
浙江省	105	39 216	13 532	19 755	5 922	7	45 533	18 281
安徽省	114	31 167	9 930	14 055	7 168	14	22 514	8 748
福建省	86	25 833	8 413	11 140	6 280	0	21 737	9 004
江西省	96	30 330	8 760	13 870	7 700	0	14 023	5 319
山东省	133	54 184	17 766	25 949	10 415	54	35 563	14 512
河南省	143	55 767	15 873	25 379	14 513	2	30 878	10 015
湖北省	107	31 516	12 027	14 431	4 935	123	18 335	7 797
湖南省	101	36 444	12 059	16 468	7 893	24	29 462	12 576
广东省	145	60 834	16 848	30 095	13 868	23	42 004	16 015
广西壮族自治区	81	29 225	8 984	14 098	6 121	22	23 656	9 496
海南省	21	7 541	2 427	3 310	1 778	26	4 655	1 930
重庆市	65	22 473	6 942	10 952	4 579	0	20 354	7 424
四川省	120	39 396	11 265	18 329	9 801	1	26 972	10 088
贵州省	68	18 580	7 385	7 628	3 566	1	13 506	6 517
云南省	81	23 913	8 377	9 616	5 919	1	15 691	6 286
西藏自治区	4	1 457	532	671	253	1	1 096	459
陕西省	70	26 809	9 900	12 661	4 169	79	17 894	7 162
甘肃省	43	11 143	4 991	4 931	1 221	0	7 085	3 732
青海省	11	2 237	955	735	547	0	1 085	588
宁夏回族自治区	16	3 855	1 165	1 373	1 258	59	1 565	518
新疆维吾尔自治区	41	10 944	3 086	5 751	2 107	0	8 245	3 203

研究与发展人员(人)				研究与发展人员(人年)					
中级	初级	其他人员	研究生	合计	高级	中级	初级	其他人员	研究生
235 724	62 471	3 617	38 225	119 190	52 366	48 615	11 683	547	5 979
4 673	618	94	3 725	2 765	1 315	867	106	11	465
5 146	1 436	1	843	2 628	1 124	1 093	253	0	159
13 114	2 196	41	1 095	5 774	2 504	2 724	397	8	142
4 580	1 028	0	443	2 194	1 049	909	177	0	59
3 060	663	17	298	1 410	678	585	102	2	43
6 596	1 079	3	2 046	3 943	2 006	1 413	218	1	306
6 801	2 624	192	366	4 058	1 683	1 679	622	30	44
4 131	691	0	873	3 491	1 553	1 328	203	0	406
3 996	901	28	1 558	2 822	1 363	1 029	212	6	212
18 688	2 599	51	1 560	7 484	3 463	3 388	430	6	197
18 698	4 527	613	3 414	9 568	4 256	3 886	832	91	503
9 523	3 099	126	1 018	5 348	2 153	2 280	655	24	236
9 002	3 076	242	413	4 058	1 800	1 662	508	32	56
6 320	2 100	49	235	2 507	1 017	1 107	350	7	26
15 299	3 789	280	1 683	7 728	3 336	3 258	720	45	370
13 963	5 176	137	1 587	5 572	1 924	2 554	867	17	212
6 963	1 580	88	1 907	3 794	1 846	1 390	295	15	249
12 468	3 136	131	1 151	6 348	2 890	2 716	591	28	124
18 896	5 154	369	1 570	8 564	3 546	3 826	917	49	226
10 003	3 175	261	721	4 407	1 823	1 868	596	41	78
1 749	690	42	244	896	384	344	133	5	31
7 428	2 107	88	3 307	4 026	1 747	1 485	348	15	431
11 083	4 317	111	1 373	5 964	2 443	2 428	893	16	184
4 290	1 327	193	1 179	2 564	1 278	780	233	25	247
5 489	2 138	274	1 504	3 901	1 648	1 320	454	47	433
417	164	20	36	202	89	75	31	2	5
7 207	1 474	10	2 041	3 524	1 633	1 380	249	2	260
2 606	298	20	429	1 578	887	563	56	3	69
284	172	2	39	265	147	73	41	0	5
540	411	35	61	387	149	130	86	7	14
2 711	726	99	1 506	1 422	633	478	109	13	189

46. 其他部委所属高等学校人文、社会科学人力情况表

	学校数（所）	社科活动人员（人）						
		合计	高级	中级	初级	其他人员	合计	高级
合计	41	20 761	9 406	9 830	1 525	0	22 185	10 270
中共中央办公厅	1	77	26	48	3	0	40	16
外交部	1	274	149	124	1	0	369	171
国防部	1	226	78	123	25	0	401	168
国家民族事务委员会	6	5 367	2 540	2 484	343	0	7 271	3 496
公安部	5	2 061	949	936	176	0	3 096	1 209
司法部	1	363	196	114	53	0	329	187
工业和信息化部	7	3 824	2 089	1 625	110	0	3 400	1 779
交通运输部	1	639	316	307	16	0	878	500
国家卫生健康委员会	1	46	25	21	0	0	31	11
海关总署	1	213	56	124	33	0	183	70
交通运输部（中国民用航空局）	4	1 629	390	890	349	0	1 066	270
中国地震局	1	244	97	104	43	0	90	50
国务院侨务办公室	2	2 890	1 031	1 661	198	0	2 531	1 162
应急管理部	2	489	208	213	68	0	98	60
国家体育总局	1	709	356	332	21	0	655	274
中国科学院	2	598	441	148	9	0	737	391
中国社会科学院	1	267	164	101	2	0	292	144
中华全国总工会	1	469	134	264	71	0	176	81
共青团中央	1	99	55	40	4	0	232	126
中华全国妇女联合会	1	277	106	171	0	0	310	105

研究与发展人员（人）				研究与发展人员（人年）					
中级	初级	其他人员	研究生	合计	高级	中级	初级	其他人员	研究生
7 875	830	272	2 938	4 939	2 535	1 748	162	37	458
24	0	0	0	9	3	6	0	0	0
122	0	4	72	53	27	18	0	0	7
199	34	0	0	97	42	48	8	0	0
2 314	230	61	1 170	1 411	750	464	39	8	151
1 210	109	35	533	546	237	232	17	5	55
110	32	0	0	70	40	23	7	0	0
1 027	55	90	449	1 001	568	306	9	9	109
331	16	0	31	177	105	66	3	0	3
16	2	0	2	13	5	6	1	0	1
101	12	0	0	37	16	20	2	0	0
501	183	4	108	264	73	126	41	1	24
35	5	0	0	42	23	16	3	0	0
1 130	114	53	72	526	278	211	20	9	8
38	0	0	0	30	19	11	0	0	0
233	9	0	139	209	105	87	3	0	14
80	9	3	254	208	116	24	3	1	64
46	3	13	86	91	54	12	1	3	20
84	11	0	0	71	32	33	6	0	0
88	2	8	8	40	25	13	0	1	1
186	4	1	14	46	17	28	0	0	1

1. 全国高等学校人文、社会科学研究与发展经费情况表(一)

		合计	政府资金投入				
			科研活动经费	其中:教育部科研经费	其中:中央其他部门科研经费	其中:省、市、自治区科研经费	其中:其他各类地方政府经费
	合计	31 248 184.7	10 309 360.1	1 662 899.0	2 829 258.5	3 268 849.6	2 548 352.9
按学校隶属关系划分	教育部直属院校	8 114 936.3	3 533 304.8	1 131 750.9	1 334 821.9	370 270.5	696 461.5
	其他部委院校	1 119 335.8	516 762.3	126 917.9	241 182.5	109 996.6	38 665.2
	地方院校	22 013 912.5	6 259 293.1	404 230.2	1 253 254.2	2 788 582.5	1 813 226.2
按学校规格划分	本科院校	29 181 452.6	9 867 579.2	1 634 584.0	2 818 473.7	3 077 591.3	2 336 930.3
	专科院校	2 066 732.1	441 780.9	28 315.0	10 784.9	191 258.3	211 422.6
按学校类型划分	综合大学	11 100 881.1	3 667 783.3	731 653.4	1 126 250.5	820 489.4	989 390.0
	理工农医院校	7 291 399.0	2 073 788.5	278 164.1	653 440.0	547 868.0	594 316.4
	高等师范院校	5 894 024.4	1 879 672.3	252 721.1	409 592.0	818 835.6	398 523.6
	语言院校	1 171 925.1	436 989.9	81 312.2	85 806.6	173 262.7	96 608.4
	财经院校	3 316 966.8	1 236 700.8	161 663.6	304 560.9	492 146.0	278 330.3
	政法院校	653 756.9	291 268.4	38 241.9	96 172.9	91 179.0	65 674.6
	体育院校	295 087.9	147 841.7	37 029.2	40 669.7	39 296.0	30 846.7
	艺术院校	1 028 209.4	370 878.1	29 934.9	39 834.0	232 306.6	68 802.6
	民族院校	495 934.1	204 437.3	52 178.6	72 932.0	53 466.3	25 860.4

与发展经费

单位:千元

当年 R&D 经费收入

		非政府资金投入					
科技活动人员工资	科研基建费	企事业单位委托项目经费	金融机构贷款	自筹经费	境外资金	其他收入	科技活动人员工资
5 120 381.9	99 366.4	9 148 181.8	19 034.5	5 655 865.3	124 431.7	216 695.6	554 867.4
786 502.0	4 000	3 164 564.1	0	420 555.7	110 753.8	95 256.1	0
200 726.1	6 083.2	197 672.0	0	195 964.3	1 077.9	1 049.9	0
4 133 153.8	89 283.2	5 785 945.7	19 034.5	5 039 345.2	12 600.0	120 389.6	554 867.4
4 430 068.8	31 209.2	8 846 834.3	18 586.8	5 165 032.5	123 182.1	205 672.1	493 287.3
690 313.1	68 157.2	301 347.4	447.7	490 832.7	1 249.6	11 023.5	61 580.1
1 549 807.4	2 017	3 581 722.9	6 742.7	1 961 262.4	37 358.2	116 093.1	178 094.1
1 427 385.6	5 272.8	2 576 183.7	652.73	954 679.0	53 063.9	39 510.5	160 862.3
1 049 139.8	5 724	1 516 542.2	0	1 388 008.5	13 056.3	29 871.1	12 010.2
156 351.6	0	249 317.3	0	272 365.8	4 759.9	10 974.9	41 165.6
555 581.0	9 559.5	670 690.2	11 639.1	679 333.0	3 140.6	9 042.4	141 280.2
114 981.7	0	106 486.9	0	128 198.8	12 129.5	691.6	0
55 830.9	7 190.3	57 784.4	0	21 638.2	155.4	3 014.9	1 632.2
113 725.8	63 519.7	313 530.6	0	139 404.2	767.8	7 311.1	19 072.1
97 578.0	6 083.2	75 923.4	0	110 975.5	0	186	750.6

2. 全国高等学校人文、社会科学研究与发展经费情况表(二)

单位:千元

		当年 R&D 经费支出										
		合计	内部支出									转拨给外单位经费
			小计	科研人员费	业务费	科研基建费	仪器设备费	图书资料费	间接费	其中管理费	其他	
	合计	29 478 514.3	29 082 915.3	8 375 580.2	14 478 824.2	134 560.9	1 441 279.4	2 002 968.7	2 202 033.5	614 844.0	447 668.3	395 599.1
按学校隶属关系划分	教育部直属院校	7 477 366.1	7 314 773.2	1 172 017.9	4 349 867.7	5 300	288 995.2	476 731.4	878 197.5	287 537.3	143 663.5	162 592.9
	其他部委院校	1 046 526.1	1 022 889.5	254 013.2	603 398.0	4 163.2	38 784.8	51 910.6	62 614.2	18 733.8	8 005.6	23 636.6
	地方院校	20 954 622.1	20 745 252.5	6 949 549.1	9 525 558.6	125 097.7	1 113 499.4	1 474 326.7	1 261 221.8	308 572.9	295 999.3	209 369.6
按学校规格划分	本科院校	27 512 340.7	27 128 203.5	7 440 792.5	13 833 462.5	66 132.7	1 339 420.6	1 898 849.5	2 140 688.8	597 852.3	408 856.9	384 137.2
	专科院校	1 966 173.7	1 954 711.8	934 787.7	645 361.7	68 428.2	101 858.8	104 119.2	61 344.7	16 991.8	38 811.4	11 461.9
按学校类型划分	综合大学	10 316 327.2	10 140 344.4	2 599 472.8	5 313 970.4	8 330.1	479 558.3	726 747.0	842 325.7	238 293.1	169 940.1	175 982.8
	理工农医院校	6 851 301.9	6 738 300.4	2 148 559.0	3 240 712.4	14 601.0	243 663.5	462 074.8	515 176.7	188 565.2	113 512.9	113 001.5
	高等师范院校	5 594 295.2	5 558 850.7	1 729 795.1	2 540 472.8	7 995.4	397 182.0	440 389.8	358 849.6	84 108.5	84 166.0	35 444.5
	语言院校	1 096 484.1	1 077 021.1	289 132.9	573 327.0	10 370	48 307.1	53 133.8	99 762.6	18 540.1	2 987.7	19 462.9
	财经院校	3 210 681.2	3 191 890.4	1 040 791.8	1 484 474.9	18 090.3	133 856.8	199 194.6	259 195.2	60 677.7	56 286.8	18 790.8
	政法院校	654 740.9	639 688.8	163 685.2	360 855.2	1 300	38 227.6	26 981.3	43 256.9	4 484.3	5 382.6	15 052.1
	体育院校	288 803.6	281 290.7	76 953.5	152 150.4	7 190.3	18 783.1	3 842.4	20 356.8	4 632.2	2 014.2	7 512.8
	艺术院校	1 005 877.1	999 487.5	190 050.2	611 093.9	62 520.6	54 885.8	37 862.8	32 830.8	9 034.4	10 243.5	6 389.6
	民族院校	460 003.1	456 041.2	137 139.7	201 767.4	4 163.2	26 815.2	52 742.1	30 279.1	6 508.5	3 134.5	3 962.0

3. 全国高等学校人文、社会科学研究与发展经费情况表（三）

单位：千元

		当年 R&D 经费内部支出							
		合计	基础研究支出	应用研究支出	试验发展支出	政府资金	企业资金	境外资金	其他资金
	合计	29 082 915.3	10 954 788.4	18 096 906.3	31 220.6	16 220 796.6	10 730 035.3	149 715.8	1 982 367.5
按学校隶属关系划分	教育部直属院校	7 314 773.2	2 744 943.1	4 564 703.3	5 126.8	3 812 039.2	3 294 516.7	129 342.7	78 874.6
	其他部委院校	1 022 889.5	432 032.6	575 790.1	15 066.8	612 906.6	203 769.9	2 957.4	203 255.5
	地方院校	20 745 252.5	7 777 812.8	12 956 412.8	11 026.9	11 795 850.8	7 231 748.7	17 415.7	1 700 237.4
按学校规格划分	本科院校	27 128 203.5	10 390 040.3	16 708 780.7	29 382.5	14 920 020.8	10 364 273.7	148 404.4	1 695 504.7
	专科院校	1 954 711.8	564 748.1	1 388 125.6	1 838.1	1 300 775.9	365 761.6	1 311.5	286 862.8
按学校类型划分	综合大学	10 140 344.4	3 995 510.2	6 125 543.3	19 290.8	5 313 251.8	4 070 481.7	52 617.6	703 993.3
	理工农医院校	6 738 300.4	2 119 212.6	4 611 216.8	7 871.0	3 775 195.4	2 522 168.5	52 843.5	388 093.1
	高等师范院校	5 558 850.7	2 609 142.8	2 947 969.4	1 738.5	3 114 795.1	2 093 909.8	15 473.2	334 672.6
	语言院校	1 077 021.1	412 205.5	664 374.6	441.0	657 655.5	341 365.9	6 031.6	71 968.1
	财经院校	3 191 890.4	717 310.5	2 473 557.0	1 023.0	1 969 978.7	949 449.3	5 508.5	266 953.9
	政法院校	639 688.8	225 276.0	413 910.6	502.2	432 956.2	152 689.5	16 002.8	38 040.2
	体育院校	281 290.7	88 351.0	192 927.2	12.5	172 562.5	99 656.3	222.4	8 849.5
	艺术院校	999 487.5	511 550.3	487 708.8	228.5	462 187.0	395 815.2	773.8	140 711.5
	民族院校	456 041.2	276 229.4	179 698.6	113.2	322 214.4	104 499.1	242.5	29 085.2

4. 各省、市、自治区高等学校人文、社会科学研究与发展经费情况表(一)

	合计	政府资金投入				
		科研活动经费	其中:教育部科研经费	其中:中央其他部门科研经费	其中:省、市、自治区科研经费	其中:其他各类地方政府经费
合计	31 248 184.7	10 309 360.1	1 662 899.0	2 829 258.5	3 268 849.6	2 548 352.9
北京市	3 628 530.7	1 591 621.3	394 034.3	646 202.6	262 727.7	288 656.7
天津市	413 309.2	110 815.6	27 775.9	63 742.0	10 786.1	8 511.6
河北省	740 383.5	121 532.0	8 902.3	29 329.9	55 072.3	28 227.5
山西省	350 176.8	82 574.2	5 980.2	19 639.9	28 968.5	27 985.7
内蒙古自治区	203 874.1	81 357.2	2 839.0	20 595.8	32 150.3	25 772.1
辽宁省	578 762.3	211 726.4	27 402.0	74 508.4	50 509.0	59 307.1
吉林省	693 731.9	239 284.7	61 567.5	55 278.6	60 026.3	62 412.3
黑龙江省	260 739.4	67 536.1	10 932.5	25 730.7	23 049.8	7 823.1
上海市	2 522 708.4	1 335 639.2	279 897.5	223 914.0	561 977.3	269 850.4
江苏省	1 814 509.1	526 066.8	89 458.0	199 890.5	101 784.1	134 934.2
浙江省	2 726 549.4	780 261.5	42 960.8	170 594.2	266 340.7	300 365.8
安徽省	1 209 004.3	397 799.3	19 351.7	49 082.6	259 666.5	69 698.5
福建省	1 016 829.1	391 033.2	54 047.0	110 458.9	105 798.0	120 729.2
江西省	557 845.7	137 314.1	4 322.0	39 795.5	62 246.7	30 949.9
山东省	1 510 034.3	312 649.0	43 620.5	108 857.8	84 010.6	76 160.0
河南省	1 284 653.6	178 532.0	17 584.0	65 205	46 470.7	49 272.3
湖北省	1 316 034.7	429 720.1	99 964.5	153 837.1	54 637.4	121 281.1
湖南省	1 340 270.0	478 029.9	71 635.5	104 385.9	220 877.5	81 130.9
广东省	3 071 234.6	1 213 851.6	111 667.6	183 926.7	502 407.4	415 849.9
广西壮族自治区	626 242.9	254 116.7	5 628.5	48 110.1	164 607.4	35 770.8
海南省	139 222.0	45 876.2	1 033.9	13 810.9	27 803.9	3 227.5
重庆市	1 166 021.9	244 123.2	50 678.7	85 404.9	62 179.6	45 859.9
四川省	1 343 852.0	326 307.7	111 413.8	91 407.1	39 198.2	84 288.6
贵州省	481 646.1	106 266.2	6 815.4	26 824.1	35 420.1	37 206.5
云南省	491 687.3	142 409.0	10 965.9	41 151.4	33 170.5	57 121.2
西藏自治区	36 352.3	16 645.8	760.3	6 857.5	6 890	2 138
陕西省	1 049 499.9	228 764.8	45 997.1	91 845.1	42 834.2	48 088.3
甘肃省	419 058.2	129 995.3	41 319.9	37 298.1	36 701.7	14 675.7
青海省	17 938.2	10 944.4	190	8 628	1 751.4	375
宁夏回族自治区	71 809.2	35 987.6	7 881.4	9 897.3	11 821.7	6 387.3
新疆维吾尔自治区	165 673.4	80 579.1	6 271.2	23 047.9	16 964.2	34 295.8

单位:千元

当年 R&D 经费收入							
		非政府资金投入					
科技活动人员工资	科研基建费	企事业单位委托项目经费	金融机构贷款	自筹经费	境外资金	其他收入	科技活动人员工资
5 120 381.9	99 366.4	9 148 181.8	19 034.5	5 655 865.3	124 431.7	216 695.6	554 867.4
358 305.4	0	1 451 330.9	0	125 042.5	93 847.3	1 240.9	7 142.5
134 455.5	0	123 200.5	0	32 214.9	227.2	3 261.0	9 134.6
234 274.5	0	136 677.5	0	223 755.5	36.2	7 147.9	16 960.0
70 002.8	0	114 378.6	2 163	76 526.4	0	0	4 531.7
42 285.7	0	13 610.9	0	65 647.3	0	0	973.1
155 971.2	7 133.5	114 357.7	0	67 571.3	830.9	7 332.5	13 838.8
162 500.5	4 616	136 295.2	0	101 648.6	583.2	7 695.3	41 108.3
155 436.6	0	19 745.1	0	14 564.0	0	0	3 457.7
216 369.7	0	659 720.3	0	218 181.2	7 613.9	76 034.0	9 150.2
286 020.4	632	749 535.3	0	222 388.8	1 589.3	4 828.8	23 447.7
346 123.0	0	960 429.1	0	557 200.5	6 769.6	6 020.2	69 745.4
194 106.0	9 564.5	150 050.7	9 531.1	405 713.1	55	22 173.2	20 011.3
158 366.3	0	267 645.7	0	158 383.3	204.5	14 573.9	26 622.1
89 104.9	0	151 218.6	0	155 172.1	514.5	6 508.5	18 013
266 690.4	5 892.7	556 063.7	0	318 017.0	3 164.6	6 936.4	40 620.5
167 766.6	57 700	466 289.1	447.73	377 365.8	0	1 840	34 712.3
187 305.9	10 741.0	566 648.3	0	94 072.3	3 018.2	5 496.6	19 032.4
295 998.6	1 500	251 812.0	0	271 630.7	721.4	27 025.6	13 551.9
365 646.5	500	666 268.4	0	752 045.4	2 836.4	8 557.4	61 528.9
137 151.7	176.8	107 481.6	0	111 403.6	0	3 651.5	12 261.1
21 174.6	0	22 398.4	0	29 691.4	0	40	20 041.4
224 104.6	0	334 989.0	0	352 206.2	450.4	17.8	10 130.8
278 806.5	0	352 189.7	0	359 509.4	425.1	70	26 543.6
104 560.4	0	78 741.2	0	187 129.9	0	398	4 550.4
144 683.4	0	43 436.7	6 892.7	133 028.3	0	1 488.8	19 748.4
5 889.2	0	6 968.3	0	6 849	0	0	0
159 549.6	0	519 725.1	0	113 983.6	1 479	0	25 997.9
92 242.6	910	93 047.5	0	101 559.9	0	84	1 218.9
6 203	0	133	0	657.8	0	0	0
12 950.2	0	11 208.8	0	10 517.9	0	375	769.6
46 335.5	0	22 584.7	0	12 187.7	65	3 898.3	23

5. 各省、市、自治区高等学校人文、社会科学研究与发展经费情况表(二)

单位:千元

	当年 R&D 经费支出									
	合计	内部支出								转拨给外单位经费
		小计	科研人员费	业务费	科研基建费	仪器设备费	图书资料费	间接费	其他	
合计	29 478 514.3	29 082 915.3	8 375 580.2	14 478 824.2	134 560.9	1 441 279.4	2 002 968.7	2 202 033.5	447 668.3	395 599.1
北京市	3 501 282.7	3 446 418.6	516 027.0	2 217 875.4	1 300	85 397.0	165 485.1	408 573.7	51 760.3	54 864.0
天津市	423 032.0	421 206.3	158 755.6	186 534.8	15.096	11 338.2	15 772.4	34 135.4	14 654.9	1 825.7
河北省	772 890.5	772 045.2	290 387.0	276 626.9	0	112 714.3	72 766.4	19 521.5	29.1	845.3
山西省	309 548.6	309 332.7	96 606.8	156 985.5	1 389.515	13 123.3	28 584.2	12 643.4	0	216.0
内蒙古自治区	188 875.8	187 913.7	71 001.8	98 957.2	0	6 929.1	4 361.0	5 524.1	1 140.6	962.2
辽宁省	575 121.1	551 405.9	227 231.1	193 214.7	4 603.5	38 544.7	34 668.0	37 736.5	15 407.4	23 715.2
吉林省	645 936.1	639 704.4	275 203.5	172 193.0	15 970	38 270.1	85 630.1	45 762.7	6 675.0	6 231.7
黑龙江省	246 358.9	245 589.3	167 030.8	59 553.3	0	1 079.8	7 104.6	10 820.9	0	769.6
上海市	2 344 924.3	2 322 964.0	352 203.8	1 558 111.3	0	141 298.8	126 916.1	129 238.3	15 195.6	21 960.3
江苏省	1 678 837.3	1 648 409.4	392 190.4	675 028.9	491	100 972.2	175 497.8	197 780.5	106 448.6	30 427.9
浙江省	2 412 491.0	2 350 510.7	689 790.6	1 195 378.5	5 000	94 771.6	161 699.6	181 891.3	21 979.2	61 980.3
安徽省	1 130 946.5	1 125 502.9	451 617.7	395 771.5	12 870.176	86 377.1	84 093.7	73 483.8	21 289	5 443.6
福建省	981 778.4	969 540.8	316 010.3	373 265.3	0	75 532.5	59 538.8	124 186.0	21 008.0	12 237.6
江西省	512 693.9	494 514.7	142 517.2	228 405.6	4 171.726	49 342.6	47 932.8	20 044.4	2 100.4	18 179.2
山东省	1 345 050.3	1 278 031.4	472 676.0	613 533.0	4 768.36	44 082.4	60 390.4	74 897.1	7 684.1	67 019.0

续表

	当年 R&D 经费支出									
	合计	内部支出								转拨给外单位经费
		小计	科研人员费	业务费	科研基建费	仪器设备费	图书资料费	间接费	其他	
河南省	1 233 026.7	1 231 442.5	374 394.5	444 769.7	60 175	58 840.0	135 953.6	92 785.4	64 524.4	1 584.3
湖北省	1 262 143.7	1 235 416.7	277 293.6	732 915.6	9 773.723	42 565.9	61 625.4	92 869.2	18 373.3	26 727.0
湖南省	1 304 162.8	1 292 075.4	529 402.4	496 482.1	1 185.9	70 803.6	82 630.9	76 204.6	35 365.9	12 087.4
广东省	2 910 908.4	2 896 820.1	662 592.0	1 678 324.5	10 214.353	147 719.6	207 768.1	190 101.5	100.0	14 088.3
广西壮族自治区	569 968.4	564 341.7	209 419.8	253 310.4	516.8	16 696.3	36 836.5	28 657.3	18 904.7	5 626.7
海南省	129 862.6	129 852.6	57 286.7	44 387.4	0	5 822.7	7 178.5	9 299.6	5 877.6	10
重庆市	1 111 113.8	1 109 512.4	329 724.3	587 324.1	548.79	55 193.4	60 954.3	75 739.3	28.4	1 601.4
四川省	1 317 658.5	1 313 226.6	487 133.6	586 885.7	0	43 944.9	79 164.2	113 149.6	2 948.6	4 431.9
贵州省	462 316.3	462 016.5	167 446.2	196 141.9	0	10 683.7	45 254.5	42 487.4	2.7	299.8
云南省	520 127.4	519 204.2	191 868.6	272 928.6	0	5 172.2	24 194.0	11 235.3	13 805.7	923.1
西藏自治区	37 061.3	36 861.3	5 894.2	21 957.3	665	1 183.1	3 089.7	3 162.6	909.4	200
陕西省	942 343.0	925 333.5	245 938.6	490 443.1	0	50 970.5	84 669.8	53 014.1	297.5	17 009.5
甘肃省	378 985.8	377 665.9	145 905.5	157 352.7	902	23 108.8	36 068.5	14 142.9	185.5	1 319.9
青海省	18 639.8	18 639.8	6 428.7	8 803.8	0	32.7	3 031.9	104.7	238.0	0
宁夏回族自治区	76 388.2	75 242.4	17 106.8	45 470.7	0	7 803.3	1 477.2	3 183.1	201.3	1 145.8
新疆维吾尔自治区	134 040.1	132 173.8	48 495.3	59 892.1	0	965.0	2 630.8	19 657.5	533.1	1 866.3

6. 各省、市、自治区高等学校人文、社会科学研究与发展经费情况表(三)

单位:千元

	当年 R&D 经费内部支出							
	合计	基础研究支出	应用研究支出	试验发展支出	政府资金	企业资金	境外资金	其他资金
合计	29 082 915.3	10 954 788.4	18 096 906.3	31 220.6	16 220 796.6	10 730 035.3	149 715.8	1 982 367.5
北京市	3 446 418.6	974 668.3	2 454 445.9	17 304.4	1 804 221.0	1 499 508.9	107 309.4	35 379.3
天津市	421 206.3	165 422.1	253 689.1	2 095.1	263 919.1	141 329.9	350.5	15 606.8
河北省	772 045.2	212 643.8	558 845.7	555.7	425 783.6	254 955.6	45.9	91 260.1
山西省	309 332.7	110 142.8	199 189.9	0	182 686.7	117 625.5	0	9 020.4
内蒙古自治区	187 913.7	107 313.2	80 600.4	0	139 567.3	16 753.0	0	31 593.4
辽宁省	551 405.9	236 191.8	313 728.9	1 485.2	371 374.1	136 101.3	679.0	43 251.5
吉林省	639 704.4	274 473.5	365 121.1	109.8	419 076.1	146 620.8	1 956.0	72 051.5
黑龙江省	245 589.3	170 561.8	75 027.5	0	217 015.0	18 831.6	0	9 742.7
上海市	2 322 964.0	1 064 608.4	1 258 287.1	68.5	1 292 331.7	917 360.4	10 708.1	102 563.7
江苏省	1 648 409.4	500 496.2	1 147 878.4	34.8	826 993.5	710 036.3	1 373.5	110 006.0
浙江省	2 350 510.7	935 870.7	1 414 640.1	0	1 130 893.9	1 133 251.4	4 289.3	82 076.1
安徽省	1 125 502.9	492 906.2	631 768.6	828.1	756 953.6	248 206.5	0	120 342.9
福建省	969 540.8	146 505.9	823 026.5	8.4	571 588.3	331 868.2	165.4	65 918.9
江西省	494 514.7	254 464.6	240 036.6	13.5	280 932.0	163 856.9	578.6	49 147.2
山东省	1 278 031.4	475 102.6	802 080.0	848.7	705 553.8	500 395.7	3 937.3	68 144.6

续表

	当年 R&D 经费内部支出							
	合计	基础研究支出	应用研究支出	试验发展支出	政府资金	企业资金	境外资金	其他资金
河南省	1 231 442.5	376 751.7	854 690.8	0	567 091.0	525 487.7	0	138 863.8
湖北省	1 235 416.7	408 563.9	822 917.1	3 935.7	594 553.1	588 494.0	4 261.5	48 108.1
湖南省	1 292 075.4	535 778.2	755 984.1	313.1	893 461.8	344 934.9	1 374.0	52 304.7
广东省	2 896 820.1	1 144 789.2	1 749 072.8	2 958.2	1 467 297.7	1 059 208.4	10 611.9	359 702.0
广西壮族自治区	564 341.7	351 953.7	212 387.9	0	414 622.4	97 402.8	32.2	52 284.2
海南省	129 852.6	33 243.0	96 528.9	80.7	67 983.1	33 224.8	0	28 644.6
重庆市	1 109 512.4	278 247.6	831 261.6	3.2	586 729.0	450 178.7	93.8	72 510.9
四川省	1 313 226.6	424 141.4	888 932.7	152.6	735 906.9	463 077.5	0	114 242.2
贵州省	462 016.5	170 257.8	291 758.7	0	253 629.9	143 370.8	0	65 015.8
云南省	519 204.2	259 138.7	260 065.5	0	388 204.6	67 378.3	93.0	63 528.3
西藏自治区	36 861.3	29 041.9	7 819.5	0	25 666.6	10 412.5	0	782.3
陕西省	925 333.5	562 968.2	362 360.2	5.1	418 755.2	463 398.2	1 712.4	41 467.7
甘肃省	377 665.9	162 890.0	214 775.9	0	253 865.1	111 359.1	0	12 441.7
青海省	18 639.8	11 284.6	7 355.2	0	17 620.2	334.5	0	685.1
宁夏回族自治区	75 242.4	31 291.9	43 826.3	124.1	39 191.5	17 592.2	0	18 458.6
新疆维吾尔自治区	132 173.8	53 074.9	78 803.2	295.7	107 328.7	17 478.7	144.1	7 222.3

7. 各省、市、自治区所属高等学校人文、社会科学研究与发展经费情况表(一)

	合计	政府资金投入				
		科研活动经费	其中:教育部科研经费	其中:中央其他部门科研经费	其中:省、市、自治区科研经费	其中:其他各类地方政府经费
合计	22 013 912.5	6 259 293.1	404 230.2	1 253 254.2	2 788 582.5	1 813 226.2
北京市	660 031.2	310 709.9	7 452.0	62 384.9	205 727.6	35 145.3
天津市	235 371.6	40 787.2	8 486.9	17 402.8	9 240.1	5 657.4
河北省	707 555.1	116 226.5	5 200	27 935.6	54 989.3	28 101.5
山西省	350 176.8	82 574.2	5 980.2	19 639.9	28 968.5	27 985.7
内蒙古自治区	203 874.1	81 357.2	2 839.0	20 595.8	32 150.3	25 772.1
辽宁省	455 762.1	156 073.9	9 425.5	47 118.5	45 894.2	53 635.7
吉林省	431 981.1	111 628.7	3 225.1	21 536.7	33 365.3	53 501.5
黑龙江省	211 427.5	46 716.5	4 630.5	15 240.1	20 129.8	6 716.1
上海市	1 022 594.1	565 662.0	51 210.8	72 295.5	358 583.5	83 572.2
江苏省	1 332 552.7	325 191.6	38 561.1	109 593.3	81 652.2	95 384.9
浙江省	2 423 391.6	705 817.9	26 201.8	121 454.4	260 653.1	297 508.6
安徽省	1 163 868.4	371 015.2	10 762.3	37 180.0	255 107.3	67 965.6
福建省	781 224.4	284 562.4	37 074.9	32 478.7	99 343.5	115 665.3
江西省	557 845.7	137 314.1	4 322	39 795.5	62 246.7	30 949.9
山东省	1 238 138.7	227 753.4	17 767.1	67 503.1	77 869.0	64 614.0
河南省	1 280 301.8	177 812.0	17 074.0	64 995	46 470.7	49 272.3
湖北省	682 613.6	140 150.6	9 795.5	32 366.6	44 321.7	53 666.9
湖南省	1 166 630.4	377 662.5	50 301.6	64 833.3	210 092.9	52 434.7
广东省	2 353 978.1	868 062.1	32 911.9	84 896.8	415 640.4	334 613.0
广西壮族自治区	626 242.9	254 116.7	5 628.5	48 110.1	164 607.4	35 770.8
海南省	139 222.0	45 876.2	1 033.9	13 810.9	27 803.9	3 227.5
重庆市	790 514.0	136 897.1	9 474.5	37 297.6	52 169.6	37 955.4
四川省	919 287.7	141 012.3	6 375.9	28 068.8	31 596.4	74 971.2
贵州省	481 646.1	106 266.2	6 815.4	26 824.1	35 420.1	37 206.5
云南省	491 687.3	142 409.0	10 965.9	41 151.4	33 170.5	57 121.2
西藏自治区	36 352.3	16 645.8	760.3	6 857.5	6 890	2 138
陕西省	780 209.6	116 972.0	8 589.3	36 923.6	36 669.9	34 789.2
甘肃省	259 089.2	59 859.9	3 533.5	18 181.8	29 563.4	8 581.2
青海省	17 938.2	10 944.4	190	8 628	1 751.4	375
宁夏回族自治区	46 731.0	20 636.7	1 369.4	5 106	9 529.8	4 631.5
新疆维吾尔自治区	165 673.4	80 579.1	6 271.2	23 047.9	16 964.2	34 295.8

单位:千元

当年 R&D 经费收入							
		非政府资金投入					
科技活动人员工资	科研基建费	企事业单位委托项目经费	金融机构贷款	自筹经费	境外资金	其他收入	科技活动人员工资
4 133 153.8	89 283.2	5 785 945.7	19 034.5	5 039 345.2	12 600.0	120 389.6	554 867.4
93 956.6	0	227 979.4	0	18 273.6	1 957.3	12	7 142.5
105 435.5	0	55 985.8	0	20 540.4	227.2	3 261.0	9 134.6
224 571.5	0	133 696.8	0	208 932.3	36.2	7 131.9	16 960.0
70 002.8	0	114 378.6	2 163	76 526.4	0	0	4 531.7
42 285.7	0	13 610.9	0	65 647.3	0	0	973.1
131 104.9	1 050.3	78 609.5	0	67 188.8	730.9	7 165	13 838.8
136 300	4 616	50 589.6	0	80 201.2	107.1	7 430.3	41 108.3
136 908.6	0	12 173.7	0	12 171.0	0	0	3 457.7
111 845.3	0	209 403.2	0	123 790.0	446.2	2 297.1	9 150.2
228 458.2	632	536 092.1	0	213 886.1	670.3	4 174.8	23 447.7
335 606.2	0	752 932.7	0	551 583.5	1 685.6	6 020.2	69 745.4
184 836.0	9 564.5	145 148.6	9 531.1	404 187.1	55	19 519.5	20 011.3
133 737.9	0	172 734.2	0	149 097.8	204.5	14 265.4	26 622.1
89 104.9	0	151 218.6	0	155 172.1	514.5	6 508.5	18 013
243 726.3	5 892.7	400 367.3	0	315 017.0	2 882.8	1 878.7	40 620.5
166 628.4	57 700	466 289.1	447.7	374 872.2	0	1 840	34 712.3
95 007.0	6 741.0	340 326.7	0	78 900.5	445.1	2 010.3	19 032.4
246 123.0	1 500	229 101.5	0	271 181.7	721.4	26 788.5	13 551.9
299 963.3	500	543 355.8	0	578 654.3	1 850.9	63	61 528.9
137 151.7	176.8	107 481.6	0	111 403.6	0	3 651.5	12 261.1
21 174.6	0	22 398.4	0	29 691.4	0	40	20 041.4
181 773.6	0	193 669.5	0	268 025.2	0	17.8	10 130.8
218 178.2	0	210 582.4	0	322 901.3	0	70	26 543.6
104 560.4	0	78 741.2	0	187 129.9	0	398	4 550.4
144 683.4	0	43 436.7	6 892.7	133 028.3	0	1 488.8	19 748.4
5 889.2	0	6 968.3	0	6 849	0	0	0
119 055.5	0	405 846.6	0	112 337.7	0	0	25 997.9
64 719.2	910	50 869.1	0	81 428.1	0	84	1 218.9
6 203	0	133	0	657.8	0	0	0
7 827.2	0	9 240.4	0	7 882.2	0	375	769.6
46 335.5	0	22 584.7	0	12 187.7	65	3 898.3	23

8. 各省、市、自治区所属高等学校人文、社会科学研究与发展经费情况表(二)

单位:千元

	当年 R&D 经费支出									
	合计	内部支出								转拨给外单位经费
		小计	科研人员费	业务费	科研基建费	仪器设备费	图书资料费	间接费	其他	
合计	20 954 622.1	20 745 252.5	6 949 549.1	9 525 558.6	125 097.7	1 113 499.4	1 474 326.7	1 261 221.8	295 999.3	209 369.6
北京市	679 807.5	671 785.7	128 374.1	427 994.3	0	11 660.6	19 613.9	73 110.9	11 031.9	8 021.8
天津市	229 789.7	228 564.0	123 600.8	75 742.4	15.096	4 925.3	7 729.9	13 784.1	2 766.5	1 225.7
河北省	742 018.8	741 173.5	279 264.4	265 868.1	0	106 085.9	71 488.7	18 445.3	21.1	845.3
山西省	309 548.6	309 332.7	96 606.8	156 985.5	1 389.515	13 123.3	28 584.2	12 643.4	0	216.0
内蒙古自治区	188 875.8	187 913.7	71 001.8	98 957.2	0	6 929.1	4 361.0	5 524.1	1 140.6	962.2
辽宁省	452 604.6	437 038.7	200 491.3	134 130.9	440.3	35 615.2	28 189.9	26 699.4	11 471.7	15 565.8
吉林省	424 008.8	417 777.1	228 938.8	101 681.7	15 970	24 818.2	26 262.9	18 292.1	1 813.4	6 231.7
黑龙江省	203 250.8	202 777.2	146 782.8	41 780.3	0	903.8	5 007.3	8 303.0	0	473.6
上海市	986 627.1	980 598.2	177 469.0	628 199.2	0	70 368.7	66 137.7	31 746.5	6 677.1	6 028.9
江苏省	1 258 777.1	1 243 754.2	312 842.0	554 313.7	491	78 969.8	126 767.9	123 143.8	47 226.1	15 022.9
浙江省	2 188 884.8	2 131 161.1	675 448.6	1 040 796.5	5 000	81 845.6	145 652.2	161 632.7	20 785.5	57 723.7
安徽省	1 093 140.1	1 087 696.6	439 082.5	376 903.8	12 870.176	83 876.9	81 910.7	71 763.6	21 289	5 443.6
福建省	743 942.1	741 610.5	286 940.7	264 980.8	0	71 640.6	45 082.0	65 052.1	7 914.3	2 331.6
江西省	512 693.9	494 514.7	142 517.2	228 405.6	4 171.726	49 342.6	47 932.8	20 044.4	2 100.4	18 179.2
山东省	1 134 880.6	1 107 353.1	444 206.1	497 186.9	4 768.36	41 147.2	51 088.4	61 323.4	7 632.8	27 527.6

续表

	当年 R&D 经费支出									
	合计	内部支出								转拨给外单位经费
		小计	科研人员费	业务费	科研基建费	仪器设备费	图书资料费	间接费	其他	
河南省	1 228 746.0	1 227 161.8	370 762.7	444 305.5	60 175	58 840.0	135 904.4	92 689.4	64 484.9	1 584.3
湖北省	670 388.8	663 896.4	152 273.1	379 683.2	5 773.723	28 989.6	39 956.1	42 170.4	15 050.4	6 492.3
湖南省	1 124 108.5	1 122 949.9	462 169.8	435 093.6	1 185.9	67 095.9	74 591.8	52 194.8	30 618.2	1 158.6
广东省	2 271 576.4	2 265 433.1	570 403.6	1 222 608.3	10 214.353	137 255.7	200 734.4	124 116.8	100.01	6 143.3
广西壮族自治区	569 968.4	564 341.7	209 419.8	253 310.4	516.8	16 696.3	36 836.5	28 657.3	18 904.7	5 626.7
海南省	129 862.6	129 852.6	57 286.7	44 387.4	0	5 822.7	7 178.5	9 299.6	5 877.6	10
重庆市	741 510.4	740 822.9	248 428.6	408 207.6	548.79	20 663.6	24 945.9	38 000.1	28.4	687.5
四川省	907 101.8	902 669.9	384 039.5	390 833.0	0	26 229.1	42 147.5	56 497.8	2 923.0	4 431.9
贵州省	462 316.3	462 016.5	167 446.2	196 141.9	0	10 683.7	45 254.5	42 487.4	2.66	299.8
云南省	520 127.4	519 204.2	191 868.6	272 928.6	0	5 172.2	24 194.0	11 235.3	13 805.7	923.1
西藏自治区	37 061.3	36 861.3	5 894.2	21 957.3	665	1 183.1	3 089.7	3 162.6	909.4	200
陕西省	725 183.3	713 182.8	203 490.0	395 428.0	0	31 999.0	60 376.1	21 623.6	266	12 000.5
甘肃省	218 164.2	217 164.3	107 197.6	72 324.9	902	13 977.6	16 664.7	5 911.9	185.5	999.9
青海省	18 639.8	18 639.8	6 428.7	8 803.8	0	32.7	3 031.9	104.7	238.0	0
宁夏回族自治区	46 976.2	45 830.4	10 378.2	25 726.3	0	6 640.3	980.6	1 903.8	201.3	1 145.8
新疆维吾尔自治区	134 040.1	132 173.8	48 495.3	59 892.1	0	965.0	2 630.8	19 657.5	533.1	1 866.3

9. 各省、市、自治区所属高等学校人文、社会科学研究与发展经费情况表(三)

单位:千元

	当年 R&D 经费内部支出							
	合计	基础研究支出	应用研究支出	试验发展支出	政府资金	企业资金	境外资金	其他资金
合计	20 745 252.5	7 777 812.8	12 956 412.8	11 026.9	11 795 850.8	7 231 748.7	17 415.7	1 700 237.4
北京市	671 785.7	136 315.7	535 424.0	46.1	376 496.3	272 630.7	3 088.7	19 570.0
天津市	228 564.0	65 662.6	160 894.1	2 007.3	164 375.0	54 321.1	229.3	9 638.7
河北省	741 173.5	208 335.6	532 282.1	555.7	407 657.6	250 177.0	45.9	83 293.0
山西省	309 332.7	110 142.8	199 189.9	0	182 686.7	117 625.5	0	9 020.4
内蒙古自治区	187 913.7	107 313.2	80 600.4	0	139 567.3	16 753.0	0	31 593.4
辽宁省	437 038.7	174 760.4	261 711.1	567.2	290 467.6	104 759.7	568.4	41 243.0
吉林省	417 777.1	156 482.1	261 185.3	109.8	288 857.2	58 202.5	1 076.4	69 641.0
黑龙江省	202 777.2	146 506.4	56 270.8	0	183 779.4	10 886.9	0	8 110.9
上海市	980 598.2	450 257.8	530 271.9	68.5	581 416.5	311 525.3	1 476.0	86 180.4
江苏省	1 243 754.2	385 290.4	858 429.1	34.8	615 811.7	526 078.4	350.7	101 513.5
浙江省	2 131 161.1	839 746.0	1 291 415.1	0	1 083 519.0	964 264.8	1 314.7	82 062.6
安徽省	1 087 696.6	468 132.3	618 736.3	828.1	729 023.7	244 342.0	0	114 330.9
福建省	741 610.5	107 144.3	634 457.8	8.4	442 359.5	236 937.9	104.8	62 208.4
江西省	494 514.7	254 464.6	240 036.6	13.5	280 932.0	163 856.9	578.6	49 147.2
山东省	1 107 353.1	386 456.9	720 047.4	848.7	626 463.4	409 774.7	3 847.3	67 267.6

续表

	当年 R&D 经费内部支出							
	合计	基础研究支出	应用研究支出	试验发展支出	政府资金	企业资金	境外资金	其他资金
河南省	1 227 161.8	375 167.3	851 994.4	0	562 824.2	525 487.7	0	138 849.9
湖北省	663 896.4	150 708.4	511 068.7	2 119.3	246 856.4	373 555.4	1 034.6	42 450.1
湖南省	1 122 949.9	468 258.7	654 378.1	313.1	764 776.4	305 612.6	1 132.6	51 428.3
广东省	2 265 433.1	889 075.9	1 373 399.0	2 958.2	1 150 925.7	937 958.1	2 269.3	174 280.2
广西壮族自治区	564 341.7	351 953.7	212 387.9	0	414 622.4	97 402.8	32.2	52 284.2
海南省	129 852.6	33 243.0	96 528.9	80.7	67 983.1	33 224.8	0	28 644.6
重庆市	740 822.9	234 430.3	506 389.3	3.2	419 584.6	248 727.4	0	72 510.9
四川省	902 669.9	231 027.0	671 603.5	39.4	516 528.8	287 154.3	0	98 986.8
贵州省	462 016.5	170 257.8	291 758.7	0	253 629.9	143 370.8	0	65 015.8
云南省	519 204.2	259 138.7	260 065.5	0	388 204.6	67 378.3	93.0	63 528.3
西藏自治区	36 861.3	29 041.9	7 819.5	0	25 666.6	10 412.5	0	782.3
陕西省	713 182.8	419 189.8	293 987.9	5.1	287 928.4	383 770.5	29.3	41 454.7
甘肃省	217 164.3	82 457.6	134 706.7	0	156 790.2	47 945.9	0	12 428.3
青海省	18 639.8	11 284.6	7 355.2	0	17 620.2	334.5	0	685.1
宁夏回族自治区	45 830.4	22 492.1	23 214.2	124.1	21 167.8	9 798.0	0	14 864.6
新疆维吾尔自治区	132 173.8	53 074.9	78 803.2	295.7	107 328.7	17 478.7	144.1	7 222.3

10. 其他部委所属高等学校人文、社会科学研究与发展经费情况表(一)

	合计	政府资金投入				
		科研活动经费	其中:教育部科研经费	其中:中央其他部门科研经费	其中:省、市、自治区科研经费	其中:其他各类地方政府经费
合计	1 119 335.8	516 762.3	126 917.9	241 182.5	109 996.6	38 665.2
中共中央办公厅	1 586.1	611.5	60	491.5	50	10
外交部	9 849.4	7 451.4	4 711.4	2 040	660	40
国防部	8 584	1 827	5	0	1 061	761
国家民族事务委员会	252 885.4	100 792.3	50 965.6	39 503.5	6 643.9	3 679.3
公安部	64 482.1	22 202.4	8 285	11 432.7	2 169.7	315
司法部	7 755.7	1 618	940	548	20	110
工业和信息化部	197 430.9	107 668.6	20 738.3	69 649.8	10 057.3	7 223.2
交通运输部	16 025.3	7 131.3	2 106.5	3 757.1	1 187.8	80
国家卫生健康委员会	1 645.8	600	90	510	0	0
海关总署	9 918.4	2 880.4	1 367	951.2	289	273.2
交通运输部(中国民用航空局)	28 153.0	5 116.5	2 947	1 850	243.0	76.5
中国地震局	4 598.3	875.3	860	12.3	2	1
国务院侨务办公室	310 437.3	130 801.4	2 477	25 379.2	81 575.3	21 369.9
应急管理部	8 053.4	1 488.3	364.3	133	11	980
国家体育总局	41 021.8	15 580.2	6 989	6 443	716	1 432.2
中国科学院	96 786.2	84 736.0	6 356.19	72 591.2	4 105.6	1 683
中国社会科学院	27 668.1	14 754.9	9 746.3	3 548.7	855.1	604.8
中华全国总工会	12 862.1	3 434.4	2 560	604.4	270	0
共青团中央	8 863.6	1 413.1	20	1 326.9	40	26.1
中华全国妇女联合会	10 729.1	5 779.5	5 329.5	410	40	0

单位:千元

当年 R&D 经费收入							
		非政府资金投入					
科技活动人员工资	科研基建费	企事业单位委托项目经费	金融机构贷款	自筹经费	境外资金	其他收入	科技活动人员工资
200 726.1	6 083.2	197 672.0	0	195 964.3	1 077.9	1 049.9	0
391.6	0	262	0	321	0	0	0
1 600	0	798	0	0	0	0	0
5 820	0	493	0	444	0	0	0
58 669.3	6 083.2	47 837.4	0	39 371.2	0	132	0
16 307.2	0	9 355.9	0	16 616.6	0	0	0
3 449.6	0	100	0	2 572.1	0	16	0
37 760.2	0	47 065.4	0	4 401.6	435	100	0
8 695	0	31.5	0	0	0	167.5	0
645.8	0	0	0	400	0	0	0
800	0	6 238.0	0	0	0	0	0
12 015.6	0	10 161.9	0	859	0	0	0
1 751.4	0	1 751.7	0	220	0	0	0
26 731.4	0	33 915.3	0	118 680.7	0	308.5	0
5 126	0	1 129.1	0	310.1	0	0	0
7 620	0	15 945.2	0	1 721	155.4	0	0
5 165	0	1 799.3	0	4 760	0	325.9	0
2 195.1	0	10 692.3	0	0	25.9	0	0
2 259.2	0	7 168.5	0	0	0	0	0
1 302.5	0	861.0	0	5 287.0	0	0	0
2 421.2	0	2 066.7	0	0	461.7	0	0

11. 其他部委所属高等学校人文、社会科学研究与发展经费情况表(二)

单位:千元

	当年 R&D 经费支出									
	合计	内部支出								转拨给外单位经费
		小计	科研人员费	业务费	科研基建费	仪器设备费	图书资料费	间接费	其他	
合计	1 046 526.1	1 022 889.5	254 013.2	603 398.0	4 163.2	38 784.8	51 910.6	62 614.2	8 005.6	23 636.6
中共中央办公厅	2 416.1	2 416.1	391.6	1 286.6	0	63.6	281.0	294.7	98.72	0
外交部	9 705.8	9 067.8	1 800	4 634.4	0	534	1 017	1 082.4	0	638
国防部	8 733.2	8 512.7	6 220	842.7	0	795	43	99	513	220.5
国家民族事务委员会	239 995.7	239 169.8	73 773.7	112 189.9	4 163.2	13 376.1	20 327.9	13 269.5	2 069.3	826.0
公安部	60 637.5	52 830.1	22 148.8	17 655.3	0	7 573.5	3 171.3	2 239.3	41.8	7 807.4
司法部	6 367.0	6 367.0	4 271.2	1 650.8	0	73.6	38.1	325.3	8	0
工业和信息化部	196 415.4	184 441.2	40 969.5	104 632.5	0	6 105.8	14 706.8	15 931.1	2 095.6	11 974.2
交通运输部	15 393.1	15 393.1	9 055	3 738.8	0	643.3	538.4	1 397.7	20	0
国家卫生健康委员会	1 106.9	1 106.9	645.8	206.8	0	0	74.5	89.1	90.6	0
海关总署	6 058.9	6 058.9	850	4 194.4	0	136.1	457.5	420.9	0	0
交通运输部(中国民用航空局)	32 681.3	32 380.3	12 947.6	15 393.4	0	1 620.3	1 415.4	986.5	17	301
中国地震局	4 431.0	4 431.0	1 971.4	2 329.9	0	41.7	36.9	51.1	0	0
国务院侨务办公室	251 387.0	250 928.0	42 045.3	192 213.5	0	682.6	1 694.0	12 109.3	2 183.2	459
应急管理部	7 991.4	7 991.4	5 234	2 395.4	0	93.7	218.4	49.9	0	0
国家体育总局	48 038.5	48 038.5	14 721.5	23 277.5	0	765.8	310.6	8 963.1	0	0
中国科学院	93 188.4	93 188.4	7 530.2	79 174.4	0	1 617.4	1 254.3	3 612.1	0	0
中国社会科学院	24 161.9	23 141.9	2 818	16 629.3	0	11	3 250	433.7	0	1 020
中华全国总工会	12 823.4	12 823.4	2 760.8	5 500.7	0	2 015.6	2 290.8	255.5	0	0
共青团中央	13 007.2	12 616.7	1 402.5	7 411.9	0	2 289.9	383.4	260.7	868.3	390.6
中华全国妇女联合会	11 986.5	11 986.5	2 456.2	8 039.9	0	345.6	401.3	743.4	0	0

12. 其他部委所属高等学校人文、社会科学研究与发展经费情况表(三)

单位:千元

	当年 R&D 经费内部支出							
	合计	基础研究支出	应用研究支出	试验发展支出	政府资金	企业资金	境外资金	其他资金
合计	1 022 889.5	432 032.6	575 790.1	15 066.784	612 906.6	203 769.9	2 957.4	203 255.5
中共中央办公厅	2 416.1	3.8	2 412.3	0	1 813.9	204.8	0	397.4
外交部	9 067.8	5 594.4	3 473.4	0	7 950.0	1 117.8	0	0
国防部	8 512.7	8 087.3	425.4	0	7 909.1	603.6	0	0
国家民族事务委员会	239 169.8	129 572.0	109 484.6	113.2	161 487.3	58 848.7	194.8	18 638.9
公安部	52 830.1	22 855.8	29 858.1	116.2	37 251.7	7 572.0	0	8 006.4
司法部	6 367.0	1 056.7	5 310.3	0	5 840.8	229.7	0	296.5
工业和信息化部	184 441.2	108 413.1	75 951.2	77.0	139 447.4	42 620.3	325	2 048.5
交通运输部	15 393.1	9 166.4	5 535.6	691.2	14 710.9	666.3	0	15.9
国家卫生健康委员会	1 106.9	409.0	697.9	0	1 021.9	0	0	85
海关总署	6 058.9	5 511.3	547.5	0	2 056.2	3 993.7	0	9.0
交通运输部(中国民用航空局)	32 380.3	2 686.7	29 693.6	0	15 833.9	15 317.5	0	1 229.0
中国地震局	4 431.0	259.3	4 171.7	0	2 172.4	2 258.5	0	0
国务院侨务办公室	250 928.0	89 826.8	161 101.2	0	68 340.4	17 862.2	0	164 725.3
应急管理部	7 991.4	2 776.6	5 214.8	0	5 768.7	2 222.7	0	0
国家体育总局	48 038.5	6 089.3	41 949.1	0	26 046.6	21 769.5	222.4	0
中国科学院	93 188.4	21 726.2	57 611.9	13 850.4	85 666.5	2 754.3	0	4 767.7
中国社会科学院	23 141.9	9 898.0	13 243.9	0	14 342.3	8 763.8	35.8	0
中华全国总工会	12 823.4	2 249.5	10 573.9	0	3 796.1	9 027.4	0	0
共青团中央	12 616.7	5 246.0	7 151.8	218.8	5 994.5	3 544.6	41.9	3 035.8
中华全国妇女联合会	11 986.5	604.4	11 382.1	0	5 456.2	4 392.6	2 137.6	0

13. 各类高等学校用于人文、社会科学基础研究、应用研究、试验发展的经费情况表

单位：千元

		合计		基础研究		应用研究		试验发展	
		当年拨入	当年支出	当年拨入	当年支出	当年拨入	当年支出	当年拨入	当年支出
	合计	16 189 416.4	14 410 602.3	5 906 050.8	5 236 729.8	10 261 476.6	9 152 517.9	21 888.9	21 354.7
按学校隶属关系划分	教育部直属院校	5 642 758.3	4 864 196.1	2 040 410.8	1 813 118.3	3 596 633.8	3 047 406.5	5 713.7	3 671.2
	其他部委院校	653 778.7	585 672.4	263 556.9	242 710.3	377 049.8	329 897.5	13 172	13 064.5
	地方院校	9 892 879.4	8 960 733.9	3 602 083.1	3 180 901.2	6 287 793.1	5 775 213.8	3 003.2	4 618.9
按学校规格划分	本科院校	15 588 155.7	13 873 276.4	5 768 692.5	5 111 439.8	9 798 355.0	8 741 012.3	21 108.3	20 824.4
	专科院校	601 260.6	537 325.9	137 358.3	125 290.0	463 121.7	411 505.6	780.6	530.3
按学校类型划分	综合大学	6 187 920.8	5 388 291.8	2 396 448.6	2 122 917.0	3 777 884.1	3 251 277.1	13 588.1	14 097.8
	理工农医院校	4 281 432.2	3 808 630.7	1 240 264.1	1 107 963.4	3 037 575.2	2 695 381.5	3 592.9	5 285.9
	高等师范院校	2 652 914.4	2 412 388.6	1 251 149.5	1 126 505.9	1 398 586.8	1 285 053.3	3 178.1	829.3
	语言院校	497 975.0	401 748.2	180 659.1	155 774.4	317 116.0	245 655.3	200	318.5
	财经院校	1 442 178.7	1 386 414.6	338 721.7	301 052.5	1 102 370.0	1 084 952.4	1 087	409.7
	政法院校	316 374.7	318 314.9	74 828.1	93 100.3	241 342.8	224 986.6	203.8	228.0
	体育院校	128 775.4	125 075.5	34 024.9	27 897.2	94 750.5	97 173.7	0	4.5
	艺术院校	454 999.8	359 103.7	229 036.0	162 887.0	225 954.7	196 095.7	9.0	121.0
	民族院校	226 845.4	210 634.3	160 918.8	138 632.1	65 896.5	71 942.2	30	60

14. 各省、市、自治区高等学校用于人文、社会科学基础研究、应用研究、试验发展的经费情况表

单位：千元

	合计		基础研究		应用研究		试验发展	
	当年拨入	当年支出	当年拨入	当年支出	当年拨入	当年支出	当年拨入	当年支出
合计	16 189 416.4	14 410 602.3	5 906 050.8	5 236 729.8	10 261 476.6	9 152 517.9	21 888.9	21 354.7
北京市	2 635 599.6	2 402 141.8	754 728.3	660 617.4	1 863 762.3	1 726 340.9	17 108.9	15 183.5
天津市	223 907.6	240 864.0	80 543.4	105 710.7	143 302.2	133 811.3	62.1	1 342.0
河北省	230 589.0	240 455.0	66 155.5	60 531.5	164 358	179 738.4	75.5	185
山西省	178 124.7	131 042.3	62 980.5	40 740.5	115 144.2	90 301.7	0	0
内蒙古自治区	112 526.9	106 035.0	67 420.8	59 358.2	45 106.1	46 676.8	0	0
辽宁省	281 184.6	282 445.0	107 676.6	102 542.5	173 254.0	179 193.7	254	708.8
吉林省	284 663.6	247 761.6	117 836.0	102 178.0	166 795.6	145 564.9	32	18.7
黑龙江省	84 602.0	74 892.0	52 849.8	47 887.1	31 752.2	27 005.0	0	0
上海市	1 250 383.6	1 039 835.3	479 788.5	463 091.6	770 575.1	576 738.7	20	5
江苏省	1 217 460.8	1 073 193.6	356 557.8	314 831.4	860 898.1	758 353.4	5	8.8
浙江省	1 340 810.7	1 078 918.1	603 154.0	446 272.7	737 656.7	632 645.4	0	0
安徽省	369 820.8	310 653.2	165 236.8	135 002.7	204 033.9	175 513.6	550.0	136.9
福建省	488 267.0	460 956.4	59 277.3	66 154.1	428 989.7	394 797.8	0	4.6
江西省	273 121.0	242 744.9	108 659.8	102 983.8	164 451.2	139 751.2	10	10
山东省	791 015.9	653 916.2	303 073.2	261 510.7	487 637.7	392 125.2	305	280.3

续表

	合计		基础研究		应用研究		试验发展	
	当年拨入	当年支出	当年拨入	当年支出	当年拨入	当年支出	当年拨入	当年支出
河南省	612 452.2	587 715.0	146 899.6	139 052.4	465 552.6	448 662.6	0	0
湖北省	890 170.6	871 680.2	283 146.4	302 359.2	603 927.3	566 717.0	3 096.9	2 604.1
湖南省	496 476.4	413 672.2	181 198.0	155 729.5	315 235.7	257 889.7	42.7	53.0
广东省	1 404 432.9	1 232 801.9	520 365.1	493 499.4	883 963.2	738 840.1	104.6	462.4
广西壮族自治区	368 615.2	322 893.5	239 509.4	217 807.0	129 105.8	105 086.5	0	0
海南省	56 811.7	52 331.8	15 165.3	13 429.1	41 581.3	38 857.2	65	45.5
重庆市	549 378.1	470 075.2	161 401.7	127 371.9	387 976.4	342 702.3	0	1
四川省	617 102.2	576 510.4	186 194.2	164 493.9	430 866.0	411 945.2	42	71.3
贵州省	166 421.6	168 053.5	65 851.9	65 972.3	100 569.6	102 081.3	0	0
云南省	175 421.4	190 033.6	121 247.7	83 092.7	54 173.7	106 940.9	0	0
西藏自治区	21 524.8	20 908.0	18 936.8	16 526.9	2 588	4 381.2	0	0
陕西省	732 199.6	627 212.4	438 050.9	370 191.5	294 148.7	257 016.9	0	4
甘肃省	191 927.3	162 442.1	82 180.9	64 776.8	109 746.4	97 665.3	0	0
青海省	11 627.2	12 211.1	7 365	7 475.7	4 262.2	4 735.5	0	0
宁夏回族自治区	32 298.3	35 492.4	16 093.4	14 582.1	16 202.9	20 868.2	2	42
新疆维吾尔自治区	100 479.3	80 714.5	36 506.1	30 956.7	63 860.0	49 570.0	113.1	187.8

15. 各省、市、自治区所属高等学校用于人文、社会科学基础研究、应用研究、试验发展的经费情况表

单位:千元

	合计		基础研究		应用研究		试验发展	
	当年拨入	当年支出	当年拨入	当年支出	当年拨入	当年支出	当年拨入	当年支出
合计	9 892 879.4	8 960 733.9	3 602 083.1	3 180 901.2	6 287 793.1	5 775 213.8	3 003.2	4 618.9
北京市	372 474.9	337 816.1	85 162.3	66 725.2	287 310.8	271 064.7	1.8	26.1
天津市	93 795.0	86 701.4	22 041.7	21 122.3	71 691.2	64 312.1	62.1	1 267.0
河北省	223 796.9	234 327.3	65 073.0	59 877.0	158 648.3	174 265.3	75.5	185
山西省	178 124.7	131 042.3	62 980.5	40 740.5	115 144.2	90 301.7	0	0
内蒙古自治区	112 526.9	106 035.0	67 420.8	59 358.2	45 106.1	46 676.8	0	0
辽宁省	203 493.8	203 737.7	73 743.1	61 759.9	129 707.7	141 685.7	43	292.1
吉林省	132 584.8	133 711.5	45 425.8	43 913.9	87 127.0	89 778.9	32	18.7
黑龙江省	59 493.0	53 336.9	36 894.7	36 698.9	22 598.3	16 638.0	0	0
上海市	402 759.0	362 037.2	132 212.4	137 249.8	270 526.5	224 782.4	20	5
江苏省	851 355.6	791 847.9	252 104.0	239 461.1	599 246.6	552 378.0	5	8.8
浙江省	1 065 806.6	869 653.9	453 940.5	354 285.4	611 866.1	515 368.4	0	0
安徽省	340 805.0	288 484.6	145 167.8	120 194.5	195 087.2	168 153.1	550.0	136.9
福建省	297 555.3	271 299.4	29 178.0	34 497.6	268 377.4	236 797.2	0	4.6
江西省	273 121.0	242 744.9	108 659.8	102 983.8	164 451.2	139 751.2	10	10
山东省	577 977.6	503 256.4	182 023.2	176 321.1	395 649.4	326 655.0	305	280.3
河南省	612 222.2	587 341.6	146 849.6	138 914.2	465 372.6	448 427.4	0	0
湖北省	441 238.3	476 907.8	100 174.5	104 922.0	339 504.5	370 408.5	1 559.3	1 577.3
湖南省	409 603.4	320 038.7	148 490.2	118 917.9	261 070.5	201 067.8	42.7	53.0
广东省	967 503.3	875 385.6	370 399.1	348 666.9	596 999.7	526 256.2	104.6	462.4
广西壮族自治区	368 615.2	322 893.5	239 509.4	217 807.0	129 105.8	105 086.5	0	0
海南省	56 811.7	52 331.8	15 165.3	13 429.1	41 581.3	38 857.2	65	45.5
重庆市	335 980.9	284 123.4	132 153.4	106 097.5	203 827.5	178 024.9	0	1
四川省	369 453.7	368 010.8	70 528.2	65 569.2	298 913.5	302 430.4	12	11.3
贵州省	166 421.6	168 053.5	65 851.9	65 972.3	100 569.6	102 081.3	0	0
云南省	175 421.4	190 033.6	121 247.7	83 092.7	54 173.7	106 940.9	0	0
西藏自治区	21 524.8	20 908.0	18 936.8	16 526.9	2 588	4 381.2	0	0
陕西省	536 702.7	483 493.1	317 656.8	275 334.8	219 045.9	208 154.3	0	4
甘肃省	113 149.9	82 812.2	38 281.0	22 249.1	74 869.0	60 563.1	0	0
青海省	11 627.2	12 211.1	7 365	7 475.668	4 262.2	4 735.5	0	0
宁夏回族自治区	20 453.7	19 442.1	10 940.5	9 780.0	9 511.2	9 620.1	2	42
新疆维吾尔自治区	100 479.3	80 714.5	36 506.1	30 956.7	63 860.0	49 570.0	113.1	187.8

16. 其他部委所属高等学校用于人文、社会科学基础研究、应用研究、试验发展的经费情况表

单位：千元

	合计		基础研究		应用研究		试验发展	
	当年拨入	当年支出	当年拨入	当年支出	当年拨入	当年支出	当年拨入	当年支出
合计	653 778.7	585 672.4	263 556.9	242 710.3	377 049.8	329 897.5	13 172	13 064.5
中共中央办公厅	1 194.5	2 024.5	0	3.21	1 194.5	2 021.3	0	0
外交部	3 718	3 774.4	2 540	2 355	1 178	1 419.4	0	0
国防部	1 720	1 641.2	1 648	1 556.2	72	85	0	0
国家民族事务委员会	113 649.4	104 400.8	69 073.9	57 124.6	44 545.6	47 216.2	30	60
公安部	25 074.5	27 350.2	7 787.0	18 270.3	17 137.5	9 004.9	150	75
司法部	1 974	673.7	646	111.8	1 328	561.9	0	0
工业和信息化部	142 311.3	145 889.4	73 519.2	80 638.3	68 762.0	65 183.2	30	68
交通运输部	5 980.3	5 248.1	3 338.8	3 125.2	2 611.6	1 887.3	30	235.7
国家卫生健康委员会	1 000	461.1	350	170.4	650	290.7	0	0
海关总署	7 978.4	4 042.0	7 521.4	3 676.7	457.0	365.3	0	0
交通运输部(中国民用航空局)	13 002.4	16 866.7	646.9	623.7	12 355.5	16 243.0	0	0
中国地震局	1 826.9	1 659.6	126.5	97.1	1 700.4	1 562.5	0	0
国务院侨务办公室	194 177.3	135 236.4	67 540.8	47 657.2	126 636.5	87 579.2	0	0
应急管理部	1 600.1	1 951.2	126	152.7	1 474.1	1 798.5	0	0
国家体育总局	24 970.8	28 424.0	1 820	3 603.0	23 150.8	24 821.0	0	0
中国科学院	83 195.0	78 250.4	18 818.1	14 803.2	51 496.9	50 907.2	12 880	12 540
中国社会科学院	16 233.0	11 780.3	5 155.5	4 922.3	11 077.5	6 858.0	0	0
中华全国总工会	8 112.9	7 747.0	1 478	1 359	6 634.9	6 388.0	0	0
共青团中央	2 859.0	5 225.2	1 230.8	2 307.9	1 576.2	2 831.4	52	85.9
中华全国妇女联合会	3 200.9	3 026.1	190	152.6	3 010.9	2 873.5	0	0

17. 全国高等学校人文、社会科学研究与发展经费情况表

经费名称	编号	经费(千元)
上年结转经费	1	16 391 744.5
当年经费收入合计	2	31 248 184.7
政府资金投入	3	15 529 108.4
科研活动经费	4	10 309 360.1
其中:教育部科研项目经费	5	400 449.4
教育部其他科研经费	6	1 262 449.6
其中:中央高校基本科研业务费	7	665 589.4
中央其他部门科研项目经费	8	2 829 258.5
省市自治区社科基金项目	9	636 608.0
省教育厅科研项目经费	10	592 968.9
省教育厅其他科研经费	11	2 039 272.7
其他各类地方政府经费	12	2 548 352.9
科技活动人员工资	13	5 120 381.9
科研基建费	14	99 366.4
非政府资金投入	15	15 719 076.3
企事业单位委托项目经费	16	9 148 181.8
金融机构贷款	17	19 034.5
自筹经费	18	5 655 865.3
境外资金	19	124 431.7
其中:港澳台地区合作项目经费	20	13 661.6
其他收入	21	216 695.6
科技活动人员工资	22	554 867.4
当年 R&D 经费支出合计	23	29 478 514.3
转拨给外单位经费	24	395 599.1
其中:对国内研究机构支出	25	44 536.1
对国内高等学校支出	26	84 006.7
对国内企业支出	27	142 059.0
对境外机构支出	28	243.9
R&D 内部支出经费	29	29 082 915.3
其中:基础研究支出	30	10 954 788.4
应用研究支出	31	18 096 906.3
试验与发展支出	32	31 220.6
其中:政府资金	33	16 220 796.6
企业资金	34	10 730 035.3
境外资金	35	149 715.8
其他资金	36	1 982 367.5
科研人员费	37	8 375 580.2
业务费	38	14 478 824.2
科研基建费	39	134 560.9
仪器设备费	40	1 441 279.4
其中:单价在万元以上的设备费	41	299 113.0
图书资料费	42	2 002 968.7
间接费	43	2 202 033.5
其中:管理费	44	614 844.0
其他支出	45	447 668.3
当年结余经费	46	18 161 414.8
银行存款	47	18 059 735.3
暂付款	48	101 679.5

18. 本科院校人文、社会科学研究与发展经费情况表

经费名称	编号	经费(千元)
上年结转经费	1	15 895 056.5
当年经费收入合计	2	29 181 452.6
政府资金投入	3	14 328 857.3
科研活动经费	4	9 867 579.2
其中:教育部科研项目经费	5	388 780.3
教育部其他科研经费	6	1 245 803.7
其中:中央高校基本科研业务费	7	664 369.4
中央其他部门科研项目经费	8	2 818 473.7
省市自治区社科基金项目	9	610 401.4
省教育厅科研项目经费	10	517 359.3
省教育厅其他科研经费	11	1 949 830.6
其他各类地方政府经费	12	2 336 930.3
科技活动人员工资	13	4 430 068.8
科研基建费	14	31 209.2
非政府资金投入	15	14 852 595.3
企事业单位委托项目经费	16	8 846 834.3
金融机构贷款	17	18 586.8
自筹经费	18	5 165 032.5
境外资金	19	123 182.1
其中:港澳台地区合作项目经费	20	13 661.6
其他收入	21	205 672.1
科技活动人员工资	22	493 287.3
当年 R&D 经费支出合计	23	27 512 340.7
转拨给外单位经费	24	384 137.2
其中:对国内研究机构支出	25	44 098.2
对国内高等学校支出	26	82 561.2
对国内企业支出	27	138 919.0
对境外机构支出	28	243.9
R&D 内部支出经费	29	27 128 203.5
其中:基础研究支出	30	10 390 040.3
应用研究支出	31	16 708 780.7
试验与发展支出	32	29 382.5
其中:政府资金	33	14 920 020.8
企业资金	34	10 364 273.7
境外资金	35	148 404.4
其他资金	36	1 695 504.7
科研人员费	37	7 440 792.5
业务费	38	13 833 462.5
科研基建费	39	66 132.7
仪器设备费	40	1 339 420.6
其中:单价在万元以上的设备费	41	276 897.5
图书资料费	42	1 898 849.5
间接费	43	2 140 688.8
其中:管理费	44	597 852.3
其他支出	45	408 856.9
当年结余经费	46	17 564 168.4
银行存款	47	17 477 223.5
暂付款	48	86 944.9

19. 专科院校人文、社会科学研究与发展经费情况表

经费名称	编号	经费(千元)
上年结转经费	1	496 688.0
当年经费收入合计	2	2 066 732.1
政府资金投入	3	1 200 251.1
科研活动经费	4	441 780.9
其中:教育部科研项目经费	5	11 669.1
教育部其他科研经费	6	16 645.9
其中:中央高校基本科研业务费	7	1 220
中央其他部门科研项目经费	8	10 784.9
省市自治区社科基金项目	9	26 206.6
省教育厅科研项目经费	10	75 609.6
省教育厅其他科研经费	11	89 442.1
其他各类地方政府经费	12	211 422.6
科技活动人员工资	13	690 313.1
科研基建费	14	68 157.2
非政府资金投入	15	866 481.0
企事业单位委托项目经费	16	301 347.4
金融机构贷款	17	447.7
自筹经费	18	490 832.7
境外资金	19	1 249.6
其中:港澳台地区合作项目经费	20	0.0
其他收入	21	11 023.5
科技活动人员工资	22	61 580.1
当年 R&D 经费支出合计	23	1 966 173.7
转拨给外单位经费	24	11 461.9
其中:对国内研究机构支出	25	437.9
对国内高等学校支出	26	1 445.5
对国内企业支出	27	3 140.0
对境外机构支出	28	0
R&D 内部支出经费	29	1 954 711.8
其中:基础研究支出	30	564 748.1
应用研究支出	31	1 388 125.6
试验与发展支出	32	1 838.1
其中:政府资金	33	1 300 775.9
企业资金	34	365 761.6
境外资金	35	1 311.5
其他资金	36	286 862.8
科研人员费	37	934 787.7
业务费	38	645 361.7
科研基建费	39	68 428.2
仪器设备费	40	101 858.8
其中:单价在万元以上的设备费	41	22 215.5
图书资料费	42	104 119.2
间接费	43	61 344.7
其中:管理费	44	16 991.8
其他支出	45	38 811.4
当年结余经费	46	597 246.4
银行存款	47	582 511.8
暂付款	48	14 734.6

20. 教育部直属院校人文、社会科学研究与发展经费情况表

经费名称	编号	经费(千元)
上年结转经费	1	7 185 343.3
当年经费收入合计	2	8 114 936.3
政府资金投入	3	4 323 806.7
科研活动经费	4	3 533 304.8
其中:教育部科研项目经费	5	151 848.1
教育部其他科研经费	6	979 902.8
其中:中央高校基本科研业务费	7	562 225.1
中央其他部门科研项目经费	8	1 334 821.9
省市自治区社科基金项目	9	140 266.1
省教育厅科研项目经费	10	62 796.0
省教育厅其他科研经费	11	167 208.4
其他各类地方政府经费	12	696 461.5
科技活动人员工资	13	786 502.0
科研基建费	14	4 000
非政府资金投入	15	3 791 129.6
企事业单位委托项目经费	16	3 164 564.1
金融机构贷款	17	0
自筹经费	18	420 555.7
境外资金	19	110 753.8
其中:港澳台地区合作项目经费	20	13 372.4
其他收入	21	95 256.1
科技活动人员工资	22	0
当年 R&D 经费支出合计	23	7 477 366.1
转拨给外单位经费	24	162 592.9
其中:对国内研究机构支出	25	26 022.3
对国内高等学校支出	26	36 990.2
对国内企业支出	27	39 692.5
对境外机构支出	28	0
R&D 内部支出经费	29	7 314 773.2
其中:基础研究支出	30	2 744 943.1
应用研究支出	31	4 564 703.3
试验与发展支出	32	5 126.8
其中:政府资金	33	3 812 039.2
企业资金	34	3 294 516.7
境外资金	35	129 342.7
其他资金	36	78 874.6
科研人员费	37	1 172 017.9
业务费	38	4 349 867.7
科研基建费	39	5 300
仪器设备费	40	288 995.2
其中:单价在万元以上的设备费	41	66 582.8
图书资料费	42	476 731.4
间接费	43	878 197.5
其中:管理费	44	287 537.3
其他支出	45	143 663.5
当年结余经费	46	7 822 913.5
银行存款	47	7 800 097.4
暂付款	48	22 816.1

21. 其他部委院校人文、社会科学研究与发展经费情况表

经费名称	编号	经费(千元)
上年结转经费	1	646 797.2
当年经费收入合计	2	1 119 335.8
政府资金投入	3	723 571.6
科研活动经费	4	516 762.3
其中:教育部科研项目经费	5	15 936.4
教育部其他科研经费	6	110 981.6
其中:中央高校基本科研业务费	7	94 270.3
中央其他部门科研项目经费	8	241 182.5
省市自治区社科基金项目	9	25 201.5
省教育厅科研项目经费	10	7 105.1
省教育厅其他科研经费	11	77 690
其他各类地方政府经费	12	38 665.2
科技活动人员工资	13	200 726.1
科研基建费	14	6 083.2
非政府资金投入	15	395 764.2
企事业单位委托项目经费	16	197 672.0
金融机构贷款	17	0
自筹经费	18	195 964.3
境外资金	19	1 077.9
其中:港澳台地区合作项目经费	20	155.4
其他收入	21	1 049.9
科技活动人员工资	22	0
当年 R&D 经费支出合计	23	1 046 526.1
转拨给外单位经费	24	23 636.6
其中:对国内研究机构支出	25	361.1
对国内高等学校支出	26	2 770.9
对国内企业支出	27	681.7
对境外机构支出	28	0
R&D 内部支出经费	29	1 022 889.5
其中:基础研究支出	30	432 032.6
应用研究支出	31	575 790.1
试验与发展支出	32	15 066.8
其中:政府资金	33	612 906.6
企业资金	34	203 769.9
境外资金	35	2 957.4
其他资金	36	203 255.5
科研人员费	37	254 013.2
业务费	38	603 398.0
科研基建费	39	4 163.2
仪器设备费	40	38 784.8
其中:单价在万元以上的设备费	41	9 060.6
图书资料费	42	51 910.6
间接费	43	62 614.2
其中:管理费	44	18 733.8
其他支出	45	8 005.6
当年结余经费	46	719 606.9
银行存款	47	717 801.7
暂付款	48	1 805.2

22. 地方院校人文、社会科学研究与发展经费情况表

经费名称	编号	经费(千元)
上年结转经费	1	8 559 604.0
当年经费收入合计	2	22 013 912.5
政府资金投入	3	10 481 730.1
科研活动经费	4	6 259 293.1
其中:教育部科研项目经费	5	232 664.9
教育部其他科研经费	6	171 565.2
其中:中央高校基本科研业务费	7	9 094
中央其他部门科研项目经费	8	1 253 254.2
省市自治区社科基金项目	9	471 140.4
省教育厅科研项目经费	10	523 067.8
省教育厅其他科研经费	11	1 794 374.3
其他各类地方政府经费	12	1 813 226.2
科技活动人员工资	13	4 133 153.8
科研基建费	14	89 283.2
非政府资金投入	15	11 532 182.4
企事业单位委托项目经费	16	5 785 945.7
金融机构贷款	17	19 034.5
自筹经费	18	5 039 345.2
境外资金	19	12 600.0
其中:港澳台地区合作项目经费	20	133.8
其他收入	21	120 389.6
科技活动人员工资	22	554 867.4
当年 R&D 经费支出合计	23	20 954 622.1
转拨给外单位经费	24	209 369.6
其中:对国内研究机构支出	25	18 152.7
对国内高等学校支出	26	44 245.6
对国内企业支出	27	101 684.7
对境外机构支出	28	243.9
R&D 内部支出经费	29	20 745 252.5
其中:基础研究支出	30	7 777 812.8
应用研究支出	31	12 956 412.8
试验与发展支出	32	11 026.9
其中:政府资金	33	11 795 850.8
企业资金	34	7 231 748.7
境外资金	35	17 415.7
其他资金	36	1 700 237.4
科研人员费	37	6 949 549.1
业务费	38	9 525 558.6
科研基建费	39	125 097.7
仪器设备费	40	1 113 499.4
其中:单价在万元以上的设备费	41	223 469.7
图书资料费	42	1 474 326.7
间接费	43	1 261 221.8
其中:管理费	44	308 572.9
其他支出	45	295 999.3
当年结余经费	46	9 618 894.4
银行存款	47	9 541 836.2
暂付款	48	77 058.1

23. 综合院校人文、社会科学研究与发展经费情况表

经费名称	编号	经费(千元)
上年结转经费	1	6 272 246.1
当年经费收入合计	2	11 100 881.1
政府资金投入	3	5 219 607.6
科研活动经费	4	3 667 783.3
其中:教育部科研项目经费	5	140 068.4
教育部其他科研经费	6	591 585.0
其中:中央高校基本科研业务费	7	252 436.0
中央其他部门科研项目经费	8	1 126 250.5
省市自治区社科基金项目	9	206 191.5
省教育厅科研项目经费	10	137 812.0
省教育厅其他科研经费	11	476 485.9
其他各类地方政府经费	12	989 390.0
科技活动人员工资	13	1 549 807.4
科研基建费	14	2 017.0
非政府资金投入	15	5 881 273.4
企事业单位委托项目经费	16	3 581 722.9
金融机构贷款	17	6 742.7
自筹经费	18	1 961 262.4
境外资金	19	37 358.2
其中:港澳台地区合作项目经费	20	7 175.8
其他收入	21	116 093.1
科技活动人员工资	22	178 094.1
当年 R&D 经费支出合计	23	10 316 327.2
转拨给外单位经费	24	175 982.8
其中:对国内研究机构支出	25	21 154.3
对国内高等学校支出	26	22 908.9
对国内企业支出	27	75 839.6
对境外机构支出	28	241.9
R&D 内部支出经费	29	10 140 344.4
其中:基础研究支出	30	3 995 510.2
应用研究支出	31	6 125 543.3
试验与发展支出	32	19 290.8
其中:政府资金	33	5 313 251.8
企业资金	34	4 070 481.7
境外资金	35	52 617.6
其他资金	36	703 993.3
科研人员费	37	2 599 472.8
业务费	38	5 313 970.4
科研基建费	39	8 330.1
仪器设备费	40	479 558.3
其中:单价在万元以上的设备费	41	109 533.2
图书资料费	42	726 747.0
间接费	43	842 325.7
其中:管理费	44	238 293.1
其他支出	45	169 940.1
当年结余经费	46	7 056 800.0
银行存款	47	7 015 854.3
暂付款	48	40 945.7

24. 理工农医院校人文、社会科学研究与发展经费情况表

经费名称	编号	经费(千元)
上年结转经费	1	3 529 376.6
当年经费收入合计	2	7 291 399.0
政府资金投入	3	3 506 446.9
科研活动经费	4	2 073 788.5
其中:教育部科研项目经费	5	108 835.5
教育部其他科研经费	6	169 328.6
其中:中央高校基本科研业务费	7	135 579.8
中央其他部门科研项目经费	8	653 440.0
省市自治区社科基金项目	9	173 048.4
省教育厅科研项目经费	10	151 405.3
省教育厅其他科研经费	11	223 414.3
其他各类地方政府经费	12	594 316.4
科技活动人员工资	13	1 427 385.6
科研基建费	14	5 272.8
非政府资金投入	15	3 784 952.1
企事业单位委托项目经费	16	2 576 183.7
金融机构贷款	17	652.7
自筹经费	18	954 679.0
境外资金	19	53 063.9
其中:港澳台地区合作项目经费	20	2 296.6
其他收入	21	39 510.5
科技活动人员工资	22	160 862.3
当年 R&D 经费支出合计	23	6 851 301.9
转拨给外单位经费	24	113 001.5
其中:对国内研究机构支出	25	17 354.7
对国内高等学校支出	26	32 459.6
对国内企业支出	27	32 320.9
对境外机构支出	28	0
R&D 内部支出经费	29	6 738 300.4
其中:基础研究支出	30	2 119 212.6
应用研究支出	31	4 611 216.8
试验与发展支出	32	7 871.0
其中:政府资金	33	3 775 195.4
企业资金	34	2 522 168.5
境外资金	35	52 843.5
其他资金	36	388 093.1
科研人员费	37	2 148 559.0
业务费	38	3 240 712.4
科研基建费	39	14 601.0
仪器设备费	40	243 663.5
其中:单价在万元以上的设备费	41	42 926.4
图书资料费	42	462 074.8
间接费	43	515 176.7
其中:管理费	44	188 565.2
其他支出	45	113 512.9
当年结余经费	46	3 969 473.8
银行存款	47	3 943 785.3
暂付款	48	25 688.5

25. 师范院校人文、社会科学研究与发展经费情况表

经费名称	编号	经费(千元)
上年结转经费	1	2 603 592.3
当年经费收入合计	2	5 894 024.4
政府资金投入	3	2 934 536.1
科研活动经费	4	1 879 672.3
其中:教育部科研项目经费	5	79 806.4
教育部其他科研经费	6	172 914.7
其中:中央高校基本科研业务费	7	71 109
中央其他部门科研项目经费	8	409 592.0
省市自治区社科基金项目	9	120 298.2
省教育厅科研项目经费	10	129 675.6
省教育厅其他科研经费	11	568 861.7
其他各类地方政府经费	12	398 523.6
科技活动人员工资	13	1 049 139.8
科研基建费	14	5 724
非政府资金投入	15	2 959 488.3
企事业单位委托项目经费	16	1 516 542.2
金融机构贷款	17	0
自筹经费	18	1 388 008.5
境外资金	19	13 056.3
其中:港澳台地区合作项目经费	20	3 547.6
其他收入	21	29 871.1
科技活动人员工资	22	12 010.2
当年 R&D 经费支出合计	23	5 594 295.2
转拨给外单位经费	24	35 444.5
其中:对国内研究机构支出	25	1 026.6
对国内高等学校支出	26	4 138.5
对国内企业支出	27	7 768.9
对境外机构支出	28	0
R&D 内部支出经费	29	5 558 850.7
其中:基础研究支出	30	2 609 142.8
应用研究支出	31	2 947 969.4
试验与发展支出	32	1 738.5
其中:政府资金	33	3 114 795.1
企业资金	34	2 093 909.8
境外资金	35	15 473.2
其他资金	36	334 672.6
科研人员费	37	1 729 795.1
业务费	38	2 540 472.8
科研基建费	39	7 995.4
仪器设备费	40	397 182.0
其中:单价在万元以上的设备费	41	74 906.3
图书资料费	42	440 389.8
间接费	43	358 849.6
其中:管理费	44	84 108.5
其他支出	45	84 166.0
当年结余经费	46	2 903 321.5
银行存款	47	2 885 178.4
暂付款	48	18 143.1

26. 语言院校人文、社会科学研究与发展经费情况表

经费名称	编号	经费(千元)
上年结转经费	1	705 024.3
当年经费收入合计	2	1 171 925.1
政府资金投入	3	593 341.5
科研活动经费	4	436 989.9
其中:教育部科研项目经费	5	17 203.0
教育部其他科研经费	6	64 109.2
其中:中央高校基本科研业务费	7	52 500
中央其他部门科研项目经费	8	85 806.6
省市自治区社科基金项目	9	25 855.1
省教育厅科研项目经费	10	14 117.7
省教育厅其他科研经费	11	133 289.9
其他各类地方政府经费	12	96 608.4
科技活动人员工资	13	156 351.6
科研基建费	14	0
非政府资金投入	15	578 583.6
企事业单位委托项目经费	16	249 317.3
金融机构贷款	17	0
自筹经费	18	272 365.8
境外资金	19	4 759.9
其中:港澳台地区合作项目经费	20	212.7
其他收入	21	10 974.9
科技活动人员工资	22	41 165.6
当年 R&D 经费支出合计	23	1 096 484.1
转拨给外单位经费	24	19 462.9
其中:对国内研究机构支出	25	343.4
对国内高等学校支出	26	3 130.3
对国内企业支出	27	15 493.7
对境外机构支出	28	0
R&D 内部支出经费	29	1 077 021.1
其中:基础研究支出	30	412 205.5
应用研究支出	31	664 374.6
试验与发展支出	32	441.0
其中:政府资金	33	657 655.5
企业资金	34	341 365.9
境外资金	35	6 031.6
其他资金	36	71 968.1
科研人员费	37	289 132.9
业务费	38	573 327.0
科研基建费	39	10 370
仪器设备费	40	48 307.1
其中:单价在万元以上的设备费	41	11 257.3
图书资料费	42	53 133.8
间接费	43	99 762.6
其中:管理费	44	18 540.1
其他支出	45	2 987.7
当年结余经费	46	780 465.3
银行存款	47	779 486.3
暂付款	48	979.1

27. 财经院校人文、社会科学研究与发展经费情况表

经费名称	编号	经费(千元)
上年结转经费	1	1 777 507.0
当年经费收入合计	2	3 316 966.8
政府资金投入	3	1 801 841.2
科研活动经费	4	1 236 700.8
其中:教育部科研项目经费	5	37 682.2
教育部其他科研经费	6	123 981.5
其中:中央高校基本科研业务费	7	73 829.5
中央其他部门科研项目经费	8	304 560.9
省市自治区社科基金项目	9	68 193.7
省教育厅科研项目经费	10	76 731.8
省教育厅其他科研经费	11	347 220.4
其他各类地方政府经费	12	278 330.3
科技活动人员工资	13	555 581.0
科研基建费	14	9 559.5
非政府资金投入	15	1 515 125.6
企事业单位委托项目经费	16	670 690.2
金融机构贷款	17	11 639.1
自筹经费	18	679 333.0
境外资金	19	3 140.6
其中:港澳台地区合作项目经费	20	192.6
其他收入	21	9 042.4
科技活动人员工资	22	141 280.2
当年 R&D 经费支出合计	23	3 210 681.2
转拨给外单位经费	24	18 790.8
其中:对国内研究机构支出	25	854.6
对国内高等学校支出	26	11 595.9
对国内企业支出	27	3 001.0
对境外机构支出	28	2
R&D 内部支出经费	29	3 191 890.4
其中:基础研究支出	30	717 310.5
应用研究支出	31	2 473 557.0
试验与发展支出	32	1 023.0
其中:政府资金	33	1 969 978.7
企业资金	34	949 449.3
境外资金	35	5 508.5
其他资金	36	266 953.9
科研人员费	37	1 040 791.8
业务费	38	1 484 474.9
科研基建费	39	18 090.3
仪器设备费	40	133 856.8
其中:单价在万元以上的设备费	41	29 014.6
图书资料费	42	199 194.6
间接费	43	259 195.2
其中:管理费	44	60 677.7
其他支出	45	56 286.8
当年结余经费	46	1 883 792.7
银行存款	47	1 878 101.1
暂付款	48	5 691.5

28. 政法院校人文、社会科学研究与发展经费情况表

经费名称	编号	经费(千元)
上年结转经费	1	601 077.5
当年经费收入合计	2	653 756.9
政府资金投入	3	406 250.1
科研活动经费	4	291 268.4
其中:教育部科研项目经费	5	4 766.9
教育部其他科研经费	6	33 475
其中:中央高校基本科研业务费	7	24 810
中央其他部门科研项目经费	8	96 172.9
省市自治区社科基金项目	9	17 359.5
省教育厅科研项目经费	10	8 912.0
省教育厅其他科研经费	11	64 907.5
其他各类地方政府经费	12	65 674.6
科技活动人员工资	13	114 981.7
科研基建费	14	0
非政府资金投入	15	247 506.7
企事业单位委托项目经费	16	106 486.9
金融机构贷款	17	0
自筹经费	18	128 198.8
境外资金	19	12 129.5
其中:港澳台地区合作项目经费	20	0
其他收入	21	691.6
科技活动人员工资	22	0
当年 R&D 经费支出合计	23	654 740.9
转拨给外单位经费	24	15 052.1
其中:对国内研究机构支出	25	811.9
对国内高等学校支出	26	2 014.9
对国内企业支出	27	1 992.8
对境外机构支出	28	0
R&D 内部支出经费	29	639 688.8
其中:基础研究支出	30	225 276.0
应用研究支出	31	413 910.6
试验与发展支出	32	502.2
其中:政府资金	33	432 956.2
企业资金	34	152 689.5
境外资金	35	16 002.8
其他资金	36	38 040.2
科研人员费	37	163 685.2
业务费	38	360 855.2
科研基建费	39	1 300
仪器设备费	40	38 227.6
其中:单价在万元以上的设备费	41	9 324.4
图书资料费	42	26 981.3
间接费	43	43 256.9
其中:管理费	44	4 484.3
其他支出	45	5 382.6
当年结余经费	46	600 093.5
银行存款	47	599 158.9
暂付款	48	934.6

29. 艺术院校人文、社会科学研究与发展经费情况表

经费名称	编号	经费(千元)
上年结转经费	1	559 296.7
当年经费收入合计	2	1 028 209.4
政府资金投入	3	548 123.5
科研活动经费	4	370 878.1
其中:教育部科研项目经费	5	5 373.7
教育部其他科研经费	6	24 561.2
其中:中央高校基本科研业务费	7	7 550
中央其他部门科研项目经费	8	39 834.0
省市自治区社科基金项目	9	9 017.4
省教育厅科研项目经费	10	36 546.8
省教育厅其他科研经费	11	186 742.5
其他各类地方政府经费	12	68 802.6
科技活动人员工资	13	113 725.8
科研基建费	14	63 519.7
非政府资金投入	15	480 085.9
企事业单位委托项目经费	16	313 530.6
金融机构贷款	17	0
自筹经费	18	139 404.2
境外资金	19	767.8
其中:港澳台地区合作项目经费	20	81
其他收入	21	7 311.1
科技活动人员工资	22	19 072.1
当年 R&D 经费支出合计	23	1 005 877.1
转拨给外单位经费	24	6 389.6
其中:对国内研究机构支出	25	656.7
对国内高等学校支出	26	429.8
对国内企业支出	27	4 775.1
对境外机构支出	28	0
R&D 内部支出经费	29	999 487.5
其中:基础研究支出	30	511 550.3
应用研究支出	31	487 708.8
试验与发展支出	32	228.5
其中:政府资金	33	462 187.0
企业资金	34	395 815.2
境外资金	35	773.8
其他资金	36	140 711.5
科研人员费	37	190 050.2
业务费	38	611 093.9
科研基建费	39	62 520.6
仪器设备费	40	54 885.8
其中:单价在万元以上的设备费	41	7 405.3
图书资料费	42	37 862.8
间接费	43	32 830.8
其中:管理费	44	9 034.4
其他支出	45	10 243.5
当年结余经费	46	581 629.0
银行存款	47	573 028.9
暂付款	48	8 600.0

30. 民族院校人文、社会科学研究与发展经费情况表

经费名称	编号	经费(千元)
上年结转经费	1	193 022.0
当年经费收入合计	2	495 934.1
政府资金投入	3	308 098.5
科研活动经费	4	204 437.3
其中:教育部科研项目经费	5	5 117.3
教育部其他科研经费	6	47 061.2
其中:中央高校基本科研业务费	7	41 065
中央其他部门科研项目经费	8	72 932.0
省市自治区社科基金项目	9	11 468.9
省教育厅科研项目经费	10	34 665.0
省教育厅其他科研经费	11	7 332.4
其他各类地方政府经费	12	25 860.4
科技活动人员工资	13	97 578.0
科研基建费	14	6 083.2
非政府资金投入	15	187 835.5
企事业单位委托项目经费	16	75 923.4
金融机构贷款	17	0
自筹经费	18	110 975.5
境外资金	19	0
其中:港澳台地区合作项目经费	20	0
其他收入	21	186
科技活动人员工资	22	750.6
当年 R&D 经费支出合计	23	460 003.1
转拨给外单位经费	24	3 962.0
其中:对国内研究机构支出	25	732.1
对国内高等学校支出	26	2 565
对国内企业支出	27	0
对境外机构支出	28	0
R&D 内部支出经费	29	456 041.2
其中:基础研究支出	30	276 229.4
应用研究支出	31	179 698.6
试验与发展支出	32	113.2
其中:政府资金	33	322 214.4
企业资金	34	104 499.1
境外资金	35	242.5
其他资金	36	29 085.2
科研人员费	37	137 139.7
业务费	38	201 767.4
科研基建费	39	4 163.2
仪器设备费	40	26 815.2
其中:单价在万元以上的设备费	41	3 799.7
图书资料费	42	52 742.1
间接费	43	30 279.1
其中:管理费	44	6 508.5
其他支出	45	3 134.5
当年结余经费	46	228 952.9
银行存款	47	228 843.3
暂付款	48	109.6

31. 体育院校人文、社会科学研究与发展经费情况表

经费名称	编号	经费(千元)
上年结转经费	1	150 601.9
当年经费收入合计	2	295 087.9
政府资金投入	3	210 862.8
科研活动经费	4	147 841.7
其中:教育部科研项目经费	5	1 596.0
教育部其他科研经费	6	35 433.2
其中:中央高校基本科研业务费	7	6 710
中央其他部门科研项目经费	8	40 669.7
省市自治区社科基金项目	9	5 175.2
省教育厅科研项目经费	10	3 102.7
省教育厅其他科研经费	11	31 018.1
其他各类地方政府经费	12	30 846.7
科技活动人员工资	13	55 830.9
科研基建费	14	7 190.3
非政府资金投入	15	84 225.1
企事业单位委托项目经费	16	57 784.4
金融机构贷款	17	0
自筹经费	18	21 638.2
境外资金	19	155.4
其中:港澳台地区合作项目经费	20	155.4
其他收入	21	3 014.9
科技活动人员工资	22	1 632.2
当年 R&D 经费支出合计	23	288 803.6
转拨给外单位经费	24	7 512.8
其中:对国内研究机构支出	25	1 601.9
对国内高等学校支出	26	4 763.8
对国内企业支出	27	867
对境外机构支出	28	0
R&D 内部支出经费	29	281 290.7
其中:基础研究支出	30	88 351.0
应用研究支出	31	192 927.2
试验与发展支出	32	12.5
其中:政府资金	33	172 562.5
企业资金	34	99 656.3
境外资金	35	222.4
其他资金	36	8 849.5
科研人员费	37	76 953.5
业务费	38	152 150.4
科研基建费	39	7 190.3
仪器设备费	40	18 783.1
其中:单价在万元以上的设备费	41	10 945.8
图书资料费	42	3 842.4
间接费	43	20 356.8
其中:管理费	44	4 632.2
其他支出	45	2 014.2
当年结余经费	46	156 886.2
银行存款	47	156 298.9
暂付款	48	587.3

1. 全国高等学校人文、社会科学研究与发展研究机构情况表

	编号	机构数	R & D 活动人员(人) 合计	其中 博士毕业	硕士毕业	高级职称
合计	0	7 544	126 232	73 033	41 537	74 232
管理学	1	1 269	23 929	15 047	7 384	14 434
马克思主义	2	458	8 612	5 058	2 951	5 183
哲学	3	132	2 404	1 602	486	1 559
逻辑学	4	3	74	32	12	31
宗教学	5	36	441	348	85	285
语言学	6	286	4 439	2 559	1 445	2 526
中国文学	7	286	4 414	2 710	1 157	2 798
外国文学	8	87	1 109	575	460	581
艺术学	9	595	9 553	3 088	4 899	4 691
历史学	10	341	5 279	3 458	1 325	3 302
考古学	11	33	734	557	140	426
经济学	12	1 084	19 928	12 682	5 805	12 556
政治学	13	169	2 909	1 939	767	1 700
法学	14	543	8 770	5 532	2 386	5 163
社会学	15	404	6 061	3 350	2 092	3 343
民族学与文化学	16	369	5 217	2 697	1 937	2 981
新闻学与传播学	17	162	2 762	1 534	941	1 584
图书馆、情报与文献学	18	37	761	298	336	341
教育学	19	673	9 992	4 770	4 067	5 603
体育学	20	202	3 045	1 351	1 309	1 657
统计学	21	36	613	431	166	339
港澳台研究	22	13	309	230	75	225
国际问题研究	23	169	2 317	1 707	495	1 503
交叉学科	24	78	1 572	940	492	910
心理学	25	79	988	538	325	511

		培养研究生人数（人）	R & D 经费支出（千元）	仪器设备原价（千元）	
中级职称	初级职称				其中：进口（千元）
36 841	6 754	101 827	2 816 725.6	2 354 590.7	502 255.4
6 938	1 068	18 748	548 346.6	433 825.3	22 216.1
2 635	358	9 333	109 820.8	40 318.8	694.6
546	69	1 685	54 444.3	33 322.1	3 112
23	0	63	2 251.3	3 478.9	7.8
96	36	556	11 869.7	3 398.4	120
1 331	187	3 308	91 994.9	75 639.8	10 347.3
1 167	195	3 224	75 392.7	41 687.0	2 915.1
332	63	672	10 149.3	8 380.8	192.2
3 256	880	4 622	180 779.7	277 330.2	55 300.2
1 417	225	3 841	139 263.0	71 981.8	14 291.1
190	41	623	35 318.1	52 203.5	26 441.4
5 500	877	18 606	542 567.8	259 454.5	21 251.5
839	209	2 218	89 504.9	18 966.8	902.8
2 369	424	7 642	173 720.9	81 489.5	4 027.8
1 782	332	5 689	93 054.5	52 260.0	1 187.8
1 703	316	2 897	106 482.1	69 185.7	2 093.4
775	171	2 088	58 234.2	39 828.9	4 808.5
232	50	347	7 248.1	9 076.0	988
2 990	656	7 393	196 202.8	159 272.0	23 290.7
1 016	269	2 542	66 556.3	367 625.0	198 178.5
200	51	704	27 160.9	22 342.0	0
70	10	303	28 163.4	28 137.6	0
629	114	1 963	58 483.2	20 722.3	384.9
488	60	1 016	85 184.9	32 750.7	4 904.7
317	93	1 744	24 531.3	151 913.1	104 598.9

2. 各省、市、自治区高等学校人文、社会科学研究与发展研究机构情况表

	编号	机构数	R & D 活动人员（人）			
			合计	其中		
				博士毕业	硕士毕业	高级职称
合计	0	7 544	126 232	73 033	41 537	74 232
北京市	1	387	9 352	6 564	2 129	5 459
天津市	2	96	1 496	1 298	163	1 060
河北省	3	201	4 462	2 476	1 732	2 924
山西省	4	62	902	463	370	492
内蒙古自治区	5	86	1 443	626	650	772
辽宁省	6	257	4 999	3 087	1 539	3 009
吉林省	7	311	5 273	2 672	2 165	3 251
黑龙江省	8	91	1 616	978	556	1 091
上海市	9	431	6 210	4 751	975	4 044
江苏省	10	559	8 860	5 608	2 432	5 369
浙江省	11	595	10 385	6 037	3 265	6 172
安徽省	12	221	4 098	1 461	2 105	1 873
福建省	13	332	5 957	3 620	1 877	3 939
江西省	14	224	2 464	1 206	936	1 223
山东省	15	460	6 208	3 207	2 274	3 183
河南省	16	84	1 979	1 396	507	1 318
湖北省	17	321	6 352	3 937	1 835	3 754
湖南省	18	539	8 172	4 569	2 888	4 656
广东省	19	649	9 267	5 660	2 978	5 242
广西壮族自治区	20	175	3 462	1 697	1 285	2 034
海南省	21	49	749	427	276	473
重庆市	22	190	4 072	2 620	1 247	2 615
四川省	23	350	5 089	2 080	2 241	2 608
贵州省	24	73	1 102	523	389	705
云南省	25	80	703	290	310	424
西藏自治区	26	20	229	63	145	50
陕西省	27	316	6 327	3 596	2 073	3 777
甘肃省	28	254	2 394	1 015	1 114	1 367
青海省	29	41	460	180	226	169
宁夏回族自治区	30	29	458	191	177	226
新疆维吾尔自治区	31	61	1 692	735	678	953

		培养研究生人数（人）	R & D 经费支出（千元）	仪器设备原价（千元）	
中级职称	初级职称				其中:进口（千元）
36 841	6 754	101 827	2 816 725.6	2 354 590.7	502 255.4
1 995	381	13 675	393 289.5	444 019.4	111 428.1
377	22	2 221	53 926.6	158 030.5	93 307.8
1 358	70	3 499	34 526.8	42 019.2	10 305.8
275	57	1 042	19 333.2	23 536.7	875.9
642	16	343	16 409.3	41 020.4	9 015.5
1 335	221	10 951	53 579.7	130 880.0	57 179.8
1 649	228	1 914	61 340.2	84 277.7	28 200.1
505	20	334	25 177	5 656.2	70
1 367	221	4 459	326 423.4	114 568.9	22 347.1
2 734	237	4 608	136 905.9	77 894.7	6 388.7
3 012	522	10 441	267 423.1	206 470.7	51 235.1
1 277	363	2 809	36 273.7	34 974.3	7 863
1 693	293	4 231	170 044.2	77 652.2	3 428.1
720	131	1 021	60 187.2	25 667.3	4 794
2 153	695	3 460	96 027.9	129 213.4	16 769
493	63	1 130	68 109.5	22 577.5	772.1
1 819	339	3 906	134 443.8	81 311.5	9 910.2
2 561	423	6 876	114 871.5	121 006.1	18 471.4
2 790	527	4 631	263 628.2	118 111.6	18 133.4
979	261	2 538	58 822.7	40 189.5	42.5
214	30	178	4 928.2	5 724.3	62
1 301	104	4 297	126 305.3	59 955.2	4 074.1
1 628	587	2 425	88 658.1	124 822.3	12 835.4
305	44	246	16 783.2	7 028.0	70
209	67	937	30 113.6	45 112.5	8 561
83	14	77	5 799.6	8 180.2	1 950
1 835	414	6 137	83 449.4	71 308.9	1 317.8
746	164	988	31 500.9	37 811.8	2 657.5
144	93	215	2 345	2 386	0
159	66	314	26 187.4	10 590	0
483	81	1 924	9 911.7	2 593.8	190

3. 各省、市、自治区所属高等学校人文、社会科学研究与发展研究机构情况表

	编号	机构数	R & D 活动人员(人)			
			合计	其中		
				博士毕业	硕士毕业	高级职称
合计	0	5 619	90 086	46 536	34 319	51 473
北京市	1	101	2 419	1 640	663	1 582
天津市	2	52	835	689	111	540
河北省	3	174	4 035	2 342	1 468	2 662
山西省	4	62	902	463	370	492
内蒙古自治区	5	86	1 443	626	650	772
辽宁省	6	224	4 192	2 450	1 386	2 582
吉林省	7	248	3 759	1 405	1 946	2 257
黑龙江省	8	76	1 296	730	484	882
上海市	9	129	1 682	1 056	440	956
江苏省	10	393	5 893	3 572	1 785	3 550
浙江省	11	491	9 078	4 918	3 117	5 251
安徽省	12	207	3 846	1 340	1 999	1 722
福建省	13	202	3 910	1 745	1 729	2 402
江西省	14	224	2 464	1 206	936	1 223
山东省	15	438	5 463	2 632	2 162	2 689
河南省	16	84	1 979	1 396	507	1 318
湖北省	17	152	2 754	1 260	1 138	1 492
湖南省	18	449	6 309	3 341	2 388	3 574
广东省	19	544	6 879	4 056	2 349	3 802
广西壮族自治区	20	175	3 462	1 697	1 285	2 034
海南省	21	49	749	427	276	473
重庆市	22	140	3 077	1 842	1 032	1 928
四川省	23	298	3 999	1 326	2 011	1 899
贵州省	24	73	1 102	523	389	705
云南省	25	80	703	290	310	424
西藏自治区	26	20	229	63	145	50
陕西省	27	212	4 100	2 128	1 591	2 373
甘肃省	28	126	1 294	425	704	674
青海省	29	41	460	180	226	169
宁夏回族自治区	30	8	81	33	44	43
新疆维吾尔自治区	31	61	1 692	735	678	953

		培养研究生人数（人）	R & D 经费支出（千元）	仪器设备原价（千元）	
中级职称	初级职称				其中:进口（千元）
28 405	5 389	58 544	1 537 313.7	1 663 712.0	354 085.4
591	90	2 030	96 726.9	168 801.9	11 691.1
248	22	1 205	21 072.8	134 748.7	93 307.8
1 226	54	3 478	32 599.5	41 614.3	10 305.8
275	57	1 042	19 333.2	23 536.7	875.9
642	16	343	16 409.3	41 020.4	9 015.5
1 116	189	10 105	35 632.7	111 942.8	57 179.8
1 228	198	1 498	26 299.3	80 442.2	28 195.1
394	20	259	21 577	3 871.2	70
502	76	698	84 936.3	41 889.0	18 012.1
1 885	133	1 555	79 529.7	66 472.9	5 729.8
2 750	496	6 107	162 168.2	146 890.4	33 553.6
1 210	360	2 693	26 527.7	23 718.3	5 023
1 246	242	830	92 023.3	28 200.2	1 168.1
720	131	1 021	60 187.2	25 667.3	4 794
1 998	670	2 666	48 980.9	95 239.5	4 388
493	63	1 130	68 109.5	22 577.5	772.1
892	209	1 548	33 797.5	54 324.4	9 097.2
2 063	273	2 997	69 710.9	107 057.2	18 459.3
2 393	424	2 240	160 528.0	83 860.1	15 120.7
979	261	2 538	58 822.7	40 189.5	42.5
214	30	178	4 928.2	5 724.3	62
1 013	84	3 077	100 909.9	44 529.2	255.3
1 362	576	1 058	73 176.4	116 619.1	12 802.2
305	44	246	16 783.2	7 028.0	70
209	67	937	30 113.6	45 112.5	8 561
83	14	77	5 799.6	8 180.2	1 950
1 253	291	4 538	54 703.9	55 812.9	1 216
454	121	282	19 815.2	32 970.0	2 177.4
144	93	215	2 345	2 386	0
34	4	29	3 854.4	692	0
483	81	1 924	9 911.7	2 593.8	190

4. 其他部委所属高等学校人文、社会科学研究与发展研究机构情况表

	编号	机构数	R & D 活动人员(人) 合计	其中 博士毕业	硕士毕业	高级职称
合计	0	314	6 016	3 996	1 680	3 809
外交部	1	1	30	25	5	30
国防部	2	8	119	5	78	90
国家民族事务委员会	3	99	2 266	1 492	619	1 377
公安部	4	21	407	175	208	260
司法部	5	9	114	42	66	81
工业和信息化部	6	55	1 177	832	273	714
交通运输部	7	9	280	202	76	169
海关总署	8	1	7	7	0	7
交通运输部(中国民用航空局)	9	13	96	42	43	48
国务院侨务办公室	10	43	809	684	117	639
国家体育总局	11	11	312	242	69	207
中国科学院	12	7	174	97	54	88
中国社会科学院	13	3	9	8	0	7
中华全国总工会	14	29	173	106	67	70
中华全国妇女联合会	15	5	43	37	5	22

		培养研究生人数（人）	R & D 经费支出（千元）	仪器设备原价（千元）	
中级职称	初级职称				其中:进口（千元）
1 751	282	6 995	134 319.8	225 858.2	98 578.2
0	0	16	300	50	0
25	4	0	1 227	235	0
672	195	2 279	39 367.8	17 582	165.1
130	10	165	3 000	875	0
15	8	0	457.3	29.9	0
365	9	942	31 996.9	10 312.4	100.3
88	23	843	2 780	14 330	0
0	0	0	198.9	2	0
35	3	77	3 225	7 232.1	0
164	5	2 081	21 649.5	5 799.6	0
99	3	509	18 227	159 442	95 472.8
50	6	80	8 410	9 750	2 840
2	0	3	1 191.1	0	0
85	16	0	794	82	0
21	0	0	1 495.3	136.2	0

5. 本科院校人文、社会科学研究与发展研究机构情况表

	编号	机构数	R & D 活动人员(人)			
			合计	其中		
				博士毕业	硕士毕业	高级职称
合计	0	7 101	121 242	72 391	38 312	71 901
管理学	1	1 191	23 012	14 887	6 820	14 017
马克思主义	2	438	8 272	5 014	2 710	5 002
哲学	3	131	2 400	1 598	486	1 555
逻辑学	4	3	74	32	12	31
宗教学	5	36	441	348	85	285
语言学	6	281	4 402	2 553	1 426	2 508
中国文学	7	276	4 292	2 685	1 078	2 744
外国文学	8	86	1 091	572	445	573
艺术学	9	535	9 001	3 052	4 513	4 497
历史学	10	338	5 269	3 458	1 317	3 298
考古学	11	33	734	557	140	426
经济学	12	1 019	19 085	12 558	5 219	12 178
政治学	13	165	2 861	1 931	732	1 677
法学	14	535	8 713	5 519	2 347	5 139
社会学	15	386	5 851	3 312	1 965	3 249
民族学与文化学	16	341	4 960	2 680	1 781	2 872
新闻学与传播学	17	157	2 727	1 529	914	1 570
图书馆、情报与文献学	18	36	755	297	334	339
教育学	19	558	8 760	4 646	3 312	4 966
体育学	20	199	3 021	1 350	1 291	1 648
统计学	21	33	593	429	150	333
港澳台研究	22	13	309	230	75	225
国际问题研究	23	168	2 309	1 706	488	1 499
交叉学科	24	69	1 355	912	373	769
心理学	25	74	955	536	299	501

		培养研究生人数（人）	R & D 经费支出（千元）	仪器设备原价（千元）	
中级职称	初级职称				其中:进口（千元）
35 000	6 212	101 823	2 736 525.4	2 305 725.2	500 410.4
6 602	957	18 748	534 484.1	423 577.2	22 216.1
2 523	323	9 333	108 644.3	40 138.5	694.6
546	69	1 685	54 339.3	33 185.7	3 112
23	0	63	2 251.3	3 478.9	7.8
96	36	556	11 869.7	3 398.4	120
1 322	182	3 308	91 874.9	75 413.8	10 347.3
1 111	185	3 224	74 168.4	41 041.0	2 510.1
323	63	672	10 138.0	8 370.8	192.2
3 050	809	4 622	169 711.3	261 866.1	55 300.2
1 414	222	3 841	139 242.2	71 956.8	14 291.1
190	41	623	35 318.1	52 203.5	26 441.4
5 192	765	18 603	535 873.5	250 615.9	21 201.5
820	203	2 218	89 184.9	18 873.8	902.8
2 345	416	7 642	173 480.9	81 404.5	4 027.8
1 698	306	5 688	92 318.1	51 197.5	1 187.8
1 606	286	2 897	104 891.3	68 869.8	2 093.4
761	164	2 088	57 849.6	39 421.5	4 808.5
228	50	347	6 848.1	9 076.0	988
2 544	551	7 393	186 861.4	150 231.7	23 290.7
1 007	263	2 542	66 323.3	367 564.1	198 178.5
193	46	704	26 655.3	22 141.0	0
70	10	303	28 163.4	28 137.6	0
625	114	1 963	58 403.2	20 672.3	384.9
415	60	1 016	54 573.1	32 649.7	4 904.7
296	91	1 744	23 057.8	150 239.1	103 208.9

6. 专科院校人文、社会科学研究与发展研究机构情况表

	编号	机构数	R & D 活动人员(人) 合计	其中 博士毕业	硕士毕业	高级职称
合计	0	443	4 990	642	3 225	2 331
管理学	1	78	917	160	564	417
马克思主义	2	20	340	44	241	181
哲学	3	1	4	4	0	4
逻辑学	4	0	0	0	0	0
宗教学	5	0	0	0	0	0
语言学	6	5	37	6	19	18
中国文学	7	10	122	25	79	54
外国文学	8	1	18	3	15	8
艺术学	9	60	552	36	386	194
历史学	10	3	10	0	8	4
考古学	11	0	0	0	0	0
经济学	12	65	843	124	586	378
政治学	13	4	48	8	35	23
法学	14	8	57	13	39	24
社会学	15	18	210	38	127	94
民族学与文化学	16	28	257	17	156	109
新闻学与传播学	17	5	35	5	27	14
图书馆、情报与文献学	18	1	6	1	2	2
教育学	19	115	1 232	124	755	637
体育学	20	3	24	1	18	9
统计学	21	3	20	2	16	6
港澳台研究	22	0	0	0	0	0
国际问题研究	23	1	8	1	7	4
交叉学科	24	9	217	28	119	141
心理学	25	5	33	2	26	10

		培养研究生人数（人）	R & D 经费支出（千元）	仪器设备原价（千元）	
中级职称	初级职称				其中:进口（千元）
1 841	542	4	80 200.2	48 865.5	1 845
336	111	0	13 862.5	10 248.1	0
112	35	0	1 176.5	180.3	0
0	0	0	105	136.4	0
0	0	0	0	0	0
0	0	0	0	0	0
9	5	0	120	226	0
56	10	0	1 224.3	646	405
9	0	0	11.3	10	0
206	71	0	11 068.4	15 464.2	0
3	3	0	20.8	25	0
0	0	0	0	0	0
308	112	3	6 694.4	8 838.7	50
19	6	0	320	93	0
24	8	0	240	85	0
84	26	1	736.4	1 062.5	0
97	30	0	1 590.8	315.9	0
14	7	0	384.7	407.4	0
4	0	0	400	0	0
446	105	0	9 341.3	9 040.3	0
9	6	0	233	60.9	0
7	5	0	505.6	201	0
0	0	0	0	0	0
4	0	0	80	50	0
73	0	0	30 611.9	101	0
21	2	0	1 473.5	1 674	1 390

7. 教育部直属院校人文、社会科学研究与发展研究机构情况表

	编号	机构数	R & D 活动人员(人)			
			合计	其中		
				博士毕业	硕士毕业	高级职称
合计	0	1 611	30 130	22 501	5 538	18 950
管理学	1	312	6 300	4 866	1 180	3 855
马克思主义	2	94	2 012	1 606	343	1 400
哲学	3	55	1 197	873	153	789
逻辑学	4	3	74	32	12	31
宗教学	5	16	202	176	24	146
语言学	6	55	921	696	185	552
中国文学	7	37	664	475	111	450
外国文学	8	13	264	160	74	128
艺术学	9	63	1 120	543	452	561
历史学	10	85	1 323	1 028	188	905
考古学	11	20	457	358	68	259
经济学	12	213	4 689	3 743	620	3 266
政治学	13	57	889	724	123	520
法学	14	146	2 580	1 905	350	1 536
社会学	15	102	1 598	1 124	361	965
民族学与文化学	16	44	536	447	78	346
新闻学与传播学	17	51	912	676	167	621
图书馆、情报与文献学	18	13	383	158	190	148
教育学	19	83	1 638	1 136	409	917
体育学	20	21	322	164	133	196
统计学	21	7	129	126	3	97
港澳台研究	22	7	181	173	8	148
国际问题研究	23	87	1 180	949	171	807
交叉学科	24	12	289	193	71	157
心理学	25	15	270	170	64	150

		培养研究生人数（人）	R & D 经费支出（千元）	仪器设备原价（千元）	
中级职称	初级职称				其中:进口（千元）
6 685	1 083	36 288	1 145 092.1	465 020.5	49 591.8
1 395	265	7 214	261 161.2	76 334.4	8 992.4
440	59	1 752	49 280.0	13 378.5	81.7
242	15	1 049	33 249.9	17 643.9	0
23	0	63	2 251.3	3 478.9	7.8
41	13	212	7 145.5	2 210.9	0
218	14	1 332	37 585.4	23 084.8	5 611.8
159	26	882	14 496.6	3 873.7	132.4
45	7	251	2 700.3	1 063.9	0
316	86	1 170	20 818.2	11 585.9	2 353
268	21	1 372	47 210.3	17 995.1	2 277.5
103	30	362	29 892.6	33 874.5	17 755.4
971	110	7 103	229 640.9	69 353.4	3 770.5
232	55	893	42 799.2	6 082.9	50
578	122	3 507	78 864.4	43 934.2	1 006.6
334	39	2 187	37 471.6	16 516.6	299.4
173	14	604	15 245.5	7 669.5	213.3
164	36	1 197	27 136.2	6 924.5	1 140
80	27	210	4 982.5	5 933.1	600
337	45	1 824	90 589.1	37 360.7	871.2
91	26	304	7 678.5	12 615.2	265
23	0	214	3 096.6	1 409	0
32	0	178	24 487.8	27 865.2	0
307	52	1 178	35 593.2	13 850.9	346.8
43	10	115	33 160.3	2 564.8	2.4
70	11	1 115	8 555.1	8 415.8	3 814.6

8. 其他部委院校人文、社会科学研究与发展研究机构情况表

	编号	机构数	R & D 活动人员（人） 合计	其中 博士毕业	硕士毕业	高级职称
合计	0	314	6 016	3 996	1 680	3 809
管理学	1	57	1 036	751	232	685
马克思主义	2	21	447	277	124	308
哲学	3	3	126	94	24	111
逻辑学	4	0	0	0	0	0
宗教学	5	5	71	58	11	56
语言学	6	11	160	83	75	85
中国文学	7	6	165	119	43	116
外国文学	8	1	22	18	4	19
艺术学	9	8	180	83	64	102
历史学	10	7	105	58	26	48
考古学	11	1	51	41	10	32
经济学	12	29	674	480	158	427
政治学	13	9	276	179	91	137
法学	14	37	679	445	202	479
社会学	15	22	154	76	62	60
民族学与文化学	16	39	787	511	232	484
新闻学与传播学	17	9	150	78	60	85
图书馆、情报与文献学	18	1	12	6	5	12
教育学	19	19	314	200	93	193
体育学	20	13	318	243	73	210
统计学	21	2	16	12	4	4
港澳台研究	22	1	62	20	42	39
国际问题研究	23	8	112	90	22	74
交叉学科	24	2	71	61	10	34
心理学	25	3	28	13	13	9

		培养研究生人数（人）	R & D 经费支出（千元）	仪器设备原价（千元）	
中级职称	初级职称				其中:进口（千元）
1 751	282	6 995	134 319.8	225 858.2	98 578.2
280	19	1 190	27 220.2	21 053.5	90
116	11	204	4 751.8	2 257.0	0
15	0	165	791.1	61	0
0	0	0	0	0	0
15	0	176	476	256.1	0
67	5	200	2 862.3	4 371.7	0
48	1	115	1 760.2	220	0
3	0	50	90	11	0
58	16	209	3 709.6	3 168	0
35	16	108	4 218.5	4 482	2 200
7	2	8	150	361	0
211	28	1 178	18 144.9	8 319.8	0
80	57	466	3 865.1	848.4	0
145	20	805	8 630.4	5 474.3	0
71	15	36	5 249.1	372.5	0
232	69	697	21 101.5	7 056.7	165.1
50	5	44	5 033	3 643	550
0	0	15	50	160	0
105	10	485	4 187.6	2 104	0
102	3	509	18 328	160 223	95 472.8
10	2	8	65	10	0
23	0	117	20	20	0
34	0	181	1 405	128	0
29	0	25	2 072.6	565.2	100.3
15	3	4	138	692	0

9. 地方院校人文、社会科学研究与发展研究机构情况表

	编号	机构数	R & D 活动人员(人)			
			合计	其中		
				博士毕业	硕士毕业	高级职称
合计	0	5 619	90 086	46 536	34 319	51 473
管理学	1	900	16 593	9 430	5 972	9 894
马克思主义	2	343	6 153	3 175	2 484	3 475
哲学	3	74	1 081	635	309	659
逻辑学	4	0	0	0	0	0
宗教学	5	15	168	114	50	83
语言学	6	220	3 358	1 780	1 185	1 889
中国文学	7	243	3 585	2 116	1 003	2 232
外国文学	8	73	823	397	382	434
艺术学	9	524	8 253	2 462	4 383	4 028
历史学	10	249	3 851	2 372	1 111	2 349
考古学	11	12	226	158	62	135
经济学	12	842	14 565	8 459	5 027	8 863
政治学	13	103	1 744	1 036	553	1 043
法学	14	360	5 511	3 182	1 834	3 148
社会学	15	280	4 309	2 150	1 669	2 318
民族学与文化学	16	286	3 894	1 739	1 627	2 151
新闻学与传播学	17	102	1 700	780	714	878
图书馆、情报与文献学	18	23	366	134	141	181
教育学	19	571	8 040	3 434	3 565	4 493
体育学	20	168	2 405	944	1 103	1 251
统计学	21	27	468	293	159	238
港澳台研究	22	5	66	37	25	38
国际问题研究	23	74	1 025	668	302	622
交叉学科	24	64	1 212	686	411	719
心理学	25	61	690	355	248	352

中级职称	初级职称	培养研究生人数（人）	R & D 经费支出（千元）	仪器设备原价（千元）	其中:进口（千元）
28 405	5 389	58 544	1 537 313.7	1 663 712.0	354 085.4
5 263	784	10 344	259 965.2	336 437.4	13 133.7
2 079	288	7 377	55 788.9	24 683.3	612.9
289	54	471	20 403.3	15 617.2	3 112
0	0	0	0	0	0
40	23	168	4 248.3	931.4	120
1 046	168	1 776	51 547.2	48 183.3	4 735.5
960	168	2 227	59 135.9	37 593.3	2 782.7
284	56	371	7 359.0	7 305.9	192.2
2 882	778	3 243	156 251.9	262 576.3	52 947.2
1 114	188	2 361	87 834.2	49 504.7	9 813.5
80	9	253	5 275.5	17 968	8 686
4 318	739	10 325	294 782.1	181 781.3	17 481.0
527	97	859	42 840.6	12 035.5	852.8
1 646	282	3 330	86 226.2	32 080.9	3 021.2
1 377	278	3 466	50 333.7	35 370.9	888.4
1 298	233	1 596	70 135.0	54 459.5	1 715
561	130	847	26 065.0	29 261.3	3 118.5
152	23	122	2 215.6	2 982.9	388
2 548	601	5 084	101 426.1	119 807.2	22 419.5
823	240	1 729	40 549.8	194 786.8	102 440.7
167	49	482	23 999.3	20 923.0	0
15	10	8	3 655.6	252.4	0
288	62	604	21 484.9	6 743.3	38.1
416	50	876	49 952.1	29 620.7	4 802
232	79	625	15 838.2	142 805.3	100 784.3

10. 综合院校人文、社会科学研究与发展研究机构情况表

	编号	机构数	R & D 活动人员（人） 合计	其中 博士毕业	硕士毕业	高级职称
合计	0	2 615	42 397	25 850	12 267	25 682
管理学	1	360	6 144	4 079	1 638	3 704
马克思主义	2	148	2 820	1 746	901	1 815
哲学	3	70	1 396	943	224	912
逻辑学	4	2	53	16	7	17
宗教学	5	22	246	208	32	165
语言学	6	105	1 717	1 091	493	1 041
中国文学	7	129	1 850	1 123	486	1 121
外国文学	8	31	510	241	220	250
艺术学	9	143	2 054	586	1 136	924
历史学	10	156	2 319	1 491	556	1 463
考古学	11	26	644	481	126	375
经济学	12	372	6 985	4 672	1 683	4 658
政治学	13	88	1 365	958	310	860
法学	14	185	3 118	2 149	641	1 908
社会学	15	151	2 131	1 220	660	1 238
民族学与文化学	16	155	1 873	930	728	1 023
新闻学与传播学	17	69	1 164	706	316	740
图书馆、情报与文献学	18	14	398	145	214	156
教育学	19	194	2 573	1 135	1 063	1 439
体育学	20	42	530	178	244	261
统计学	21	6	115	112	3	89
港澳台研究	22	10	265	210	55	197
国际问题研究	23	78	1 172	903	198	782
交叉学科	24	40	714	398	235	411
心理学	25	19	241	129	98	133

中级职称	初级职称	培养研究生人数（人）	R & D 经费支出（千元）	仪器设备原价（千元）	其中：进口（千元）
11 122	2 122	40 794	1 172 759.0	570 423.5	81 797.8
1 607	332	5 126	172 876.1	77 401.1	9 463.5
752	122	5 533	50 976.7	15 977.9	473.7
283	29	1 058	39 381.7	26 739.4	2 698
16	0	43	1 751.3	3 433.9	7.8
46	16	238	9 166.5	2 274.5	0
448	68	1 357	41 783.7	31 360.0	4 644.1
510	80	1 615	39 617.8	21 362.2	2 793.1
132	20	297	6 383.2	6 358.1	125.2
764	191	822	40 223.9	44 882.2	19 189
573	96	1 625	68 949.3	29 458.1	2 930.0
168	35	607	32 948.1	34 733	17 841.4
1 673	258	8 312	251 312.4	89 695.9	5 775.4
354	53	1 466	48 243.3	11 177.8	582
722	159	3 692	90 194.2	21 994.8	3 406.6
495	109	3 259	45 168.6	18 455.0	456.0
633	124	1 054	33 273.0	36 062.9	100.3
255	88	1 117	31 958.5	13 008.4	3 063.0
85	29	226	4 366	4 928.3	976
767	142	1 277	39 572.4	19 641.5	1 636.2
169	64	374	10 146.5	5 300.2	862
26	0	213	2 084.6	807	0
59	5	303	25 797.2	28 039.6	0
286	52	797	33 588.3	11 106.5	226.7
221	26	260	46 049.9	8 500.6	202
78	24	123	6 945.7	7 724.7	4 345.6

11. 理工农医院校人文、社会科学研究与发展研究机构情况表

	编号	机构数	R & D 活动人员(人)			
			合计	其中		
				博士毕业	硕士毕业	高级职称
合计	0	1 882	35 410	19 174	13 291	20 172
管理学	1	588	12 624	7 893	4 053	7 669
马克思主义	2	163	3 119	1 694	1 159	1 767
哲学	3	32	504	312	150	303
逻辑学	4	1	21	16	5	14
宗教学	5	1	30	18	12	8
语言学	6	46	585	242	312	319
中国文学	7	29	508	261	186	297
外国文学	8	9	100	45	55	55
艺术学	9	165	3 378	1 071	1 876	1 669
历史学	10	37	650	379	192	369
考古学	11	2	59	49	10	37
经济学	12	249	4 684	2 723	1 703	2 754
政治学	13	22	423	247	154	202
法学	14	106	1 741	966	531	938
社会学	15	107	1 993	1 086	721	1 132
民族学与文化学	16	60	970	425	410	550
新闻学与传播学	17	34	859	460	291	424
图书馆、情报与文献学	18	12	143	91	34	76
教育学	19	135	1 775	678	895	992
体育学	20	28	374	122	189	192
统计学	21	4	48	29	19	28
港澳台研究	22	1	6	2	3	4
国际问题研究	23	17	271	151	111	163
交叉学科	24	17	304	153	117	129
心理学	25	17	241	61	103	81

		培养研究生人数 (人)	R & D 经费支出 (千元)	仪器设备原价 (千元)	
中级职称	初级职称				其中:进口 (千元)
11 243	1 703	22 701	575 130.4	560 664.0	43 499.8
3 725	471	9 446	240 319.6	272 020.8	8 725.6
1 045	110	1 608	27 668.1	9 384.4	111
141	17	236	7 512.0	3 673.7	376
7	0	20	500	45	0
6	15	5	1 000	550	0
230	18	437	3 622.0	3 115.2	5
178	29	118	5 198.6	2 978	27
43	1	54	235.3	104	0
1 204	224	2 121	27 085.7	107 775.3	14 427.5
195	31	255	23 197.1	10 204.8	4 205
8	4	8	250	458.5	0
1 501	230	3 355	86 811.2	49 587.7	7 875.8
152	61	221	17 037.1	980.1	70.8
524	95	1 222	18 835.5	8 968.3	159.2
633	105	1 418	20 330.9	9 773.2	298.3
324	32	321	10 383.8	10 821.0	1 275
263	37	518	13 498.4	12 950.4	1 290.8
57	9	43	1 175	1 609	0
558	110	560	19 201.7	16 295.3	408.9
147	28	188	2 652.4	17 243.0	1 635.6
18	2	30	9 160	7 513	0
2	0	0	50	20	0
89	15	217	3 543.6	1 570.4	0
107	20	123	33 973.4	1 053.8	160.3
86	39	177	1 888.9	11 969.1	2 448

12. 师范院校人文、社会科学研究与发展研究机构情况表

	编号	机构数	R & D 活动人员（人）			
			合计	其中		
				博士毕业	硕士毕业	高级职称
合计	0	1 416	23 169	13 479	7 434	13 353
管理学	1	85	1 325	808	450	725
马克思主义	2	106	1 819	1 166	559	1 118
哲学	3	19	287	213	53	187
逻辑学	4	0	0	0	0	0
宗教学	5	6	61	38	22	34
语言学	6	62	1 312	664	428	659
中国文学	7	99	1 537	1 006	334	1 042
外国文学	8	21	278	187	75	157
艺术学	9	121	1 654	529	810	773
历史学	10	137	2 204	1 538	543	1 416
考古学	11	5	31	27	4	14
经济学	12	112	2 066	1 295	598	1 262
政治学	13	37	707	479	154	420
法学	14	35	636	463	128	307
社会学	15	81	1 278	744	421	653
民族学与文化学	16	74	902	430	349	540
新闻学与传播学	17	25	320	141	155	173
图书馆、情报与文献学	18	7	164	41	56	73
教育学	19	263	4 754	2 626	1 681	2 731
体育学	20	51	842	345	393	429
统计学	21	2	8	1	7	2
港澳台研究	22	2	38	18	17	24
国际问题研究	23	25	362	289	65	231
交叉学科	24	8	159	112	42	115
心理学	25	33	425	319	90	268

中级职称	初级职称	培养研究生人数（人）	R & D 经费支出（千元）	仪器设备原价（千元）	其中：进口（千元）
6 960	1 350	18 273	489 822.8	508 285.6	149 745.9
428	99	837	43 685.3	13 082.2	1.5
583	78	1 952	25 380.9	12 687.5	9.9
63	22	249	5 147.7	2 212.9	38
0	0	0	0	0	0
26	1	125	790.7	116.4	0
413	66	869	21 039.9	21 465.1	3 245
340	74	1 158	25 215.8	15 425.9	15
83	30	141	1 665.2	659.9	37
582	198	452	28 263.2	42 768.2	8 549.7
619	82	1 864	43 315.7	31 804.0	7 156.0
14	2	8	2 120	17 012	8 600
561	93	1 126	54 970.5	40 600.9	2 183.4
205	32	236	18 010.6	4 586.5	100
194	42	365	11 965.5	4 384.2	3
391	70	829	21 361.3	22 488.9	313.5
290	34	306	19 203.4	11 432.9	135
125	17	241	2 006.2	4 889.8	155
73	9	37	1 557.1	2 193.7	0
1 377	278	4 931	129 153.9	117 113.0	20 985.6
315	79	473	5 735.3	9 155.8	698
4	0	0	15	21	0
9	5	0	2 316.2	78	0
120	11	589	8 936.0	1 344.3	1
36	4	66	2 840	2 644	520
109	24	1 419	15 127.4	130 118.4	96 999.3

13. 语言院校人文、社会科学研究与发展研究机构情况表

	编号	机构数	R & D 活动人员(人)			
			合计	其中		
				博士毕业	硕士毕业	高级职称
合计	0	293	2 926	1 809	931	1 647
管理学	1	21	214	152	50	115
马克思主义	2	6	91	42	46	30
哲学	3	3	17	17	0	14
逻辑学	4	0	0	0	0	0
宗教学	5	0	0	0	0	0
语言学	6	56	609	469	109	406
中国文学	7	7	96	59	33	54
外国文学	8	24	197	92	101	112
艺术学	9	11	134	48	44	58
历史学	10	1	10	8	2	8
考古学	11	0	0	0	0	0
经济学	12	35	380	188	152	172
政治学	13	5	31	20	8	16
法学	14	9	54	47	7	37
社会学	15	16	166	72	85	75
民族学与文化学	16	4	82	75	7	38
新闻学与传播学	17	20	169	120	42	104
图书馆、情报与文献学	18	1	19	3	16	11
教育学	19	22	177	56	116	102
体育学	20	2	9	0	6	2
统计学	21	0	0	0	0	0
港澳台研究	22	0	0	0	0	0
国际问题研究	23	40	389	287	90	248
交叉学科	24	7	56	42	11	36
心理学	25	3	26	12	6	9

中级职称	初级职称	培养研究生人数（人）	R & D 经费支出（千元）	仪器设备原价（千元）	其中:进口（千元）
849	206	1 687	78 942.0	35 774.8	2 945.5
49	22	87	7 951.7	1 411.2	0
48	13	27	611.6	151.5	0
3	0	7	304.6	191.4	0
0	0	0	0	0	0
0	0	0	0	0	0
149	19	573	22 955.4	14 424.6	2 453.1
29	2	157	1 113.4	958.6	0
61	8	180	1 804.8	1 189.8	30
40	10	14	3 956.9	1 761.6	0
2	0	0	100	0	0
0	0	0	0	0	0
110	30	84	10 750.5	4 859.9	20
12	3	3	826.2	199	0
17	0	5	2 925.3	563.5	0
52	24	7	1 882.6	353.5	0
41	3	99	2 868.1	222.5	0
47	7	61	6 853.6	3 220.9	282.7
8	0	0	30	0	0
49	24	131	992.9	418.9	0
3	2	0	290	35	0
0	0	0	0	0	0
0	0	0	0	0	0
104	33	212	10 931.1	5 692.5	157.2
12	3	40	1 609.4	100.7	2.4
13	3	0	184	20	0

14. 财经院校人文、社会科学研究与发展研究机构情况表

	编号	机构数	R & D 活动人员(人) 合计	其中 博士毕业	硕士毕业	高级职称
合计	0	679	12 106	7 420	3 851	7 536
管理学	1	173	2 989	1 818	944	1 847
马克思主义	2	21	457	276	150	281
哲学	3	5	131	72	43	83
逻辑学	4	0	0	0	0	0
宗教学	5	1	32	31	1	29
语言学	6	6	97	36	59	41
中国文学	7	11	147	81	44	99
外国文学	8	1	9	4	4	3
艺术学	9	14	253	86	140	138
历史学	10	2	18	8	9	14
考古学	11	0	0	0	0	0
经济学	12	298	5 409	3 557	1 533	3 490
政治学	13	3	79	53	26	56
法学	14	46	776	553	189	532
社会学	15	20	242	122	103	121
民族学与文化学	16	4	82	19	46	29
新闻学与传播学	17	7	187	75	107	117
图书馆、情报与文献学	18	0	0	0	0	0
教育学	19	32	321	74	182	158
体育学	20	3	61	4	39	29
统计学	21	23	436	286	134	219
港澳台研究	22	0	0	0	0	0
国际问题研究	23	3	41	30	11	31
交叉学科	24	6	339	235	87	219
心理学	25	0	0	0	0	0

		培养研究生人数（人）	R & D 经费支出（千元）	仪器设备原价（千元）	
中级职称	初级职称				其中:进口（千元）
3 662	562	10 755	256 966.2	197 769.6	12 966.6
914	104	2 943	77 915.7	66 111.6	3 805.5
146	17	135	2 903.5	519.4	0
47	1	121	1 767.1	468.8	0
0	0	0	0	0	0
2	0	47	398.5	20	0
53	3	13	818.3	3 019	0
45	3	58	2 605.1	428.3	0
6	0	0	30.8	62	0
85	24	14	1 201.4	6 802.9	0
4	0	1	55.3	20	0
0	0	0	0	0	0
1 508	251	5 365	133 382.0	72 136.7	5 016.9
23	0	74	1 058.2	449.5	0
231	8	631	10 108.5	2 825.1	7.2
110	4	123	1 061.3	367.3	0
34	11	4	151.6	20	0
61	9	151	3 494.5	5 226.3	17
0	0	0	0	0	0
98	65	0	2 214.2	3 888.3	100
25	7	0	140	53	0
149	47	461	15 874.3	13 998.0	0
0	0	0	0	0	0
9	1	87	1 073.6	901.7	0
112	7	527	712.2	20 451.5	4 020
0	0	0	0	0	0

15. 政法院校人文、社会科学研究与发展研究机构情况表

	编号	机构数	R & D 活动人员(人)			
			合计	其中		
				博士毕业	硕士毕业	高级职称
合计	0	232	3 017	1 541	1 188	1 773
管理学	1	22	371	156	151	228
马克思主义	2	3	53	3	42	36
哲学	3	1	5	5	0	1
逻辑学	4	0	0	0	0	0
宗教学	5	0	0	0	0	0
语言学	6	0	0	0	0	0
中国文学	7	1	6	4	2	2
外国文学	8	0	0	0	0	0
艺术学	9	0	0	0	0	0
历史学	10	1	6	3	3	2
考古学	11	0	0	0	0	0
经济学	12	2	13	9	4	6
政治学	13	9	109	68	37	74
法学	14	148	2 116	1 168	779	1 279
社会学	15	21	150	59	70	73
民族学与文化学	16	2	10	7	3	6
新闻学与传播学	17	7	63	32	30	26
图书馆、情报与文献学	18	0	0	0	0	0
教育学	19	5	46	5	32	13
体育学	20	1	3	0	1	2
统计学	21	1	6	3	3	1
港澳台研究	22	0	0	0	0	0
国际问题研究	23	2	8	3	5	5
交叉学科	24	0	0	0	0	0
心理学	25	6	52	16	26	19

		培养研究生人数（人）	R & D 经费支出（千元）	仪器设备原价（千元）	
中级职称	初级职称				其中:进口（千元）
936	141	1 622	45 557.6	46 823.1	197.8
135	7	24	3 253.7	2 040.1	0
16	1	0	200	400	0
4	0	0	40	0	0
0	0	0	0	0	0
0	0	0	0	0	0
0	0	0	0	0	0
3	1	0	15	0	0
0	0	0	0	0	0
0	0	0	0	0	0
2	2	0	30	2	0
0	0	0	0	0	0
7	0	0	58	11.5	0
30	3	91	3 146.6	669	0
593	89	1 488	35 761.3	41 796.4	191.8
64	11	1	429.7	236.1	0
4	0	0	70	8	0
24	13	0	423	533	0
0	0	0	0	0	0
18	9	5	1 667	195	0
1	0	0	21	8	0
3	2	0	27	3	0
0	0	0	0	0	0
3	0	0	130	40	0
0	0	0	0	0	0
29	3	13	285.4	881	6

16. 艺术院校人文、社会科学研究与发展研究机构情况表

	编号	机构数	R & D 活动人员（人）			
			合计	其中		
				博士毕业	硕士毕业	高级职称
合计	0	143	2 084	762	911	1 150
管理学	1	4	54	11	37	41
马克思主义	2	1	12	1	11	11
哲学	3	0	0	0	0	0
逻辑学	4	0	0	0	0	0
宗教学	5	0	0	0	0	0
语言学	6	0	0	0	0	0
中国文学	7	0	0	0	0	0
外国文学	8	0	0	0	0	0
艺术学	9	134	1 995	744	847	1 090
历史学	10	1	1	0	1	1
考古学	11	0	0	0	0	0
经济学	12	0	0	0	0	0
政治学	13	0	0	0	0	0
法学	14	0	0	0	0	0
社会学	15	0	0	0	0	0
民族学与文化学	16	1	13	5	8	4
新闻学与传播学	17	0	0	0	0	0
图书馆、情报与文献学	18	0	0	0	0	0
教育学	19	2	9	1	7	3
体育学	20	0	0	0	0	0
统计学	21	0	0	0	0	0
港澳台研究	22	0	0	0	0	0
国际问题研究	23	0	0	0	0	0
交叉学科	24	0	0	0	0	0
心理学	25	0	0	0	0	0

		培养研究生人数（人）	R & D 经费支出（千元）	仪器设备原价（千元）	
中级职称	初级职称				其中:进口（千元）
578	216	1 213	80 368.4	70 739.9	13 133.9
11	2	26	356.5	118.0	0
1	0	0	28	0	0
0	0	0	0	0	0
0	0	0	0	0	0
0	0	0	0	0	0
0	0	0	0	0	0
0	0	0	0	0	0
0	0	0	0	0	0
557	211	1 175	79 508.9	70 484.0	13 133.9
0	0	0	15	12.9	0
0	0	0	0	0	0
0	0	0	0	0	0
0	0	0	0	0	0
0	0	0	0	0	0
0	0	0	0	0	0
6	3	12	100	100	0
0	0	0	0	0	0
0	0	0	0	0	0
3	0	0	360	25	0
0	0	0	0	0	0
0	0	0	0	0	0
0	0	0	0	0	0
0	0	0	0	0	0
0	0	0	0	0	0
0	0	0	0	0	0

17. 民族院校人文、社会科学研究与发展研究机构情况表

	编号	机构数	R & D 活动人员（人）合计	其中 博士毕业	硕士毕业	高级职称
合计	0	206	3 888	2 292	1 222	2 174
管理学	1	16	208	130	61	105
马克思主义	2	10	241	130	83	125
哲学	3	2	64	40	16	59
逻辑学	4	0	0	0	0	0
宗教学	5	6	72	53	18	49
语言学	6	11	119	57	44	60
中国文学	7	10	270	176	72	183
外国文学	8	1	15	6	5	4
艺术学	9	7	85	24	46	39
历史学	10	5	71	31	19	29
考古学	11	0	0	0	0	0
经济学	12	16	391	238	132	214
政治学	13	5	195	114	78	72
法学	14	14	329	186	111	162
社会学	15	8	101	47	32	51
民族学与文化学	16	69	1 285	806	386	791
新闻学与传播学	17	0	0	0	0	0
图书馆、情报与文献学	18	3	37	18	16	25
教育学	19	19	331	192	88	163
体育学	20	0	0	0	0	0
统计学	21	0	0	0	0	0
港澳台研究	22	0	0	0	0	0
国际问题研究	23	4	74	44	15	43
交叉学科	24	0	0	0	0	0
心理学	25	0	0	0	0	0

中级职称	初级职称	培养研究生人数（人）	R & D 经费支出（千元）	仪器设备原价（千元）	其中:进口（千元）
1 129	365	3 263	68 566	27 070.3	2 185.1
69	31	259	1 988	1 640.2	220
44	17	78	2 052	1 198	100
5	0	14	291.1	36	0
0	0	0	0	0	0
16	4	141	514	437.5	120
38	13	59	1 775.6	2 256	0
62	6	118	1 627	534	80
7	4	0	30	7	0
24	22	24	539.6	2 856	0
22	14	96	2 688.5	480	0
0	0	0	0	0	0
140	15	364	5 283.3	2 562	380
63	57	127	1 183	905	150
88	31	239	3 930.6	957.2	260
37	9	52	2 820	586	120
371	109	1 101	40 432.2	10 518.4	583.1
0	0	0	0	0	0
9	3	41	120	345	12
116	28	489	3 010.6	1 685	160
0	0	0	0	0	0
0	0	0	0	0	0
0	0	0	0	0	0
18	2	61	280.5	67	0
0	0	0	0	0	0
0	0	0	0	0	0

18. 体育院校人文、社会科学研究与发展研究机构情况表

	编号	机构数	R & D 活动人员（人）合计	其中 博士毕业	硕士毕业	高级职称
合计	0	78	1 235	706	442	745
管理学	1	0	0	0	0	0
马克思主义	2	0	0	0	0	0
哲学	3	0	0	0	0	0
逻辑学	4	0	0	0	0	0
宗教学	5	0	0	0	0	0
语言学	6	0	0	0	0	0
中国文学	7	0	0	0	0	0
外国文学	8	0	0	0	0	0
艺术学	9	0	0	0	0	0
历史学	10	1	0	0	0	0
考古学	11	0	0	0	0	0
经济学	12	0	0	0	0	0
政治学	13	0	0	0	0	0
法学	14	0	0	0	0	0
社会学	15	0	0	0	0	0
民族学与文化学	16	0	0	0	0	0
新闻学与传播学	17	0	0	0	0	0
图书馆、情报与文献学	18	0	0	0	0	0
教育学	19	1	6	3	3	2
体育学	20	75	1 226	702	437	742
统计学	21	0	0	0	0	0
港澳台研究	22	0	0	0	0	0
国际问题研究	23	0	0	0	0	0
交叉学科	24	0	0	0	0	0
心理学	25	1	3	1	2	1

		培养研究生人数（人）	R & D 经费支出（千元）	仪器设备原价（千元）	
中级职称	初级职称				其中：进口（千元）
362	89	1 519	48 613.2	337 039.9	195 782.9
0	0	0	0	0	0
0	0	0	0	0	0
0	0	0	0	0	0
0	0	0	0	0	0
0	0	0	0	0	0
0	0	0	0	0	0
0	0	0	0	0	0
0	0	0	0	0	0
0	0	0	0	0	0
0	0	0	912.1	0	0
0	0	0	0	0	0
0	0	0	0	0	0
0	0	0	0	0	0
0	0	0	0	0	0
0	0	0	0	0	0
0	0	0	0	0	0
0	0	0	0	0	0
0	0	0	0	0	0
4	0	0	30	10	0
356	89	1 507	47 571.1	335 829.9	194 982.9
0	0	0	0	0	0
0	0	0	0	0	0
0	0	0	0	0	0
0	0	0	0	0	0
2	0	12	100	1 200	800

六、社科研究与发展课题

1. 各类高等学校人文、社会科学研究与发展课题情况表

		课题数	当年投入人数（人年）	其中：研究生	当年拨入经费（千元）	当年支出经费（千元）
	合计	640 568	147 075	11 373	16 189 416.4	14 410 602.3
按学校隶属关系划分	教育部直属院校	121 099	22 963	4 936	5 642 758.3	4 864 196.1
	其他部委院校	19 854	4 938	458	653 778.7	585 672.4
	地方院校	499 615	119 175	5 979	9 892 879.4	8 960 733.9
按学校规格划分	本科院校	550 264	126 055	11 371	15 588 155.7	13 873 276.4
	专科院校	90 304	21 021	2	601 260.6	537 325.9
按学校类型划分	综合大学	206 857	44 421	4 191	6 187 920.8	5 388 291.8
	理工农医院校	190 618	43 274	2 934	4 281 432.2	3 808 630.7
	高等师范院校	105 681	25 699	1 591	2 652 914.4	2 412 388.6
	语言院校	21 941	4 598	351	497 975.0	401 748.2
	财经院校	71 138	17 767	1 271	1 442 178.7	1 386 414.6
	政法院校	16 374	3 411	346	316 374.7	318 314.9
	体育院校	4 810	1 678	257	128 775.4	125 075.5
	艺术院校	14 197	3 674	220	454 999.8	359 103.7
	民族院校	8 952	2 554	211	226 845.4	210 634.3

2. 各省、市、自治区高等学校人文、社会科学研究与发展课题情况表

	课题数	当年投入人数（人年）	其中：研究生	当年拨入经费（千元）	当年支出经费（千元）
合计	640 568	147 075	11 373	16 189 416.4	14 410 602.3
北京市	54 864	10 436	1 907	2 635 599.6	2 402 141.8
天津市	12 278	3 510	366	223 907.6	240 864.0
河北省	19 738	5 989	145	230 589.0	240 455.0
山西省	9 782	2 196	59	178 124.7	131 042.3
内蒙古自治区	6 528	1 410	43	112 526.9	106 035.0
辽宁省	16 937	4 567	317	281 184.6	282 445.0
吉林省	16 548	4 877	158	284 663.6	247 761.6
黑龙江省	6 770	3 881	418	84 602.0	74 892.0
上海市	27 346	5 363	490	1 250 383.6	1 039 835.3
江苏省	46 474	9 483	817	1 217 460.8	1 073 193.6
浙江省	45 045	9 921	637	1 340 810.7	1 078 918.1
安徽省	24 761	5 578	266	369 820.8	310 653.2
福建省	24 188	5 002	260	488 267.0	460 956.4
江西省	17 337	2 508	26	273 121.0	242 744.9
山东省	35 428	8 319	425	791 015.9	653 916.2
河南省	25 377	5 599	212	612 452.2	587 715.0
湖北省	28 712	7 459	1 354	890 170.6	871 680.2
湖南省	32 280	7 322	209	496 476.4	413 672.2
广东省	47 883	9 946	403	1 404 432.9	1 232 801.9
广西壮族自治区	16 330	4 407	78	368 615.2	322 893.5
海南省	3 307	896	31	56 811.7	52 331.8
重庆市	18 841	5 156	663	549 378.1	470 075.2
四川省	36 493	7 546	418	617 102.2	576 510.4
贵州省	10 081	2 563	247	166 421.6	168 053.5
云南省	10 673	3 894	433	175 421.4	190 033.6
西藏自治区	1 058	202	5	21 524.8	20 908.0
陕西省	28 880	4 555	526	732 199.6	627 212.4
甘肃省	8 387	2 264	208	191 927.3	162 442.1
青海省	616	265	5	11 627.2	12 211.1
宁夏回族自治区	2 659	539	57	32 298.3	35 492.4
新疆维吾尔自治区	4 967	1 423	189	100 479.3	80 714.5

3. 各省、市、自治区所属高等学校人文、社会科学研究与发展课题情况表

	课题数	当年投入人数（人年）	其中：研究生	当年拨入经费（千元）	当年支出经费（千元）
合计	499 615	119 175	5 979	9 892 879.4	8 960 733.9
北京市	11 493	2 764	465	372 474.9	337 816.1
天津市	8 716	2 628	159	93 795.0	86 701.4
河北省	18 730	5 769	142	223 796.9	234 327.3
山西省	9 782	2 196	59	178 124.7	131 042.3
内蒙古自治区	6 528	1 410	43	112 526.9	106 035.0
辽宁省	14 234	3 941	306	203 493.8	203 737.7
吉林省	10 717	4 061	44	132 584.8	133 711.5
黑龙江省	5 969	3 491	406	59 493.0	53 336.9
上海市	12 228	2 822	212	402 759.0	362 037.2
江苏省	37 580	7 485	197	851 355.6	791 847.9
浙江省	42 142	9 567	503	1 065 806.6	869 653.9
安徽省	23 736	5 348	236	340 805.0	288 484.6
福建省	19 902	4 058	56	297 555.3	271 299.4
江西省	17 337	2 508	26	273 121.0	242 744.9
山东省	30 949	7 729	370	577 977.6	503 256.4
河南省	25 255	5 572	212	612 222.2	587 341.6
湖北省	17 862	3 793	249	441 238.3	476 907.8
湖南省	28 796	6 346	124	409 603.4	320 038.7
广东省	37 790	8 559	226	967 503.3	875 385.6
广西壮族自治区	16 330	4 407	78	368 615.2	322 893.5
海南省	3 307	896	31	56 811.7	52 331.8
重庆市	15 042	4 029	431	335 980.9	284 123.4
四川省	28 165	5 966	184	369 453.7	368 010.8
贵州省	10 081	2 563	247	166 421.6	168 053.5
云南省	10 673	3 894	433	175 421.4	190 033.6
西藏自治区	1 058	202	5	21 524.8	20 908.0
陕西省	21 736	3 523	260	536 702.7	483 493.1
甘肃省	5 949	1 578	69	113 149.9	82 812.2
青海省	616	265	5	11 627.2	12 211.1
宁夏回族自治区	1 945	387	14	20 453.7	19 442.1
新疆维吾尔自治区	4 967	1 423	189	1 004 79.3	80 714.5

4. 其他部委所属高等学校人文、社会科学研究与发展课题情况表

	课题数	当年投入人数（人年）	其中：研究生	当年拨入经费（千元）	当年支出经费（千元）
合计	19 854	4 938	458	653 778.7	585 672.4
中共中央办公厅	33	9	0	1 194.5	2 024.5
外交部	196	53	7	3 718	3 774.4
国防部	196	97	0	1 720	1 641.2
国家民族事务委员会	5 633	1 411	151	113 649.4	104 400.8
公安部	1 949	546	55	25 074.5	27 350.2
司法部	238	70	0	1 974	673.7
工业和信息化部	3 518	1 000	109	142 311.3	145 889.4
交通运输部	511	177	3	5 980.3	5 248.1
国家卫生健康委员会	14	13	1	1 000	461.1
海关总署	283	37	0	7 978.4	4 042.0
交通运输部（中国民用航空局）	615	264	24	13 002.4	16 866.7
中国地震局	115	42	0	1 826.9	1 659.6
国务院侨务办公室	3 906	525	8	194 177.3	135 236.4
应急管理部	105	30	0	1 600.1	1 951.2
国家体育总局	591	209	14	24 970.8	28 424.0
中国科学院	509	208	64	83 195.0	78 250.4
中国社会科学院	368	91	20	16 233.0	11 780.3
中华全国总工会	253	71	0	8 112.9	7 747.0
共青团中央	302	40	1	2 859.0	5 225.2
中华全国妇女联合会	519	46	1	3 200.9	3 026.1

5. 全国高等学校人文、社会科学研究课题来源情况表

	编号	合计	国家社科基金项目	国家社科基金单列学科项目	教育部人文、社科研究项目	高校古籍整理研究项目	国家自然科学基金项目	中央其他部门社科专门项目
		L01	L02	L03	L04	L05	L06	L07
课题数(项)	1	640 568	36 172	2 496	21 708	500	6 333	15 135
当年投入人数(人年)	2	147 075	11 727	847	6 209	98	1 704	3 399
其中:研究生(人年)	3	11 373	1 497	83	646	7	334	494
当年拨入经费(千元)	4	16 189 416.4	1 670 295.2	109 340.2	400 449.4	5 302.5	515 886.6	528 434.1
其中:当年立项项目拨入经费(千元)	5	12 490 198.1	1 371 795.1	78 178.0	176 620.9	4 065.5	240 412.5	364 573.0
当年支出经费(千元)	6	14 410 602.3	1 496 513.2	88 677.8	375 423.7	4 390.0	451 098.5	565 503.2
当年新开课题数(项)	7	206 126	6 934	447	3 465	80	1 159	3 318
当年新开课题批准经费(千元)	8	18 513 840.4	1 784 503.2	108 521.0	524 703.6	9 081	521 785.5	579 426.5
当年完成课题数(项)	9	153 097	4 552	289	3 495	63	908	3 027

课题来源

省、市、自治区社科基金项目	省教育厅社科项目	地、市厅、局等政府部门项目	国际合作研究项目	与港、澳、台合作研究项目	企事业单位委托项目	学校社科项目	外资项目	其他项目
L08	L09	L10	L11	L12	L13	L14	L15	L16
79 879	95 804	108 870	714	178	144 005	124 624	310	3 840
20 966	23 880	24 470	140	30	27 628	25 126	47	803
1 525	870	1 245	27	5	3 589	994	4	52
636 608.0	592 968.9	1 506 945.0	82 809.2	13 661.6	9 148 181.8	890 769.0	27 754.9	60 010.0
462 850.5	481 811.7	1 152 914.8	28 755.0	11 176.2	7 302 552.4	749 013.7	17 878.5	47 600.2
584 338.5	522 641.8	1 404 007.2	82 696.1	15 655.9	7 942 886.8	803 618.9	25 416.8	47 733.9
20 734	26 946	41 693	131	33	58 452	41 364	50	1 320
704 088.0	787 213.5	1 624 216.1	51 249.0	22 552.0	10 405 670.9	1 297 242.0	28 269.4	65 318.7
15 224	18 262	31 866	180	37	44 719	29 550	73	852

6. 教育部直属院校人文、社会科学研究课题来源情况表

		合计	国家社科基金项目	国家社科基金单列学科项目	教育部人文、社科研究项目	高校古籍整理研究项目	国家自然科学基金项目	中央其他部门社科专门项目
	编号	L01	L02	L03	L04	L05	L06	L07
课题数(项)	1	121 099	12 740	774	8 051	149	3 532	7 359
当年投入人数(人年)	2	22 963	3 263	192	1 929	22	922	1 275
其中:研究生(人年)	3	4 936	544	35	348	2	210	285
当年拨入经费(千元)	4	5 642 758.3	685 640.3	39 943.8	151 848.1	2 867.5	332 099.5	274 270.8
其中:当年立项项目拨入经费(千元)	5	3 835 830.1	519 009.1	26 752	69 671.8	2 205	160 656.5	185 152.5
当年支出经费(千元)	6	4 864 196.1	580 525.8	28 431.7	148 109.9	2 169.6	263 254.5	310 014.0
当年新开课题数(项)	7	29 759	2 473	140	1 083	25	687	1 569
当年新开课题批准经费(千元)	8	6 656 677.3	725 223.1	39 200	284 579.7	2 465	351 896.5	247 261.0
当年完成课题数(项)	9	24 452	1 537	82	1 357	14	536	1 495

课题来源

省、市、自治区社科基金项目	省教育厅社科项目	地、市厅、局等政府部门项目	国际合作研究项目	与港、澳、台合作研究项目	企事业单位委托项目	学校社科项目	外资项目	其他项目
L08	L09	L10	L11	L12	L13	L14	L15	L16
11 915	3 942	12 781	556	142	39 796	18 357	205	800
2 430	781	2 110	98	22	6 904	2 887	24	105
445	139	450	24	4	2 023	405	4	19
140 266.1	62 796.0	607 529.6	72 976.4	13 372.4	3 164 564.1	60 642.4	24 405.0	9 536.3
88 437.7	50 478.9	411 779.4	25 331.1	10 912.0	2 219 952.6	44 186.6	15 912.4	5 392.4
127 324.7	51 130.7	518 383.0	74 904.0	15 115.2	2 667 558.8	49 235.5	19 237.4	8 801.3
2 365	791	3 278	104	29	12 905	4 162	33	115
146 943.5	79 270.0	629 390.1	46 261.5	22 063.0	3 761 808.1	286 343.9	24 929.3	9 042.7
2 055	602	2 849	164	30	9 468	4 094	43	126

7. 其他部委院校人文、社会科学研究课题来源情况表

		合计	国家社科基金项目	国家社科基金单列学科项目	教育部人文、社科研究项目	高校古籍整理研究项目	国家自然科学基金项目	中央其他部门社科专门项目
	编号	L01	L02	L03	L04	L05	L06	L07
课题数(项)	1	19 854	2 041	55	797	4	687	1 452
当年投入人数(人年)	2	4 938	651	21	238	1	183	379
其中:研究生(人年)	3	458	58	1	18	0	46	54
当年拨入经费(千元)	4	653 778.7	96 594.4	1 772.7	15 936.4	200	76 841.5	65 774.0
其中:当年立项项目拨入经费(千元)	5	461 471.6	81 408	1 020	7 609	0	24 608.2	35 363.1
当年支出经费(千元)	6	585 672.4	79 851.9	1 608.6	13 398.5	192.1	72 758.9	69 487.4
当年新开课题数(项)	7	5 349	374	6	138	1	77	299
当年新开课题批准经费(千元)	8	745 697.0	100 865	1 350	18 118	30	40 908	124 551.2
当年完成课题数(项)	9	3 981	190	3	98	0	61	339

课题来源								
省、市、自治区社科基金项目	省教育厅社科项目	地、市厅、局等政府部门项目	国际合作研究项目	与港、澳、台合作研究项目	企事业单位委托项目	学校社科项目	外资项目	其他项目
L08	L09	L10	L11	L12	L13	L14	L15	L16
2 454	781	1 826	5	2	3 070	6 546	4	130
647	199	371	2	1	816	1 403	1	27
39	14	31	0	0	123	72	0	3
25 201.5	7 105.1	34 974.1	435	155.4	197 672.0	129 739.2	487.5	889.9
17 009.5	1 357	27 175.0	210	155.4	145 124.4	119 835.4	108.6	488
27 966.6	6 040.8	24 526.1	527.1	174.8	161 327.3	125 351.7	694.4	1 766.1
651	228	433	1	1	1 128	1 978	1	33
26 789.8	3 635	38 182.5	210	308	230 235.9	159 418.6	110	985
403	108	449	2	1	649	1 621	2	55

8. 地方院校人文、社会科学研究课题来源情况表

	编号	合计	国家社科基金项目	国家社科基金单列学科项目	教育部人文、社科研究项目	高校古籍整理研究项目	国家自然科学基金项目	中央其他部门社科专门项目
	编号	L01	L02	L03	L04	L05	L06	L07
课题数(项)	1	499 615	21 391	1 667	12 860	347	2 114	6 324
当年投入人数(人年)	2	119 175	7 813	634	4 042	75	599	1 745
其中:研究生(人年)	3	5 979	896	47	280	5	78	155
当年拨入经费(千元)	4	9 892 879.4	888 060.4	67 623.7	232 664.9	2 235.1	106 945.6	188 389.3
其中:当年立项项目拨入经费(千元)	5	8 192 896.4	771 377.9	50 406.0	99 340.0	1 860.5	55 147.8	144 057.4
当年支出经费(千元)	6	8 960 733.9	836 135.5	58 637.5	213 915.4	2 028.3	115 085.1	186 001.8
当年新开课题数(项)	7	171 018	4 087	301	2 244	54	395	1 450
当年新开课题批准经费(千元)	8	11 111 466.2	958 415.1	67 971.0	222 005.8	6 586	128 981.0	207 614.3
当年完成课题数(项)	9	124 664	2 825	204	2 040	49	311	1 193

课题来源								
省、市、自治区社科基金项目	省教育厅社科项目	地、市厅、局等政府部门项目	国际合作研究项目	与港、澳、台合作研究项目	企事业单位委托项目	学校社科项目	外资项目	其他项目
L08	L09	L10	L11	L12	L13	L14	L15	L16
65 510	91 081	94 263	153	34	101 139	99 721	101	2 910
17 889	22 900	21 989	41	8	19 908	20 837	23	671
1 041	717	765	2	1	1 443	517	0	31
471 140.4	523 067.8	864 441.2	9 397.8	133.8	5 785 945.7	700 387.4	2 862.4	49 583.7
357 403.4	429 975.8	713 960.4	3 214.0	108.8	4 937 475.4	584 991.7	1 857.4	41 719.8
429 047.2	465 470.3	861 098.1	7 264.9	365.8	5 114 000.7	629 031.7	5 485.0	37 166.5
17 718	25 927	37 982	26	3	44 419	35 224	16	1 172
530 354.7	704 308.5	956 643.5	4 777.5	181.0	6 413 626.9	851 479.5	3 230.1	55 291.0
12 766	17 552	28 568	14	6	34 602	23 835	28	671

9. 全国高等学校人文、社会科学研究课题情况表

学科门类	总数					基础研究				
	课题数	当年投入人数（人年）	其中：研究生	当年拨入经费（千元）	当年支出经费（千元）	课题数	当年投入人数（人年）	其中：研究生	当年拨入经费（千元）	当年支出经费（千元）
	L01	L02	L03	L04	L05	L06	L07	L08	L09	L10
合计	640 568	147 075	11 373	16 189 416.4	14 410 602.3	301 029	69 816	5 030	5 906 050.8	5 236 729.8
管理学	128 135	28 723	2 923	4 325 265.3	3 889 499.1	43 658	9 579	895	1 053 674.6	957 922.6
马克思主义	38 477	9 145	514	580 746.4	501 717.7	24 101	5 771	358	387 964.7	339 946.3
哲学	7 750	1 804	182	161 587.2	148 619.4	6 219	1 440	135	130 209.4	118 032.4
逻辑学	275	58	2	3 564.1	3 299.1	145	33	1	2 206.7	1 946.3
宗教学	1 217	287	18	24 251.0	24 164.4	968	234	16	19 586.3	19 069.8
语言学	32 947	8 129	441	546 134.2	473 079.0	20 009	5 066	302	300 633.0	261 656.7
中国文学	18 489	4 379	299	374 288.3	355 179.8	14 614	3 534	253	285 239.1	266 969.9
外国文学	7 894	1 902	102	104 328.0	89 867.4	5 830	1 413	85	73 397.2	63 558.1
艺术学	60 832	14 353	934	1 933 957.4	1 660 285.2	29 407	7 223	446	582 469.8	454 496.1
历史学	14 198	3 296	314	392 022.9	354 600.9	11 373	2 672	237	297 078.3	264 065.8
考古学	4 643	633	186	587 939.0	491 731.9	2 298	312	56	226 786.3	182 113.7
经济学	70 946	15 802	1 479	1 927 692.9	1 803 018.8	25 007	5 559	457	554 855.4	523 102.7
政治学	13 307	2 902	281	226 603.8	204 091.7	7 594	1 687	149	115 681.5	104 438.0
法学	34 188	7 225	883	829 429.9	756 413.0	15 172	3 238	327	281 620.4	277 934.1
社会学	29 196	6 497	523	654 156.3	611 318.0	12 718	2 792	213	237 869.9	219 038.9
民族学与文化学	9 832	2 503	171	200 711.7	186 301.0	5 793	1 490	113	134 044.7	118 876.7
新闻学与传播学	16 569	3 449	372	451 620.3	383 222.6	7 907	1 694	174	153 208.0	137 285.6
图书馆、情报与文献学	7 658	1 961	132	155 032.7	131 120.3	4 007	1 050	69	69 135.8	62 871.6
教育学	107 998	24 997	809	1 586 500.4	1 402 472.5	48 024	10 953	420	677 042.2	603 419.1
统计学	4 720	1 137	153	170 013.8	144 198.1	1 636	362	33	45 264.3	31 981.4
心理学	6 636	1 488	129	211 502.9	178 293.6	3 295	762	58	80 876.3	67 189.9
体育学	20 573	5 443	382	472 916.1	430 239.8	9 527	2 536	176	123 129.4	109 918.8
其他学科	4 088	962	144	269 151.7	187 868.9	1 727	415	57	74 077.3	50 895.3

应用研究					试验与发展				
课题数	当年投入人数（人年）	其中：研究生	当年拨入经费（千元）	当年支出经费（千元）	课题数	当年投入人数（人年）	其中：研究生	当年拨入经费（千元）	当年支出经费（千元）
L11	L12	L13	L14	L15	L16	L17	L18	L19	L20
339 048	77 137	6 327	10 261 476.6	9 152 517.9	491	123	18	21 888.9	21 354.7
84 394	19 118	2 023	3 258 319.9	2 916 909.9	83	26	6	13 270.7	14 666.6
14 373	3 374	157	192 781.7	161 771.4	3	1	0	0	0
1 530	364	47	31 358.3	30 569.4	1	0	0	19.5	17.7
130	25	0	1 357.4	1 352.8	0	0	0	0	0
249	53	3	4 664.7	5 094.6	0	0	0	0	0
12 924	3 061	139	245 347.1	211 271.6	14	3	0	154.1	150.7
3 875	845	46	89 049.2	88 209.9	0	0	0	0	0
2 064	489	17	30 930.7	26 309.3	0	0	0	0	0
31 367	7 115	486	1 350 099.0	1 204 249.6	58	15	3	1 388.6	1 539.5
2 825	624	77	94 944.6	90 535.1	0	0	0	0	0
2 345	321	130	361 152.7	309 618.2	0	0	0	0	0
45 895	10 233	1 023	1 371 607.5	1 278 240.5	44	9	0	1 230	1 675.6
5 707	1 213	132	110 912.3	99 651.0	6	2	0	10	2.7
18 989	3 979	553	547 254.7	478 086.7	27	8	2	554.8	392.1
16 451	3 696	308	416 220.9	392 072.4	27	9	3	65.5	206.7
4 035	1 013	58	66 662.1	67 423.3	4	0	0	5	1
8 648	1 751	197	297 967.1	245 476.7	14	4	1	445.2	460.3
3 650	911	62	85 886.9	68 248.2	1	1	0	10	0.5
59 828	14 016	389	906 281.1	798 208.8	146	28	1	3 177.1	844.6
3 079	772	119	124 489.5	112 085.5	5	3	1	260	131.3
3 312	721	69	129 584.9	110 070.8	29	5	1	1 041.8	1 032.9
11 024	2 899	205	349 582.7	320 118.7	22	9	0	204	202.3
2 354	545	87	195 021.9	136 943.4	7	2	0	52.5	30.2

10. 本科院校人文、社会科学研究课题情况表

学科门类	总数					基础研究				
	课题数	当年投入人数（人年）	其中：研究生	当年拨入经费（千元）	当年支出经费（千元）	课题数	当年投入人数（人年）	其中：研究生	当年拨入经费（千元）	当年支出经费（千元）
	L01	L02	L03	L04	L05	L06	L07	L08	L09	L10
合计	550 264	126 055	11 371	15 588 155.7	13 873 276.4	270 660	62 776	5 029	5 768 692.5	5 111 439.8
管理学	112 273	25 154	2 922	4 141 727.0	3 726 460.6	39 446	8 621	895	1 020 238.7	930 141.9
马克思主义	33 186	7 877	514	557 257.0	482 030.1	21 758	5 221	358	379 081.2	332 371.1
哲学	7 386	1 721	182	160 586.3	147 544.2	6 033	1 396	135	129 904.7	117 589.3
逻辑学	249	50	2	3 454.1	3 217.1	138	32	1	2 174.7	1 923.4
宗教学	1 189	281	18	24 234.1	24 135.1	952	231	16	19 576.5	19 049.9
语言学	30 183	7 496	441	529 857.7	458 838.7	18 956	4 814	302	296 569.6	257 889.9
中国文学	17 531	4 148	299	369 199.0	350 805.8	14 081	3 400	253	282 605.7	264 548.8
外国文学	7 634	1 837	102	103 316.6	89 240.9	5 722	1 386	85	72 946.2	63 291.2
艺术学	54 880	12 939	934	1 867 782.3	1 598 081.8	27 413	6 744	446	571 921.8	446 525.0
历史学	13 901	3 232	314	390 138.1	352 529.8	11 212	2 636	237	296 304.5	263 283.6
考古学	4 610	626	186	587 417.1	491 247.1	2 282	309	56	226 663.4	182 082.9
经济学	63 556	14 187	1 479	1 857 182.0	1 740 353.5	23 181	5 170	457	545 305.8	513 420.0
政治学	11 724	2 521	280	220 647.8	198 322.0	6 923	1 516	148	113 379.8	102 374.5
法学	33 144	6 973	883	821 110.5	749 350.7	14 729	3 129	327	279 592.7	276 613.7
社会学	25 396	5 635	523	624 094.6	583 768.0	11 452	2 526	213	227 017.6	208 767.9
民族学与文化学	8 553	2 195	171	193 058.8	180 066.7	5 284	1 357	113	131 298.5	116 625.3
新闻学与传播学	15 902	3 293	372	442 845.7	376 306.8	7 695	1 644	174	152 140.1	136 303.0
图书馆、情报与文献学	6 956	1 792	132	152 190.9	128 906.5	3 785	1 000	69	68 271.3	62 183.7
教育学	70 000	16 013	809	1 442 776.2	1 273 814.1	34 835	7 906	420	635 513.3	563 035.9
统计学	4 440	1 074	153	167 261.7	141 293.6	1 543	341	33	44 820.8	31 627.7
心理学	5 440	1 204	129	208 179.8	172 926.7	2 844	656	58	79 709.2	63 833.8
体育学	18 598	4 978	382	461 103.0	420 369.4	8 821	2 370	176	120 804.6	107 712.1
其他学科	3 533	831	144	262 735.4	183 667.5	1 575	375	57	72 851.9	50 245.4

应用研究					试验与发展				
课题数	当年投入人数（人年）	其中：研究生	当年拨入经费（千元）	当年支出经费（千元）	课题数	当年投入人数（人年）	其中：研究生	当年拨入经费（千元）	当年支出经费（千元）
L11	L12	L13	L14	L15	L16	L17	L18	L19	L20
279 246	63 181	6 325	9 798 355.0	8 741 012.3	358	97	18	21 108.3	20 824.4
72 749	16 509	2 022	3 108 330.7	2 781 765.3	78	25	6	13 157.6	14 553.4
11 427	2 656	157	178 175.8	149 659.0	1	0	0	0	0
1 352	326	47	30 662.0	29 937.2	1	0	0	19.5	17.65
111	18	0	1 279.4	1 293.6	0	0	0	0	0
237	50	3	4 657.7	5 085.2	0	0	0	0	0
11 213	2 680	139	233 134.0	200 798.1	14	3	0	154.1	150.7
3 450	748	46	86 593.3	86 257.0	0	0	0	0	0
1 912	451	17	30 370.4	25 949.6	0	0	0	0	0
27 414	6 182	486	1 294 671.8	1 150 192.6	53	14	3	1 188.6	1 364.2
2 689	596	77	93 833.6	89 246.2	0	0	0	0	0
2 328	317	130	360 753.7	309 164.2	0	0	0	0	0
40 333	9 008	1 023	1 310 646.2	1 225 257.9	42	9	0	1 230	1 675.6
4 799	1 004	132	107 268.0	95 947.5	2	0	0	0	0
18 389	3 837	553	540 963.0	472 355.9	26	8	2	554.8	381.1
13 919	3 101	307	397 012.5	374 794.3	25	8	3	64.5	205.7
3 265	837	58	61 755.3	63 440.4	4	0	0	5	1
8 193	1 646	197	290 260.4	239 553.5	14	4	1	445.2	450.3
3 170	792	62	83 909.5	66 722.3	1	1	0	10	0.5
35 119	8 097	389	804 430.8	710 116.6	46	10	1	2 832.1	661.7
2 892	730	119	122 180.9	109 534.7	5	3	1	260	131.3
2 570	544	69	127 481.3	108 060.0	26	5	1	989.3	1 032.9
9 760	2 601	205	340 108.4	312 470.4	17	7	0	190	186.9
1 955	455	87	189 876.0	133 410.8	3	2	0	7.5	11.3

11. 专科院校人文、社会科学研究课题情况表

学科门类	总数					基础研究				
	课题数	当年投入人数（人年）	其中：研究生	当年拨入经费（千元）	当年支出经费（千元）	课题数	当年投入人数（人年）	其中：研究生	当年拨入经费（千元）	当年支出经费（千元）
	L01	L02	L03	L04	L05	L06	L07	L08	L09	L10
合计	90 304	21 021	2	601 260.6	537 325.9	30 369	7 039	1	137 358.3	125 290.0
管理学	15 862	3 569	1	183 538.4	163 038.4	4 212	958	0	33 436.0	27 780.7
马克思主义	5 291	1 268	0	23 489.4	19 687.6	2 343	550	0	8 883.5	7 575.2
哲学	364	83	0	1 000.9	1 075.3	186	45	0	304.7	443.0
逻辑学	26	8	0	110	82.0	7	1	0	32	22.8
宗教学	28	6	0	16.9	29.3	16	4	0	9.9	19.9
语言学	2 764	633	0	16 276.5	14 240.3	1 053	252	0	4 063.4	3 766.8
中国文学	958	232	0	5 089.3	4 374.0	533	134	0	2 633.4	2 421.1
外国文学	260	66	0	1 011.4	626.5	108	28	0	451.0	266.9
艺术学	5 952	1 414	0	66 175.0	62 203.4	1 994	479	0	10 547.9	7 971.1
历史学	297	64	0	1 884.7	2 071.1	161	36	0	773.8	782.3
考古学	33	7	0	521.9	484.8	16	3	0	122.9	30.8
经济学	7 390	1 614	0	70 510.9	62 665.3	1 826	389	0	9 549.6	9 682.6
政治学	1 583	381	1	5 956.0	5 769.8	671	171	1	2 301.8	2 063.6
法学	1 044	252	0	8 319.4	7 062.3	443	110	0	2 027.7	1 320.5
社会学	3 800	862	0	30 061.7	27 550.1	1 266	267	0	10 852.3	10 271.0
民族学与文化学	1 279	308	0	7 653.0	6 234.3	509	133	0	2 746.2	2 251.4
新闻学与传播学	667	155	0	8 774.6	6 915.8	212	50	0	1 068.0	982.6
图书馆、情报与文献学	702	169	0	2 841.8	2 213.9	222	50	0	864.5	687.9
教育学	37 998	8 984	0	143 724.2	128 658.4	13 189	3 047	0	41 528.9	40 383.3
统计学	280	63	0	2 752.0	2 904.6	93	21	0	443.5	353.7
心理学	1 196	285	0	3 323.2	5 367.0	451	107	0	1 167.1	3 356.2
体育学	1 975	465	0	11 813.1	9 870.4	706	167	0	2 324.8	2 206.7
其他学科	555	131	0	6 416.3	4 201.4	152	40	0	1 225.4	649.9

应用研究					试验与发展				
课题数	当年投入人数（人年）	其中：研究生	当年拨入经费（千元）	当年支出经费（千元）	课题数	当年投入人数（人年）	其中：研究生	当年拨入经费（千元）	当年支出经费（千元）
L11	L12	L13	L14	L15	L16	L17	L18	L19	L20
59 802	13 955	1	463 121.7	411 505.6	133	26	0	780.6	530.3
11 645	2 610	1	149 989.3	135 144.6	5	1	0	113.1	113.1
2 946	718	0	14 605.9	12 112.4	2	0	0	0	0
178	38	0	696.2	632.2	0	0	0	0	0
19	7	0	78	59.2	0	0	0	0	0
12	3	0	7	9.4	0	0	0	0	0
1 711	381	0	12 213.1	10 473.4	0	0	0	0	0
425	97	0	2 455.9	1 952.9	0	0	0	0	0
152	38	0	560.3	359.6	0	0	0	0	0
3 953	934	0	55 427.1	54 057.1	5	1	0	200	175.3
136	28	0	1 110.9	1 288.8	0	0	0	0	0
17	5	0	399	454.0	0	0	0	0	0
5 562	1 225	0	60 961.2	52 982.7	2	0	0	0	0
908	209	0	3 644.3	3 703.5	4	2	0	10	2.7
600	142	0	6 291.7	5 730.9	1	0	0	0	11
2 532	595	0	19 208.4	17 278.1	2	1	0	1	1
770	175	0	4 906.8	3 982.8	0	0	0	0	0
455	105	0	7 706.6	5 923.1	0	0	0	0	10
480	119	0	1 977.3	1 526.0	0	0	0	0	0
24 709	5 919	0	101 850.3	88 092.2	100	18	0	345	182.9
187	42	0	2 308.5	2 550.9	0	0	0	0	0
742	178	0	2 103.5	2 010.8	3	1	0	52.5	0
1 264	297	0	9 474.3	7 648.4	5	1	0	14	15.4
399	90	0	5 145.9	3 532.6	4	1	0	45	18.9

12. 教育部直属院校人文、社会科学研究课题情况表

学科门类	总数					基础研究				
	课题数	当年投入人数（人年）	其中：研究生	当年拨入经费（千元）	当年支出经费（千元）	课题数	当年投入人数（人年）	其中：研究生	当年拨入经费（千元）	当年支出经费（千元）
	L01	L02	L03	L04	L05	L06	L07	L08	L09	L10
合计	121 099	22 963	4 939	5 642 758	4 864 194	57 729	10 844	1 921	2 040 412	1 813 119
管理学	28 211	5 601	1 360	1 683 704	1 477 899	9 560	1 792	347	427 796	402 624
马克思主义	6 528	1 323	211	144 898	122 551	4 555	924	143	102 489	89 367
哲学	2 772	510	76	84 565	76 545	2 362	434	63	66 718	60 258
逻辑学	44	7	1	575	1 028	36	6	1	575	1 028
宗教学	396	70	9	9 024	9 499	328	59	8	7 629	8 103
语言学	5 352	1 150	159	110 563	89 273	3 846	853	119	70 663	58 254
中国文学	3 162	579	92	88 510	82 404	2 671	504	83	67 264	60 609
外国文学	1 680	309	36	27 994	24 358	1 399	263	31	22 664	20 092
艺术学	6 238	1 345	322	441 830	348 995	3 193	636	116	90 964	66 964
历史学	4 117	720	108	154 551	122 946	3 446	612	92	118 228	94 042
考古学	2 709	246	97	316 626	235 801	1 424	117	26	176 726	136 779
经济学	16 453	3 077	698	800 506	737 459	5 411	987	195	221 017	214 190
政治学	3 708	641	127	107 299	94 283	2 010	353	57	53 615	46 221
法学	10 896	2 002	421	355 803	340 639	3 889	696	113	105 747	101 875
社会学	6 116	1 121	272	242 284	215 745	2 580	466	106	73 279	66 831
民族学与文化学	766	159	40	26 444	25 999	490	109	27	17 543	17 624
新闻学与传播学	5 362	904	233	204 087	167 131	2 141	388	92	55 692	47 474
图书馆、情报与文献学	2 185	474	79	69 025	55 448	1 069	238	35	28 441	25 851
教育学	8 731	1 612	329	467 097	382 128	4 702	908	170	241 237	206 666
统计学	1 097	221	70	40 007	38 403	396	67	15	12 511	11 183
心理学	1 410	208	47	88 506	85 253	725	109	18	26 649	33 723
体育学	1 774	386	70	52 810	45 276	941	203	33	20 107	19 753
其他学科	1 392	300	82	126 050	85 131	555	123	31	32 858	23 608

应用研究					试验与发展				
课题数	当年投入人数（人年）	其中：研究生	当年拨入经费（千元）	当年支出经费（千元）	课题数	当年投入人数（人年）	其中：研究生	当年拨入经费（千元）	当年支出经费（千元）
L11	L12	L13	L14	L15	L16	L17	L18	L19	L20
63 251	12 090	3 007	3 596 634	3 047 407	119	29	9	5 714	3 670
18 612	3 798	1 009	1 255 204	1 074 035	39	10	3	705	1 239
1 973	400	68	42 410	33 185	0	0	0	0	0
410	76	12	17 848	16 287	0	0	0	0	0
8	1	0	0	0	0	0	0	0	0
68	11	1	1 395	1 397	0	0	0	0	0
1 504	297	40	39 840	30 996	2	0	0	60	24
491	75	9	21 246	21 796	0	0	0	0	0
281	45	5	5 330	4 266	0	0	0	0	0
3 034	707	205	350 639	281 824	11	2	2	227	207
671	108	16	36 323	28 904	0	0	0	0	0
1 285	129	71	139 899	99 022	0	0	0	0	0
11 022	2 087	503	579 289	522 835	20	3	0	200	434
1 698	288	70	53 683	48 062	0	0	0	0	0
6 999	1 301	306	249 508	238 576	8	5	2	548	188
3 529	654	167	169 005	148 888	7	1	0	0	25
274	51	13	8 901	8 376	2	0	0	0	0
3 216	514	140	148 395	119 657	5	2	1	0	0
1 116	236	44	40 584	29 597	0	0	0	0	0
4 019	703	158	223 081	175 005	10	1	0	2 779	457
697	152	54	27 241	27 088	4	3	1	255	131
679	98	28	60 917	50 565	6	1	0	940	965
828	182	37	32 704	25 523	5	1	0	0	0
837	177	51	93 192	61 523	0	0	0	0	0

13. 其他部委院校人文、社会科学研究课题情况表

学科门类	总数					基础研究				
	课题数	当年投入人数（人年）	其中：研究生	当年拨入经费（千元）	当年支出经费（千元）	课题数	当年投入人数（人年）	其中：研究生	当年拨入经费（千元）	当年支出经费（千元）
	L01	L02	L03	L04	L05	L06	L07	L08	L09	L10
合计	19 854	4 938	456	653 777	585 672	10 557	2 634	228	263 558	242 711
管理学	4 547	1 140	156	206 603	199 650	1 919	508	68	55 339	53 927
马克思主义	1 580	376	22	40 623	39 903	1 173	282	17	33 667	32 982
哲学	243	73	5	7 493	7 090	195	57	3	5 868	5 270
逻辑学	3	1	0	0	5	3	1	0	0	5
宗教学	103	29	2	3 312	2 856	70	21	2	2 218	1 785
语言学	1 071	292	31	19 668	16 008	769	204	25	16 235	12 122
中国文学	642	139	10	15 786	13 069	529	110	9	14 164	11 695
外国文学	199	50	1	2 824	3 116	179	45	0	2 424	2 912
艺术学	797	202	21	18 578	20 644	373	98	9	5 527	5 271
历史学	417	93	5	10 993	8 531	365	78	4	9 605	7 310
考古学	165	40	7	18 575	13 057	110	26	3	13 083	8 397
经济学	1 847	406	40	78 726	55 518	849	184	15	21 458	16 113
政治学	531	124	8	13 012	9 624	331	83	6	9 702	6 618
法学	2 255	582	40	46 559	47 141	1 115	281	21	15 649	26 666
社会学	901	191	8	21 517	19 700	350	87	4	6 088	5 741
民族学与文化学	927	227	23	17 868	17 473	595	134	12	12 578	10 521
新闻学与传播学	703	153	16	24 983	21 087	403	92	11	18 886	15 759
图书馆、情报与文献学	292	86	3	5 830	4 429	171	45	1	1 683	2 100
教育学	1 342	345	21	21 665	19 912	602	158	8	10 216	9 491
统计学	129	27	3	4 425	2 344	48	13	2	2 300	730
心理学	202	63	20	26 554	24 648	54	20	5	1 551	2 031
体育学	762	256	12	20 295	24 649	285	92	3	2 242	3 895
其他学科	196	42	2	27 888	15 218	69	17	0	3 075	1 370

应用研究					试验与发展				
课题数	当年投入人数（人年）	其中：研究生	当年拨入经费（千元）	当年支出经费（千元）	课题数	当年投入人数（人年）	其中：研究生	当年拨入经费（千元）	当年支出经费（千元）
L11	L12	L13	L14	L15	L16	L17	L18	L19	L20
9 261	2 288	224	377 047	329 898	36	16	2	13 172	13 065
2 617	624	85	139 214	134 046	11	8	2	12 050	11 676
406	95	5	6 956	6 920	1	0	0	0	0
48	16	2	1 625	1 821	0	0	0	0	0
0	0	0	0	0	0	0	0	0	0
33	8	0	1 094	1 072	0	0	0	0	0
300	88	6	3 433	3 852	2	1	0	0	34
113	29	1	1 622	1 373	0	0	0	0	0
20	5	0	400	203	0	0	0	0	0
422	103	11	12 990	15 276	2	1	0	60	98
52	15	1	1 388	1 221	0	0	0	0	0
55	14	3	5 492	4 660	0	0	0	0	0
993	220	25	56 258	38 401	5	2	0	1 010	1 004
200	41	2	3 311	3 006	0	0	0	0	0
1 132	299	19	30 910	20 346	8	2	0	0	128
547	103	4	15 377	13 871	4	1	0	52	88
332	92	12	5 290	6 953	0	0	0	0	0
300	61	5	6 097	5 329	0	0	0	0	0
121	42	2	4 147	2 330	0	0	0	0	0
738	186	13	11 449	10 388	2	1	0	0	33
81	14	1	2 125	1 614	0	0	0	0	0
148	43	15	25 003	22 617	0	0	0	0	0
477	163	10	18 053	20 755	0	0	0	0	0
126	25	2	24 813	13 844	1	1	0	0	4

14. 地方院校人文、社会科学研究课题情况表

学科门类	总数					基础研究				
	课题数	当年投入人数（人年）	其中：研究生	当年拨入经费（千元）	当年支出经费（千元）	课题数	当年投入人数（人年）	其中：研究生	当年拨入经费（千元）	当年支出经费（千元）
	L01	L02	L03	L04	L05	L06	L07	L08	L09	L10
合计	499 615	119 175	5 978	9 892 878	8 960 733	232 743	56 337	2 879	3 602 083	3 180 901
管理学	95 377	21 982	1 408	2 434 957	2 211 950	32 179	7 279	479	570 540	501 371
马克思主义	30 369	7 446	282	395 225	339 264	18 373	4 566	198	251 809	217 597
哲学	4 735	1 221	101	69 529	64 984	3 662	950	68	57 624	52 505
逻辑学	228	50	1	2 989	2 266	106	27	1	1 632	913
宗教学	718	188	8	11 915	11 809	570	154	7	9 739	9 182
语言学	26 524	6 687	250	415 903	367 798	15 394	4 009	158	213 736	191 281
中国文学	14 685	3 662	197	269 993	259 707	11 414	2 921	161	203 811	194 666
外国文学	6 015	1 544	65	73 509	62 393	4 252	1 105	53	48 309	40 554
艺术学	53 797	12 807	591	1 473 550	1 290 646	25 841	6 490	321	485 978	382 262
历史学	9 664	2 483	201	226 479	223 124	7 562	1 982	141	169 245	162 714
考古学	1 769	347	82	252 739	242 873	764	169	26	36 977	36 938
经济学	52 646	12 318	741	1 048 461	1 010 042	18 747	4 388	247	312 380	292 799
政治学	9 068	2 137	146	106 293	100 184	5 253	1 251	86	52 365	51 599
法学	21 037	4 641	422	427 067	368 633	10 168	2 261	194	160 224	149 393
社会学	22 179	5 185	243	390 356	375 874	9 788	2 239	104	158 503	146 466
民族学与文化学	8 139	2 117	108	156 400	142 828	4 708	1 247	74	103 924	90 732
新闻学与传播学	10 504	2 391	123	222 550	195 004	5 363	1 214	70	78 630	74 053
图书馆、情报与文献学	5 181	1 401	49	80 177	71 243	2 767	767	33	39 012	34 921
教育学	97 925	23 040	459	1 097 738	1 000 432	42 720	9 886	241	425 589	387 262
统计学	3 494	889	81	125 582	103 451	1 192	283	16	30 454	20 068
心理学	5 024	1 218	61	96 442	68 393	2 516	633	35	52 676	31 436
体育学	18 037	4 801	299	399 810	360 315	8 301	2 241	140	100 781	86 271
其他学科	2 500	620	60	115 214	87 520	1 103	275	26	38 145	25 918

应用研究					试验与发展				
课题数	当年投入人数（人年）	其中：研究生	当年拨入经费（千元）	当年支出经费（千元）	课题数	当年投入人数（人年）	其中：研究生	当年拨入经费（千元）	当年支出经费（千元）
L11	L12	L13	L14	L15	L16	L17	L18	L19	L20
266 536	62 759	3 093	6 287 791	5 775 215	336	79	5	3 004	4 617
63 165	14 696	928	1 863 901	1 708 828	33	8	0	516	1 751
11 994	2 879	84	143 415	121 666	2	0	0	0	0
1 072	271	33	11 886	12 462	1	0	0	20	18
122	24	0	1 357	1 353	0	0	0	0	0
148	34	1	2 175	2 627	0	0	0	0	0
11 120	2 676	92	202 073	176 424	10	2	0	94	93
3 271	741	36	66 181	65 041	0	0	0	0	0
1 763	439	12	25 200	21 840	0	0	0	0	0
27 911	6 305	269	986 470	907 150	45	12	1	1 102	1 234
2 102	501	60	57 233	60 410	0	0	0	0	0
1 005	178	56	215 762	205 936	0	0	0	0	0
33 880	7 926	494	736 061	717 005	19	4	0	20	237
3 809	884	60	53 918	48 583	6	2	0	10	3
10 858	2 379	228	266 836	219 165	11	2	0	7	76
12 375	2 939	137	231 840	229 314	16	7	3	14	93
3 429	870	33	52 471	52 095	2	0	0	5	1
5 132	1 176	53	143 475	120 491	9	2	0	445	460
2 413	634	16	41 156	36 322	1	1	0	10	0
55 071	13 127	218	671 751	612 815	134	27	0	398	355
2 301	606	64	95 123	83 383	1	0	0	5	0
2 485	580	26	43 665	36 888	23	5	1	102	68
9 719	2 553	159	298 826	273 841	17	7	0	204	202
1 391	344	34	77 016	61 576	6	1	0	52	26

15. 综合院校人文、社会科学研究课题情况表

学科门类	总数					基础研究				
	课题数	当年投入人数（人年）	其中：研究生	当年拨入经费（千元）	当年支出经费（千元）	课题数	当年投入人数（人年）	其中：研究生	当年拨入经费（千元）	当年支出经费（千元）
	L01	L02	L03	L04	L05	L06	L07	L08	L09	L10
合计	206 857	44 421	4 192	6 187 921	5 388 292	99 708	21 956	2 051	2 396 449	2 122 918
管理学	38 720	8 104	924	1 647 877	1 407 496	13 202	2 771	307	450 708	391 651
马克思主义	11 464	2 535	201	225 899	190 532	7 231	1 608	135	166 881	141 441
哲学	3 723	802	114	86 308	78 753	3 054	636	80	70 856	64 275
逻辑学	61	13	1	730	1 236	48	11	1	710	1 230
宗教学	611	126	10	11 879	12 119	490	105	8	9 905	9 956
语言学	10 517	2 585	194	180 288	148 359	6 742	1 687	127	108 595	91 414
中国文学	7 635	1 711	160	170 696	153 190	6 166	1 396	131	133 770	122 385
外国文学	2 681	641	58	40 786	35 468	2 064	492	47	30 268	26 499
艺术学	16 849	3 930	284	499 031	456 774	7 443	1 807	95	128 619	104 427
历史学	6 854	1 461	190	204 405	190 157	5 524	1 185	140	152 807	143 305
考古学	3 648	422	155	516 721	447 197	1 785	198	47	194 246	164 297
经济学	24 105	4 862	556	787 117	712 983	9 017	1 887	219	243 408	238 043
政治学	5 348	1 034	134	108 052	88 980	3 032	623	81	62 234	49 997
法学	11 057	2 157	303	299 579	258 745	5 557	1 104	143	126 723	117 939
社会学	10 280	2 033	196	253 076	219 272	4 547	915	102	97 457	88 822
民族学与文化学	3 692	895	81	75 817	74 181	2 017	507	54	42 369	41 778
新闻学与传播学	5 795	1 172	134	191 029	171 821	3 109	632	76	72 641	71 534
图书馆、情报与文献学	3 347	792	75	80 860	68 816	1 727	441	44	35 390	34 987
教育学	29 958	6 795	249	428 432	377 274	12 285	2 824	133	149 605	132 552
统计学	1 125	198	18	33 653	27 423	400	79	10	7 827	7 844
心理学	1 849	413	39	81 638	57 994	847	202	15	42 449	20 981
体育学	5 816	1 384	63	144 690	120 342	2 757	704	32	36 743	31 982
其他学科	1 722	358	53	119 358	89 180	664	145	24	32 238	25 579

应用研究					试验与发展				
课题数	当年投入人数（人年）	其中：研究生	当年拨入经费（千元）	当年支出经费（千元）	课题数	当年投入人数（人年）	其中：研究生	当年拨入经费（千元）	当年支出经费（千元）
L11	L12	L13	L14	L15	L16	L17	L18	L19	L20
107 026	22 435	2 141	3 777 885	3 251 276	123	31	1	13 589	14 097
25 489	5 327	616	1 185 057	1 003 727	29	7	1	12 113	12 118
4 232	926	66	59 018	49 091	1	0	0	0	0
668	166	35	15 442	14 468	1	0	0	10	10
13	3	0	20	6	0	0	0	0	0
121	22	1	1 974	2 163	0	0	0	0	0
3 772	897	66	71 694	56 944	3	1	0	0	1
1 469	315	29	36 926	30 805	0	0	0	0	0
617	149	11	10 518	8 969	0	0	0	0	0
9 395	2 118	189	370 128	352 160	11	5	0	285	187
1 330	276	50	51 598	46 851	0	0	0	0	0
1 863	224	108	322 474	282 900	0	0	0	0	0
15 065	2 972	338	542 709	473 601	23	3	0	1 000	1 339
2 316	411	52	45 819	38 983	0	0	0	0	0
5 494	1 053	160	172 856	140 802	6	0	0	0	4
5 724	1 115	94	155 609	130 344	9	3	0	10	106
1 674	388	27	33 442	32 403	1	0	0	5	0
2 686	540	58	118 389	100 277	0	0	0	0	10
1 620	351	31	45 470	33 829	0	0	0	0	0
17 654	3 964	117	278 719	244 505	19	7	0	108	217
721	118	8	25 822	19 529	4	1	0	5	50
989	210	24	39 146	36 968	13	2	0	43	45
3 056	677	31	107 936	88 350	3	3	0	10	10
1 058	214	30	87 119	63 601	0	0	0	0	0

16. 理工农医院校人文、社会科学研究课题情况表

学科门类	总数					基础研究				
	课题数	当年投入人数（人年）	其中：研究生	当年拨入经费（千元）	当年支出经费（千元）	课题数	当年投入人数（人年）	其中：研究生	当年拨入经费（千元）	当年支出经费（千元）
	L01	L02	L03	L04	L05	L06	L07	L08	L09	L10
合计	190 618	43 274	2 933	4 281 432	3 808 632	78 592	17 804	1 110	1 240 265	1 107 964
管理学	51 723	11 732	1 261	1 714 083	1 562 363	17 433	3 915	407	383 400	372 294
马克思主义	14 541	3 422	175	171 028	149 853	8 655	2 061	123	104 283	92 446
哲学	1 749	402	24	35 343	32 258	1 315	315	21	24 527	21 732
逻辑学	122	24	0	972	1 205	50	10	0	318	305
宗教学	163	36	2	2 658	2 082	123	29	2	2 429	1 840
语言学	8 688	2 099	64	113 790	98 160	4 678	1 172	40	42 969	38 818
中国文学	2 754	580	26	37 051	32 957	1 897	413	20	21 531	18 048
外国文学	1 991	472	17	19 613	17 794	1 328	316	13	12 722	10 817
艺术学	17 000	3 672	287	625 461	525 939	5 948	1 251	98	104 072	82 663
历史学	1 891	412	25	62 232	44 236	1 364	300	17	41 926	28 032
考古学	282	46	2	5 853	6 025	124	21	1	3 098	4 129
经济学	18 161	4 001	321	429 710	405 483	6 011	1 327	102	117 735	107 985
政治学	2 980	661	19	46 232	44 459	1 579	359	10	21 802	19 344
法学	6 342	1 455	165	129 223	120 743	2 744	624	59	42 521	42 119
社会学	10 405	2 381	172	219 497	200 941	4 078	883	45	68 850	62 668
民族学与文化学	1 956	413	11	23 063	19 475	999	204	7	13 558	10 640
新闻学与传播学	3 154	650	44	76 128	68 168	1 287	256	22	22 454	17 622
图书馆、情报与文献学	2 281	608	23	32 762	25 919	1 108	296	12	19 266	13 415
教育学	35 710	8 141	161	309 864	279 959	14 158	3 166	57	136 962	122 351
统计学	1 042	250	24	38 284	35 857	347	77	6	6 552	5 317
心理学	1 848	426	16	22 325	20 511	850	208	9	8 919	8 528
体育学	4 595	1 068	32	69 573	59 641	2 044	481	15	16 594	15 331
其他学科	1 240	324	62	96 687	54 604	472	121	24	23 777	11 520

应用研究					试验与发展				
课题数	当年投入人数（人年）	其中：研究生	当年拨入经费（千元）	当年支出经费（千元）	课题数	当年投入人数（人年）	其中：研究生	当年拨入经费（千元）	当年支出经费（千元）
L11	L12	L13	L14	L15	L16	L17	L18	L19	L20
111 776	25 417	1 822	3 037 574	2 695 381	250	53	2	3 593	5 287
34 249	7 807	854	1 330 335	1 188 076	41	11	0	348	1 993
5 885	1 361	52	66 745	57 407	1	0	0	0	0
434	87	3	10 806	10 518	0	0	0	10	8
72	13	0	654	900	0	0	0	0	0
40	7	0	229	242	0	0	0	0	0
4 002	925	24	70 752	59 262	8	2	0	69	80
857	167	6	15 520	14 908	0	0	0	0	0
663	157	3	6 891	6 977	0	0	0	0	0
11 030	2 419	189	520 457	442 306	22	2	0	932	970
527	112	7	20 306	16 204	0	0	0	0	0
158	25	2	2 756	1 896	0	0	0	0	0
12 134	2 669	219	311 765	297 173	16	5	0	210	326
1 395	300	9	24 420	25 112	6	2	0	10	3
3 586	829	106	86 697	78 493	12	3	0	5	131
6 314	1 493	125	150 646	138 259	13	5	2	1	14
955	209	4	9 506	8 834	2	0	0	0	0
1 860	393	22	53 229	50 101	7	1	0	445	445
1 173	312	12	13 496	12 504	0	0	0	0	0
21 457	4 958	104	172 545	157 462	95	17	0	357	146
695	172	18	31 731	30 540	0	0	0	0	0
988	216	7	12 407	11 015	10	1	0	999	968
2 538	583	17	52 797	44 125	13	4	0	182	185
764	201	39	72 884	43 067	4	2	0	25	18

17. 师范院校人文、社会科学研究课题情况表

学科门类	总数					基础研究				
	课题数	当年投入人数（人年）	其中：研究生	当年拨入经费（千元）	当年支出经费（千元）	课题数	当年投入人数（人年）	其中：研究生	当年拨入经费（千元）	当年支出经费（千元）
	L01	L02	L03	L04	L05	L06	L07	L08	L09	L10
合计	105 681	25 699	1 591	2 652 914	2 412 389	64 985	15 809	959	1 251 148	1 126 507
管理学	10 696	2 380	154	325 960	314 747	4 764	975	57	77 451	72 804
马克思主义	6 752	1 699	73	118 049	106 286	4 967	1 266	64	79 878	75 052
哲学	1 394	359	28	26 191	22 933	1 233	322	26	23 671	20 010
逻辑学	28	8	0	114	93	23	6	0	110	92
宗教学	229	59	2	3 700	4 205	203	54	2	2 761	3 565
语言学	6 127	1 566	83	129 981	119 320	4 249	1 137	70	77 353	65 985
中国文学	5 672	1 478	83	128 042	126 821	4 795	1 274	78	102 666	100 963
外国文学	1 556	432	19	24 982	21 347	1 272	361	18	17 982	15 327
艺术学	10 487	2 573	90	228 462	207 348	6 093	1 539	65	86 631	71 710
历史学	4 514	1 175	88	107 229	103 888	3 779	1 000	73	88 269	81 488
考古学	532	128	25	48 851	30 097	271	70	6	17 224	8 058
经济学	7 065	1 650	117	172 892	165 633	3 435	779	44	72 734	69 024
政治学	2 491	632	90	39 740	37 488	1 646	387	37	19 460	18 114
法学	3 253	712	45	75 249	64 772	1 880	436	29	35 912	26 570
社会学	4 505	1 143	112	105 457	99 363	2 571	632	52	54 709	50 095
民族学与文化学	2 021	530	37	39 124	35 368	1 469	384	26	29 906	23 968
新闻学与传播学	2 536	596	33	54 302	45 418	1 551	350	20	20 663	17 926
图书馆、情报与文献学	1 136	315	25	27 546	24 022	726	192	8	9 815	8 526
教育学	26 626	6 341	337	730 857	639 090	15 517	3 574	210	352 299	314 954
统计学	410	85	6	13 900	11 263	249	47	4	6 902	5 396
心理学	2 346	499	69	100 612	91 708	1 325	282	33	28 147	33 845
体育学	4 828	1 215	56	127 225	120 502	2 699	666	29	35 176	34 079
其他学科	477	126	19	24 449	20 677	268	77	8	11 429	8 956

应用研究					试验与发展				
课题数	当年投入人数（人年）	其中：研究生	当年拨入经费（千元）	当年支出经费（千元）	课题数	当年投入人数（人年）	其中：研究生	当年拨入经费（千元）	当年支出经费（千元）
L11	L12	L13	L14	L15	L16	L17	L18	L19	L20
40 652	9 879	629	1 398 588	1 285 053	44	11	1	3 178	829
5 929	1 404	97	248 309	241 901	3	1	0	200	42
1 785	433	9	38 170	31 233	0	0	0	0	0
161	37	2	2 520	2 923	0	0	0	0	0
5	2	0	4	1	0	0	0	0	0
26	4	0	939	640	0	0	0	0	0
1 876	429	13	52 544	53 296	2	0	0	85	40
877	204	5	25 376	25 858	0	0	0	0	0
284	71	1	7 000	6 020	0	0	0	0	0
4 386	1 032	25	141 698	135 400	8	2	0	133	239
735	175	16	18 960	22 401	0	0	0	0	0
261	58	20	31 627	22 039	0	0	0	0	0
3 629	871	73	100 138	96 598	1	0	0	20	11
845	245	53	20 280	19 373	0	0	0	0	0
1 372	276	16	39 337	38 182	1	0	0	0	20
1 933	511	59	50 745	49 266	1	0	0	2	2
552	146	10	9 217	11 400	0	0	0	0	0
984	245	13	33 640	27 490	1	0	0	0	2
409	123	17	17 721	15 495	1	1	0	10	0
11 093	2 763	127	375 848	323 691	16	3	0	2 710	446
161	37	1	6 998	5 867	0	0	0	0	0
1 015	215	35	72 465	57 843	6	2	1	0	20
2 127	548	27	92 039	86 422	2	1	0	10	0
207	49	10	13 013	11 714	2	0	0	8	7

18. 语言院校人文、社会科学研究课题情况表

学科门类	总数					基础研究				
	课题数	当年投入人数（人年）	其中：研究生	当年拨入经费（千元）	当年支出经费（千元）	课题数	当年投入人数（人年）	其中：研究生	当年拨入经费（千元）	当年支出经费（千元）
	L01	L02	L03	L04	L05	L06	L07	L08	L09	L10
合计	21 941	4 598	351	497 974	401 746	11 371	2 475	160	180 657	155 773
管理学	2 461	493	33	53 120	40 622	1 034	206	16	14 189	10 253
马克思主义	849	198	8	17 300	13 014	580	138	5	13 364	10 271
哲学	127	32	1	1 950	2 407	106	29	1	1 704	1 959
逻辑学	12	2	0	294	127	2	0	0	8	0
宗教学	13	3	0	395	129	10	3	0	395	129
语言学	3 914	875	51	62 025	50 752	2 466	554	33	32 035	28 855
中国文学	811	165	10	14 519	19 992	604	124	8	8 449	8 788
外国文学	966	190	4	11 180	9 187	773	146	3	8 993	7 619
艺术学	2 095	413	49	98 591	81 559	950	222	19	27 734	25 999
历史学	194	48	1	3 740	3 659	155	40	1	3 388	2 251
考古学	7	2	0	170	43	5	1	0	170	43
经济学	1 711	349	17	50 379	41 251	633	135	8	6 926	5 869
政治学	710	152	12	7 763	9 273	494	108	9	3 287	5 833
法学	654	120	8	17 136	15 763	339	68	3	6 424	6 213
社会学	587	113	2	13 390	9 497	257	56	1	3 220	1 865
民族学与文化学	171	45	2	2 921	2 363	92	23	1	1 423	1 491
新闻学与传播学	2 971	507	125	101 058	71 011	1 111	233	42	30 250	22 984
图书馆、情报与文献学	151	36	2	784	1 195	96	22	1	744	1 155
教育学	2 979	740	24	35 183	24 827	1 326	301	8	14 034	11 474
统计学	55	8	0	1 299	905	30	5	0	357	160
心理学	67	15	0	424	301	30	5	0	228	167
体育学	238	56	1	1 642	1 759	126	29	0	1 181	917
其他学科	198	38	1	2 711	2 110	152	28	1	2 154	1 478

应用研究					试验与发展				
课题数	当年投入人数（人年）	其中：研究生	当年拨入经费（千元）	当年支出经费（千元）	课题数	当年投入人数（人年）	其中：研究生	当年拨入经费（千元）	当年支出经费（千元）
L11	L12	L13	L14	L15	L16	L17	L18	L19	L20
10 551	2 116	188	317 117	245 655	19	6	4	200	318
1 422	285	16	38 730	30 050	5	2	1	200	318
269	60	4	3 936	2 744	0	0	0	0	0
21	3	0	246	449	0	0	0	0	0
10	2	0	286	127	0	0	0	0	0
3	0	0	0	0	0	0	0	0	0
1 448	321	18	29 990	21 897	0	0	0	0	0
207	40	2	6 070	11 204	0	0	0	0	0
193	44	1	2 187	1 568	0	0	0	0	0
1 139	189	28	70 857	55 560	6	2	2	0	0
39	8	0	352	1 408	0	0	0	0	0
2	0	0	0	0	0	0	0	0	0
1 078	215	9	43 453	35 383	0	0	0	0	0
216	44	2	4 477	3 440	0	0	0	0	0
315	52	5	10 712	9 549	0	0	0	0	0
329	57	2	10 170	7 632	1	0	0	0	0
79	22	1	1 498	872	0	0	0	0	0
1 855	272	82	70 808	48 026	5	2	1	0	0
55	14	1	40	39	0	0	0	0	0
1 651	438	16	21 149	13 353	2	0	0	0	0
25	3	0	942	745	0	0	0	0	0
37	10	0	196	134	0	0	0	0	0
112	27	1	461	842	0	0	0	0	0
46	10	0	557	633	0	0	0	0	0

19. 财经院校人文、社会科学研究课题情况表

学科门类	总数					基础研究				
	课题数	当年投入人数（人年）	其中：研究生	当年拨入经费（千元）	当年支出经费（千元）	课题数	当年投入人数（人年）	其中：研究生	当年拨入经费（千元）	当年支出经费（千元）
	L01	L02	L03	L04	L05	L06	L07	L08	L09	L10
合计	71 138	17 767	1 271	1 442 179	1 386 415	23 227	5 737	227	338 723	301 053
管理学	21 000	5 135	457	522 187	507 533	5 881	1 374	78	107 578	93 018
马克思主义	3 129	864	31	32 618	28 483	1 568	430	13	14 598	13 384
哲学	446	128	9	6 476	6 010	288	79	4	4 660	4 482
逻辑学	41	9	0	1 444	619	13	4	0	1 051	300
宗教学	34	8	0	1 030	932	22	4	0	530	206
语言学	2 382	650	15	25 232	23 515	1 053	289	6	10 317	10 472
中国文学	860	227	3	10 586	9 203	548	156	2	6 625	5 952
外国文学	552	133	3	7 065	5 139	284	72	3	2 957	2 421
艺术学	2 723	635	5	37 203	30 728	914	241	2	7 080	7 614
历史学	327	84	3	4 462	4 013	215	55	1	2 740	2 299
考古学	22	5	0	550	78	10	2	0	170	15
经济学	18 468	4 582	430	467 458	455 959	5 282	1 286	70	106 354	93 808
政治学	836	216	13	10 225	8 216	353	91	6	3 714	2 989
法学	3 716	946	124	80 761	71 120	1 313	307	13	16 281	18 973
社会学	2 027	496	27	43 979	59 759	699	166	6	7 127	8 698
民族学与文化学	494	153	3	5 904	5 063	186	62	1	2 027	1 550
新闻学与传播学	1 089	276	15	13 313	10 524	393	106	5	4 107	3 495
图书馆、情报与文献学	376	111	3	4 186	3 912	146	43	2	1 466	1 446
教育学	8 956	2 103	15	54 362	55 471	2 859	670	2	11 839	10 741
统计学	2 008	579	104	82 008	67 793	583	149	12	23 268	13 064
心理学	310	77	1	1 191	4 074	122	34	0	276	2 828
体育学	1 070	279	2	11 180	11 363	404	90	0	2 241	2 091
其他学科	272	72	8	18 759	16 908	91	27	1	1 717	1 207

应用研究					试验与发展				
课题数	当年投入人数（人年）	其中：研究生	当年拨入经费（千元）	当年支出经费（千元）	课题数	当年投入人数（人年）	其中：研究生	当年拨入经费（千元）	当年支出经费（千元）
L11	L12	L13	L14	L15	L16	L17	L18	L19	L20
47 886	12 018	1 040	1 102 371	1 084 953	25	12	5	1 087	410
15 116	3 759	377	414 349	414 395	3	3	2	260	120
1 560	434	18	18 020	15 099	1	0	0	0	0
158	49	5	1 816	1 529	0	0	0	0	0
28	5	0	393	319	0	0	0	0	0
12	4	0	500	727	0	0	0	0	0
1 329	361	9	14 916	13 043	0	0	0	0	0
312	72	1	3 960	3 251	0	0	0	0	0
268	61	0	4 108	2 718	0	0	0	0	0
1 808	394	3	30 124	23 114	1	0	0	0	0
112	29	1	1 721	1 714	0	0	0	0	0
12	3	0	380	64	0	0	0	0	0
13 182	3 295	360	361 104	362 151	4	1	0	0	0
483	125	8	6 511	5 227	0	0	0	0	0
2 399	634	109	63 932	51 948	4	5	2	548	199
1 328	330	21	36 852	51 061	0	0	0	0	0
308	91	2	3 877	3 513	0	0	0	0	0
696	170	11	9 206	7 029	0	0	0	0	0
230	68	1	2 720	2 466	0	0	0	0	0
6 088	1 432	13	42 521	44 727	9	1	0	2	3
1 424	428	90	58 486	54 647	1	2	1	255	81
188	43	1	916	1 246	0	0	0	0	0
665	189	2	8 937	9 270	1	0	0	2	2
180	45	8	17 022	15 695	1	0	0	20	5

20. 政法院校人文、社会科学研究课题情况表

学科门类	总数					基础研究				
	课题数	当年投入人数（人年）	其中：研究生	当年拨入经费（千元）	当年支出经费（千元）	课题数	当年投入人数（人年）	其中：研究生	当年拨入经费（千元）	当年支出经费（千元）
	L01	L02	L03	L04	L05	L06	L07	L08	L09	L10
合计	16 374	3 411	345	316 374	318 316	6 398	1 384	122	74 829	93 099
管理学	1 934	452	55	30 550	29 843	680	168	18	7 929	6 672
马克思主义	693	145	11	7 277	5 611	392	83	6	3 270	2 888
哲学	176	50	5	2 193	3 237	115	34	3	1 925	2 957
逻辑学	5	1	0	0	8	4	1	0	0	8
宗教学	33	10	1	749	786	21	6	1	497	594
语言学	380	88	5	4 289	4 874	161	36	2	1 388	1 576
中国文学	113	26	0	943	1 254	87	18	0	923	1 057
外国文学	41	11	0	131	157	29	8	0	120	149
艺术学	62	13	0	708	928	32	7	0	307	352
历史学	100	22	1	1 829	1 639	68	17	1	919	815
考古学	3	1	0	0	2	3	1	0	0	2
经济学	544	126	15	8 191	9 033	235	47	6	2 953	2 967
政治学	689	137	11	10 697	12 369	314	68	4	1 997	5 291
法学	8 624	1 681	223	212 635	211 499	3 036	616	74	44 333	58 183
社会学	838	169	5	9 937	11 647	292	62	3	3 224	3 507
民族学与文化学	50	15	0	766	867	37	10	0	756	441
新闻学与传播学	417	81	9	7 425	8 373	169	36	3	1 314	1 950
图书馆、情报与文献学	144	38	1	6 361	4 181	49	11	0	30	395
教育学	1 128	253	3	7 006	9 367	486	108	1	1 976	2 485
统计学	23	4	0	174	61	12	2	0	144	26
心理学	80	19	0	345	351	44	11	0	175	112
体育学	191	48	0	894	1 133	97	25	0	332	368
其他学科	106	24	0	3 274	1 096	35	9	0	317	304

应用研究					试验与发展				
课题数	当年投入人数（人年）	其中：研究生	当年拨入经费（千元）	当年支出经费（千元）	课题数	当年投入人数（人年）	其中：研究生	当年拨入经费（千元）	当年支出经费（千元）
L11	L12	L13	L14	L15	L16	L17	L18	L19	L20
9 963	2 022	217	241 342	224 987	13	4	2	204	228
1 252	281	35	22 471	23 096	2	3	2	150	75
301	62	4	4 006	2 723	0	0	0	0	0
61	16	2	268	280	0	0	0	0	0
1	0	0	0	0	0	0	0	0	0
12	4	0	252	192	0	0	0	0	0
219	52	2	2 901	3 298	0	0	0	0	0
26	7	0	20	197	0	0	0	0	0
12	3	0	11	7	0	0	0	0	0
30	6	0	401	576	0	0	0	0	0
32	5	0	910	825	0	0	0	0	0
0	0	0	0	0	0	0	0	0	0
309	78	8	5 239	6 065	0	0	0	0	0
375	69	7	8 699	7 078	0	0	0	0	0
5 584	1 064	149	168 301	153 277	4	1	0	2	39
543	106	2	6 662	8 056	3	0	0	52	84
13	4	0	10	426	0	0	0	0	0
248	45	6	6 111	6 423	0	0	0	0	0
95	28	0	6 331	3 786	0	0	0	0	0
638	145	2	5 030	6 852	4	0	0	0	30
11	2	0	30	34	0	0	0	0	0
36	8	0	170	239	0	0	0	0	0
94	23	0	562	765	0	0	0	0	0
71	15	0	2 957	792	0	0	0	0	0

21. 艺术院校人文、社会科学研究课题情况表

学科门类	总数					基础研究				
	课题数	当年投入人数（人年）	其中：研究生	当年拨入经费（千元）	当年支出经费（千元）	课题数	当年投入人数（人年）	其中：研究生	当年拨入经费（千元）	当年支出经费（千元）
	L01	L02	L03	L04	L05	L06	L07	L08	L09	L10
合计	14 197	3 674	220	455 000	359 103	9 455	2 445	164	229 036	162 888
管理学	476	135	9	5 851	3 135	242	65	1	386	453
马克思主义	415	100	2	1 516	1 383	304	74	2	999	792
哲学	24	4	0	102	80	15	3	0	95	78
逻辑学	3	1	0	10	1	2	0	0	10	1
宗教学	0	0	0	0	0	0	0	0	0	0
语言学	174	35	1	771	959	101	23	1	479	846
中国文学	70	16	0	313	869	51	12	0	250	211
外国文学	29	5	0	56	268	17	3	0	31	262
艺术学	10 877	2 888	202	431 070	340 859	7 633	2 029	158	223 613	156 846
历史学	21	6	0	709	403	8	2	0	180	19
考古学	25	4	0	1 739	1 438	6	1	0	80	10
经济学	96	25	1	1 129	1 526	47	13	1	357	778
政治学	64	14	0	260	95	45	10	0	109	61
法学	25	7	0	176	23	15	6	0	39	22
社会学	65	16	1	232	97	31	8	0	198	85
民族学与文化学	92	22	0	134	231	55	12	0	16	84
新闻学与传播学	223	50	3	2 130	1 737	94	21	0	404	483
图书馆、情报与文献学	62	13	0	309	343	38	8	0	297	323
教育学	1 329	301	1	7 965	5 337	684	142	1	1 188	1 334
统计学	4	2	0	5	54	2	0	0	0	50
心理学	31	7	0	54	26	17	4	0	18	6
体育学	90	23	0	469	239	47	9	0	287	144
其他学科	2	1	0	0	0	1	0	0	0	0

应用研究					试验与发展				
课题数	当年投入人数（人年）	其中：研究生	当年拨入经费（千元）	当年支出经费（千元）	课题数	当年投入人数（人年）	其中：研究生	当年拨入经费（千元）	当年支出经费（千元）
L11	L12	L13	L14	L15	L16	L17	L18	L19	L20
4 730	1 225	54	225 953	196 096	12	5	1	9	121
234	70	8	5 465	2 683	0	0	0	0	0
111	26	0	517	591	0	0	0	0	0
9	1	0	6	2	0	0	0	0	0
1	0	0	0	0	0	0	0	0	0
0	0	0	0	0	0	0	0	0	0
73	12	0	292	113	0	0	0	0	0
19	3	0	63	658	0	0	0	0	0
12	2	0	25	6	0	0	0	0	0
3 235	855	43	207 448	183 899	9	4	1	9	114
13	4	0	529	384	0	0	0	0	0
19	3	0	1 659	1 428	0	0	0	0	0
49	12	1	772	748	0	0	0	0	0
19	4	0	151	34	0	0	0	0	0
10	1	0	137	1	0	0	0	0	0
34	9	0	34	12	0	0	0	0	0
36	10	0	118	146	1	0	0	0	1
128	28	2	1 725	1 251	1	1	0	0	3
24	5	0	12	21	0	0	0	0	0
644	159	0	6 777	4 000	1	0	0	0	3
2	1	0	5	4	0	0	0	0	0
14	3	0	36	20	0	0	0	0	0
43	14	0	182	95	0	0	0	0	0
1	1	0	0	0	0	0	0	0	0

22. 民族院校人文、社会科学研究课题情况表

学科门类	总数					基础研究				
	课题数	当年投入人数（人年）	其中：研究生	当年拨入经费（千元）	当年支出经费（千元）	课题数	当年投入人数（人年）	其中：研究生	当年拨入经费（千元）	当年支出经费（千元）
	L01	L02	L03	L04	L05	L06	L07	L08	L09	L10
合计	8 952	2 554	212	226 848	210 635	5 486	1 544	126	160 920	138 631
管理学	983	252	27	22 867	21 574	388	96	9	11 489	10 388
马克思主义	479	135	11	6 057	5 974	323	90	9	3 794	3 297
哲学	95	25	1	2 954	2 836	79	20	1	2 700	2 438
逻辑学	3	0	0	0	10	3	0	0	0	10
宗教学	134	46	3	3 840	3 911	99	35	2	3 069	2 780
语言学	714	218	28	29 492	26 667	534	161	24	27 307	23 482
中国文学	551	171	14	12 103	10 690	454	139	12	10 990	9 444
外国文学	66	17	1	435	414	55	15	1	265	389
艺术学	646	198	14	13 202	15 753	344	111	8	4 355	4 695
历史学	294	88	6	7 387	6 588	258	74	4	6 819	5 840
考古学	124	26	4	14 055	6 852	94	18	2	11 798	5 560
经济学	777	203	22	10 753	11 086	343	84	7	4 349	4 593
政治学	178	54	3	3 630	3 193	127	41	2	3 074	2 796
法学	510	146	13	13 685	13 149	283	76	6	8 402	7 314
社会学	466	138	7	7 384	9 742	238	69	4	3 006	3 261
民族学与文化学	1 344	428	37	52 778	48 589	933	288	23	43 809	38 770
新闻学与传播学	261	71	3	4 868	4 643	144	41	3	1 225	1 079
图书馆、情报与文献学	139	44	3	2 194	2 700	106	36	2	2 102	2 600
教育学	790	187	11	11 414	8 993	474	102	5	8 538	6 788
统计学	47	9	1	690	834	12	2	0	214	124
心理学	39	11	0	529	597	23	6	0	367	386
体育学	246	72	3	2 666	2 552	129	35	2	823	746
其他学科	66	17	0	3 865	3 288	43	8	0	2 425	1 851

应用研究					试验与发展				
课题数	当年投入人数（人年）	其中：研究生	当年拨入经费（千元）	当年支出经费（千元）	课题数	当年投入人数（人年）	其中：研究生	当年拨入经费（千元）	当年支出经费（千元）
L11	L12	L13	L14	L15	L16	L17	L18	L19	L20
3 464	1 009	86	65 897	71 942	2	0	0	30	60
595	156	17	11 378	11 186	0	0	0	0	0
156	46	2	2 263	2 677	0	0	0	0	0
16	5	0	254	398	0	0	0	0	0
0	0	0	0	0	0	0	0	0	0
35	12	0	771	1 130	0	0	0	0	0
179	57	4	2 184	3 155	1	0	0	0	30
97	32	2	1 113	1 246	0	0	0	0	0
11	2	0	170	24	0	0	0	0	0
301	87	6	8 817	11 028	1	0	0	30	30
36	14	2	568	748	0	0	0	0	0
30	7	1	2 257	1 292	0	0	0	0	0
434	119	15	6 404	6 493	0	0	0	0	0
51	13	1	556	397	0	0	0	0	0
227	70	8	5 283	5 834	0	0	0	0	0
228	69	4	4 378	6 482	0	0	0	0	0
411	140	14	8 969	9 818	0	0	0	0	0
117	30	1	3 643	3 564	0	0	0	0	0
33	8	1	92	100	0	0	0	0	0
316	85	6	2 876	2 206	0	0	0	0	0
35	7	1	476	710	0	0	0	0	0
16	5	0	162	212	0	0	0	0	0
117	37	1	1 843	1 806	0	0	0	0	0
23	9	0	1 440	1 436	0	0	0	0	0

23. 体育院校人文、社会科学研究课题情况表

学科门类	总数					基础研究				
	课题数	当年投入人数（人年）	其中：研究生	当年拨入经费（千元）	当年支出经费（千元）	课题数	当年投入人数（人年）	其中：研究生	当年拨入经费（千元）	当年支出经费（千元）
	L01	L02	L03	L04	L05	L06	L07	L08	L09	L10
合计	4 810	1 678	259	128 775	125 075	1 807	661	110	34 023	27 898
管理学	142	40	4	2 771	2 186	34	11	2	544	390
马克思主义	155	47	3	1 003	583	81	22	2	897	376
哲学	16	3	0	70	106	14	3	0	70	103
逻辑学	0	0	0	0	0	0	0	0	0	0
宗教学	0	0	0	0	0	0	0	0	0	0
语言学	51	14	2	265	473	25	8	0	190	209
中国文学	23	6	2	36	204	12	2	0	35	121
外国文学	12	3	0	80	95	8	2	0	60	75
艺术学	93	30	4	229	396	50	15	0	59	190
历史学	3	1	1	30	17	2	0	0	30	17
考古学	0	0	0	0	0	0	0	0	0	0
经济学	19	5	0	64	64	4	1	0	40	36
政治学	11	4	0	5	18	4	1	0	5	11
法学	7	2	1	985	600	5	2	1	985	600
社会学	23	8	1	1 205	1 000	5	1	0	80	39
民族学与文化学	12	2	0	205	165	5	0	0	180	155
新闻学与传播学	123	46	6	1 367	1 528	49	19	3	150	213
图书馆、情报与文献学	22	4	0	31	33	11	1	0	27	25
教育学	522	138	8	1 417	2 153	235	64	4	602	741
统计学	6	3	0	0	10	1	0	0	0	0
心理学	66	22	3	4 384	2 731	37	12	1	298	337
体育学	3 499	1 300	224	114 578	112 707	1 224	498	97	29 751	24 260
其他学科	5	1	0	50	6	1	0	0	20	0

应用研究					试验与发展				
课题数	当年投入人数（人年）	其中：研究生	当年拨入经费（千元）	当年支出经费（千元）	课题数	当年投入人数（人年）	其中：研究生	当年拨入经费（千元）	当年支出经费（千元）
L11	L12	L13	L14	L15	L16	L17	L18	L19	L20
3 000	1 016	146	94 750	97 173	3	1	0	0	4
108	30	2	2 226	1 796	0	0	0	0	0
74	26	2	106	207	0	0	0	0	0
2	0	0	0	4	0	0	0	0	0
0	0	0	0	0	0	0	0	0	0
0	0	0	0	0	0	0	0	0	0
26	6	1	75	265	0	0	0	0	0
11	4	1	1	82	0	0	0	0	0
4	1	0	20	20	0	0	0	0	0
43	16	3	170	205	0	0	0	0	0
1	1	1	0	0	0	0	0	0	0
0	0	0	0	0	0	0	0	0	0
15	3	0	24	28	0	0	0	0	0
7	3	0	0	7	0	0	0	0	0
2	0	0	0	0	0	0	0	0	0
18	7	1	1 125	961	0	0	0	0	0
7	1	0	25	10	0	0	0	0	0
74	28	3	1 217	1 315	0	0	0	0	0
11	3	0	4	8	0	0	0	0	0
287	73	4	815	1 412	0	0	0	0	0
5	3	0	0	10	0	0	0	0	0
29	10	2	4 086	2 394	0	0	0	0	0
2 272	801	126	84 826	88 443	3	1	0	0	4
4	1	0	30	6	0	0	0	0	0

1. 各类高等学校人文、社会科学学术交流情况表(一)

		国内学术会议			国际学术会议			国内受聘讲学		国外受聘讲学	
		参加人次	其中赴境外人次	提交论文(篇)	参加人次	其中赴境外人次	提交论文(篇)	派出人次	来校人次	派出人次	来校人次
	合计	159 503	0	76 082	24 778	921	13 104	27 337	41 731	1 192	3 588
按学校隶属关系划分	教育部直属院校	34 329	0	17 200	8 806	380	4 869	7 407	8 928	423	1 620
	其他部委院校	9 391	0	4 318	2 622	23	1 140	1 587	2 016	31	317
	地方院校	115 783	0	54 564	13 350	518	7 095	18 343	30 787	738	1 651
按学校规格划分	本科院校	147 130	0	71 905	24 234	917	12 952	25 208	38 473	1 137	3 525
	专科院校	12 373	0	4 177	544	4	152	2 129	3 258	55	63
按学校类型划分	综合大学	47 504	0	23 832	7 770	393	4 886	9 708	13 696	468	1 523
	理工农医院校	35 573	0	19 312	5 895	200	3 190	6 208	9 216	251	698
	高等师范院校	28 784	0	15 115	3 592	210	2 216	5 456	8 874	226	601
	语言院校	5 164	0	3 028	1 944	8	1 028	1 282	1 895	101	348
	财经院校	11 904	0	6 636	1 747	26	739	2 105	4 165	59	140
	政法院校	6 025	0	2 853	699	0	213	883	1 150	1	58
	体育院校	2 249	0	1 524	573	0	239	308	291	5	0
	艺术院校	18 286	0	2 174	2 375	84	474	986	1 463	65	199
	民族院校	4 014	0	1 608	183	0	119	401	981	16	21

国内社科考察		国外社科考察		国内进修学习		国外进修学习		国内合作研究		国外合作研究	
派出人次	来校人次	派出人次	来校人次	派出人次	来校人次	派出人次	来校人次	派出人次	来校人次	派出人次	来校人次
35 869	32 998	1 178	1 775	44 456	30 408	2 190	1 011	11 104	9 339	664	504
6 710	8 266	396	658	2 638	5 219	339	467	2 418	2 356	230	166
977	988	3	20	617	602	20	37	345	312	54	74
28 182	23 744	779	1 097	41 201	24 587	1 831	507	8 341	6 671	380	264
29 217	27 505	1 148	1 737	24 490	20 325	1 943	919	9 690	8 165	599	468
6 652	5 493	30	38	19 966	10 083	247	92	1 414	1 174	65	36
12 059	11 438	404	336	13 554	13 634	719	435	3 757	3 216	236	197
10 380	7 936	278	593	16 441	5 752	413	233	3 213	2 517	259	167
4 948	4 770	208	266	4 980	4 177	564	133	1 906	1 804	79	68
1 809	2 689	128	244	2 028	3 481	163	2	310	280	48	29
4 171	3 530	76	48	4 725	923	129	87	1 002	705	32	33
698	623	9	7	935	662	5	46	271	138	0	1
146	113	0	0	325	86	14	0	111	116	0	0
893	887	75	281	1 157	1 435	181	75	260	242	10	9
765	1 012	0	0	311	258	2	0	274	321	0	0

2. 各类高等学校人文、社会科学学术交流情况表(二)

		港澳台学术会议			港澳台受聘讲学	
		参加人次	其中赴境外人次	提交论文(篇)	派出人次	来校人次
	合计	2 793	320	1 265	388	826
按学校隶属关系划分	教育部直属院校	783	122	449	174	326
	其他部委院校	256	12	69	21	33
	地方院校	1 754	186	747	193	467
按学校规格划分	本科院校	2 622	317	1 261	376	810
	专科院校	171	3	4	12	16
按学校类型划分	综合大学	1 213	111	447	189	385
	理工农医院校	413	36	228	36	154
	高等师范院校	487	141	293	76	196
	语言院校	68	2	48	19	22
	财经院校	148	12	163	40	37
	政法院校	341	3	56	9	5
	体育院校	24	0	9	0	0
	艺术院校	55	13	13	19	27
	民族院校	44	2	8	0	0

港澳台社科考察		港澳台进修学习		港澳台合作研究	
派出人次	来校人次	派出人次	来校人次	派出人次	来校人次
403	410	445	257	160	164
149	150	94	77	44	70
5	0	8	12	1	5
249	260	343	168	115	89
392	395	409	249	136	160
11	15	36	8	24	4
171	173	213	124	95	106
64	34	84	16	29	24
104	92	71	73	14	19
23	41	6	0	7	4
31	36	46	17	13	10
9	7	7	24	0	0
0	0	0	0	0	0
1	27	18	3	2	1
0	0	0	0	0	0

3. 各省、市、自治区高等学校人文、社会科学学术交流情况表(一)

	国内学术会议			国际学术会议			国内受聘讲学		国外受聘讲学	
	参加人次	其中赴境外人次	提交论文(篇)	参加人次	其中赴境外人次	提交论文(篇)	派出人次	来校人次	派出人次	来校人次
合计	159 503	0	76 082	24 778	921	13 104	27 337	41 731	1 192	3 588
北京市	27 041	0	7 593	6 218	176	2 181	3 370	3 318	252	677
天津市	5 351	0	1 371	281	18	188	843	776	18	54
河北省	2 064	0	1 426	440	5	358	544	1 077	27	62
山西省	1 722	0	856	166	1	98	406	401	20	31
内蒙古自治区	710	0	553	44	6	44	110	169	7	10
辽宁省	2 315	0	1 704	223	24	157	356	581	41	54
吉林省	3 214	0	1 238	299	27	251	417	829	42	90
黑龙江省	1 150	0	1 139	316	6	316	190	321	1	12
上海市	7 902	0	4 013	2 232	26	1 300	1 761	2 268	57	272
江苏省	12 655	0	8 720	2 588	22	1 141	2 165	3 261	54	276
浙江省	8 221	0	5 922	1 828	33	1 137	2 094	3 063	108	227
安徽省	3 958	0	2 078	570	8	370	907	1 621	68	86
福建省	3 056	0	2 813	762	13	621	1 133	1 696	27	214
江西省	2 926	0	1 191	140	11	313	773	826	22	26
山东省	10 848	0	4 369	1 103	198	571	1 830	2 320	115	204
河南省	2 653	0	2 673	207	11	260	670	1 639	34	127
湖北省	4 524	0	4 048	676	32	472	1 680	2 563	24	140
湖南省	5 822	0	4 139	449	13	340	973	1 910	34	37
广东省	8 264	0	5 300	1 042	61	950	1 986	3 081	91	425
广西壮族自治区	22 430	0	1 154	2 521	2	170	567	890	6	3
海南省	468	0	380	13	1	4	240	518	0	1
重庆市	2 980	0	2 947	232	12	316	553	1 564	24	87
四川省	5 723	0	3 208	534	95	436	1 560	1 929	59	218
贵州省	1 341	0	1 287	69	3	57	440	990	1	0
云南省	2 651	0	1 649	511	74	490	370	453	14	69
西藏自治区	240	0	60	0	0	0	26	158	0	0
陕西省	5 165	0	2 835	940	15	382	920	1 469	23	71
甘肃省	1 522	0	901	329	28	162	220	1 533	9	95
青海省	254	0	101	0	0	0	26	35	0	0
宁夏回族自治区	270	0	92	20	0	9	98	184	14	10
新疆维吾尔自治区	2 063	0	322	25	0	10	109	288	0	10

国内社科考察		国外社科考察		国内进修学习		国外进修学习		国内合作研究		国外合作研究	
派出人次	来校人次	派出人次	来校人次	派出人次	来校人次	派出人次	来校人次	派出人次	来校人次	派出人次	来校人次
35 869	32 998	1 178	1 775	44 456	30 408	2 190	1 011	11 104	9 339	664	504
3 188	3 451	224	355	1 499	707	81	73	1 114	1 092	137	71
467	444	6	19	2 826	2 051	9	5	304	306	1	8
773	623	5	8	704	390	144	49	160	118	3	0
272	396	30	5	650	119	52	21	174	105	3	0
135	50	4	19	236	8	8	4	13	15	0	0
341	366	35	52	508	282	45	31	185	169	10	3
809	632	0	0	818	700	14	0	169	194	0	6
182	88	1	0	408	50	3	0	21	22	0	0
2 237	3 003	103	229	1 191	627	84	20	508	382	37	17
2 839	2 623	90	60	4 798	2 764	142	97	1 110	1 015	23	87
2 649	2 641	121	175	1 910	1 192	99	36	1 041	855	14	14
1 218	959	23	42	1 470	163	119	30	431	290	3	3
1 965	2 251	1	1	3 073	606	176	2	310	237	11	7
680	426	23	132	1 126	352	96	50	286	335	85	26
2 384	2 208	86	161	4 379	1 453	163	37	872	566	53	35
1 214	971	81	68	1 209	444	56	22	261	218	15	13
1 492	1 691	14	9	2 178	1 560	43	47	498	433	10	3
1 819	1 418	28	17	2 448	6 584	55	17	705	598	5	3
2 519	1 748	183	272	2 551	881	229	54	796	566	75	21
711	756	0	0	1 148	787	48	0	288	148	0	0
333	275	0	0	148	10	8	0	34	30	3	13
976	691	33	43	846	829	31	19	305	185	21	15
3 270	2 543	47	61	3 094	2 992	235	343	1 085	916	66	61
911	552	0	1	1 284	400	42	0	30	15	0	0
955	1 063	19	22	1 127	232	95	45	209	255	49	66
77	76	0	0	31	2	0	0	51	41	0	0
761	581	8	19	1 804	3 742	93	9	46	70	39	20
288	124	3	2	340	338	5	0	25	15	0	10
34	10	0	0	57	10	0	0	0	0	0	0
209	156	10	3	86	80	15	0	44	48	1	2
161	182	0	0	509	53	0	0	29	100	0	0

4. 各省、市、自治区高等学校人文、社会科学学术交流情况表(二)

	港澳台学术会议			港澳台受聘讲学	
	参加人次	其中:赴境外人次	提交论文(篇)	派出人次	来校人次
合计	2 793	320	1 265	388	826
北京市	266	57	66	72	136
天津市	110	0	4	1	6
河北省	5	0	3	1	1
山西省	13	0	13	3	3
内蒙古自治区	0	0	0	0	0
辽宁省	30	0	30	0	7
吉林省	66	0	64	51	51
黑龙江省	1	0	1	0	0
上海市	376	37	129	19	62
江苏省	202	71	47	5	39
浙江省	153	8	48	12	12
安徽省	61	3	6	10	3
福建省	299	8	263	25	53
江西省	17	2	13	3	4
山东省	110	22	34	27	45
河南省	11	0	3	3	2
湖北省	38	9	53	2	20
湖南省	8	1	2	6	12
广东省	460	41	217	69	182
广西壮族自治区	19	2	13	3	8
海南省	1	0	0	0	0
重庆市	42	5	32	10	9
四川省	50	17	124	33	57
贵州省	1	0	1	0	0
云南省	55	35	41	33	73
西藏自治区	0	0	0	0	0
陕西省	34	0	14	0	14
甘肃省	324	2	38	0	27
青海省	0	0	0	0	0
宁夏回族自治区	41	0	6	0	0
新疆维吾尔自治区	0	0	0	0	0

港澳台社科考察		港澳台进修学习		港澳台合作研究	
派出人次	来校人次	派出人次	来校人次	派出人次	来校人次
403	410	445	257	160	164
14	55	15	37	12	19
0	1	0	0	0	0
0	0	1	10	0	0
1	26	3	2	0	0
0	0	0	0	0	0
0	0	0	0	0	0
14	12	16	12	3	3
0	0	0	0	0	0
70	46	12	3	8	3
16	8	35	7	3	0
27	9	24	0	10	2
7	3	5	0	3	3
3	4	66	2	5	4
9	5	4	0	6	5
39	43	25	22	6	7
2	2	1	0	0	2
0	0	4	5	2	3
6	3	4	48	2	2
143	95	126	46	20	9
5	3	5	2	1	2
0	0	0	0	0	0
5	8	7	4	5	24
12	14	24	14	27	20
0	0	10	0	0	0
9	43	28	31	45	53
0	0	0	0	0	0
14	6	11	12	1	0
0	19	0	0	1	3
0	0	0	0	0	0
7	5	19	0	0	0
0	0	0	0	0	0

5. 各省、市、自治区所属高等学校人文、社会科学学术交流情况表(一)

	国内学术会议			国际学术会议			国内受聘讲学		国外受聘讲学	
	参加人次	其中赴境外人次	提交论文(篇)	参加人次	其中赴境外人次	提交论文(篇)	派出人次	来校人次	派出人次	来校人次
合计	115 783	0	54 564	13 350	518	7 095	18 343	30 787	738	1 651
北京市	8 277	0	2 856	1 724	63	417	872	1 215	77	243
天津市	4 411	0	934	93	0	45	508	402	9	22
河北省	1 968	0	1 365	427	5	349	524	1 016	27	58
山西省	1 722	0	856	166	1	98	406	401	20	31
内蒙古自治区	710	0	553	44	6	44	110	169	7	10
辽宁省	1 744	0	1 401	141	5	90	289	457	12	41
吉林省	2 696	0	808	89	2	57	143	476	0	0
黑龙江省	869	0	858	199	6	199	170	290	1	5
上海市	2 760	0	1 422	819	21	403	726	951	33	91
江苏省	7 842	0	5 773	796	3	801	1 329	2 336	53	121
浙江省	7 221	0	4 956	1 428	29	872	1 772	2 694	60	153
安徽省	3 832	0	1 999	442	0	262	868	1 540	68	84
福建省	2 200	0	2 182	344	13	341	726	1 165	10	16
江西省	2 926	0	1 191	140	11	313	773	826	22	26
山东省	8 704	0	3 437	884	179	444	1 431	1 690	108	138
河南省	2 625	0	2 645	207	11	260	664	1 619	34	127
湖北省	2 304	0	1 695	72	0	69	665	1 149	3	1
湖南省	4 886	0	3 415	174	5	104	863	1 838	25	27
广东省	6 683	0	4 377	662	61	615	1 564	2 024	85	231
广西壮族自治区	22 430	0	1 154	2 521	2	170	567	890	6	3
海南省	468	0	380	13	1	4	240	518	0	1
重庆市	2 200	0	2 135	125	4	119	390	1 192	3	46
四川省	4 506	0	2 056	322	13	205	915	1 345	24	27
贵州省	1 341	0	1 287	69	3	57	440	990	1	0
云南省	2 651	0	1 649	511	74	490	370	453	14	69
西藏自治区	240	0	60	0	0	0	26	158	0	0
陕西省	3 606	0	1 797	653	0	174	549	1 043	14	29
甘肃省	1 419	0	840	240	0	74	210	1 518	8	31
青海省	254	0	101	0	0	0	26	35	0	0
宁夏回族自治区	225	0	60	20	0	9	98	99	14	10
新疆维吾尔自治区	2 063	0	322	25	0	10	109	288	0	10

国内社科考察		国外社科考察		国内进修学习		国外进修学习		国内合作研究		国外合作研究	
派出人次	来校人次	派出人次	来校人次	派出人次	来校人次	派出人次	来校人次	派出人次	来校人次	派出人次	来校人次
28 182	23 744	779	1 097	41 201	24 587	1 831	507	8 341	6 671	380	264
1 206	1 724	22	21	823	111	27	8	368	363	51	36
402	355	5	17	2 770	1 993	6	5	196	148	1	1
699	391	5	8	674	327	144	12	137	91	0	0
272	396	30	5	650	119	52	21	174	105	3	0
135	50	4	19	236	8	8	4	13	15	0	0
254	260	21	17	424	192	38	19	138	114	7	0
681	519	0	0	679	555	5	0	70	44	0	2
148	52	1	0	392	49	1	0	11	12	0	0
644	520	45	28	1 048	450	76	0	260	149	22	12
2 366	2 186	50	51	4 694	2 380	132	97	887	805	16	36
2 485	2 559	121	173	1 897	1 182	97	36	966	781	6	4
1 160	952	23	23	1 412	159	119	30	424	289	0	0
1 266	880	1	1	2 468	353	35	2	233	178	1	2
680	426	23	132	1 126	352	96	50	286	335	85	26
2 108	1 833	77	155	4 277	1 219	157	37	753	507	44	26
1 174	946	81	68	1 194	444	56	22	261	218	15	13
782	652	0	0	1 609	793	24	35	222	138	2	0
1 745	1 362	28	17	2 333	6 316	50	17	677	568	2	0
2 231	1 556	163	263	2 448	812	227	51	636	448	71	20
711	756	0	0	1 148	787	48	0	288	148	0	0
333	275	0	0	148	10	8	0	34	30	3	13
693	493	0	0	726	596	15	0	171	56	0	0
2 806	2 034	46	55	2 955	681	175	7	720	617	0	1
911	552	0	1	1 284	400	42	0	30	15	0	0
955	1 063	19	22	1 127	232	95	45	209	255	49	66
77	76	0	0	31	2	0	0	51	41	0	0
569	410	4	18	1 640	3 592	79	9	28	38	1	1
285	118	0	0	340	330	4	0	25	15	0	3
34	10	0	0	57	10	0	0	0	0	0	0
209	156	10	3	82	80	15	0	44	48	1	2
161	182	0	0	509	53	0	0	29	100	0	0

6. 各省、市、自治区所属高等学校人文、社会科学学术交流情况表(二)

	港澳台学术会议			港澳台受聘讲学	
	参加人次	其中赴境外人次	提交论文(篇)	派出人次	来校人次
合计	1 754	186	747	193	467
北京市	97	15	31	16	84
天津市	102	0	0	0	6
河北省	3	0	2	1	1
山西省	13	0	13	3	3
内蒙古自治区	0	0	0	0	0
辽宁省	30	0	30	0	7
吉林省	0	0	0	0	0
黑龙江省	0	0	0	0	0
上海市	180	0	62	6	39
江苏省	189	68	41	4	32
浙江省	49	7	22	8	8
安徽省	61	2	5	10	2
福建省	190	4	190	9	9
江西省	17	2	13	3	4
山东省	101	22	31	26	41
河南省	11	0	3	3	2
湖北省	13	0	21	0	0
湖南省	8	1	2	4	7
广东省	231	28	153	61	115
广西壮族自治区	19	2	13	3	8
海南省	1	0	0	0	0
重庆市	20	0	18	2	0
四川省	7	0	5	1	0
贵州省	1	0	1	0	0
云南省	55	35	41	33	73
西藏自治区	0	0	0	0	0
陕西省	33	0	13	0	14
甘肃省	322	0	36	0	12
青海省	0	0	0	0	0
宁夏回族自治区	1	0	1	0	0
新疆维吾尔自治区	0	0	0	0	0

港澳台社科考察		港澳台进修学习		港澳台合作研究	
派出人次	来校人次	派出人次	来校人次	派出人次	来校人次
249	260	343	168	115	89
6	7	10	8	10	11
0	1	0	0	0	0
0	0	1	0	0	0
1	26	3	2	0	0
0	0	0	0	0	0
0	0	0	0	0	0
0	0	5	0	0	0
0	0	0	0	0	0
6	17	10	2	3	0
16	8	35	7	1	0
26	8	23	0	7	0
7	3	5	0	3	0
3	4	19	2	4	2
9	5	4	0	6	5
38	43	24	22	6	7
2	2	1	0	0	2
0	0	3	3	0	0
6	3	4	30	2	2
99	76	122	44	18	5
5	3	5	2	1	2
0	0	0	0	0	0
0	0	1	0	0	0
0	0	3	3	8	0
0	0	10	0	0	0
9	43	28	31	45	53
0	0	0	0	0	0
9	6	8	12	0	0
0	0	0	0	1	0
0	0	0	0	0	0
7	5	19	0	0	0
0	0	0	0	0	0

7. 其他部委所属高等学校人文、社会科学学术交流情况表(一)

	国内学术会议			国际学术会议			国内受聘讲学		国外受聘讲学	
	参加人次	其中赴境外人次	提交论文(篇)	参加人次	其中赴境外人次	提交论文(篇)	派出人次	来校人次	派出人次	来校人次
合计	9 391	0	4 318	2 622	23	1 140	1 587	2 016	31	317
中共中央办公厅	5	0	1	0	0	0	0	0	0	0
外交部	264	0	164	79	0	41	121	102	8	7
国防部	4	0	0	0	0	0	6	0	0	0
国家民族事务委员会	2 107	0	498	153	0	113	216	368	16	21
公安部	1 319	0	197	13	0	9	75	83	0	4
司法部	51	0	24	0	0	0	0	0	0	0
工业和信息化部	2 816	0	1 930	1 559	15	425	351	285	0	103
交通运输部	200	0	100	10	0	0	10	60	1	3
国家卫生健康委员会	9	0	1	0	0	0	0	0	0	0
海关总署	16	0	16	0	0	0	0	23	0	0
交通运输部(中国民用航空局)	144	0	66	1	0	1	26	40	0	0
中国地震局	8	0	8	0	0	0	12	12	0	0
国务院侨务办公室	1 082	0	531	241	0	225	401	899	6	177
应急管理部	2	0	1	0	0	0	0	5	0	0
国家体育总局	689	0	478	410	0	212	54	67	0	0
中国科学院	55	0	27	132	8	109	0	0	0	2
中国社会科学院	67	0	53	0	0	0	71	58	0	0
中华全国总工会	375	0	198	24	0	5	0	0	0	0
共青团中央	155	0	12	0	0	0	238	6	0	0
中华全国妇女联合会	23	0	13	0	0	0	6	8	0	0

国内社科考察		国外社科考察		国内进修学习		国外进修学习		国内合作研究		国外合作研究	
派出人次	来校人次	派出人次	来校人次	派出人次	来校人次	派出人次	来校人次	派出人次	来校人次	派出人次	来校人次
977	988	3	20	617	602	20	37	345	312	54	74
3	0	0	0	0	0	0	0	0	0	0	0
13	11	0	0	5	0	0	0	0	0	0	0
0	0	0	0	5	0	0	0	0	0	0	0
142	96	0	0	55	58	0	0	71	96	0	0
112	263	0	0	35	60	0	37	32	31	0	0
0	0	0	0	0	0	0	0	0	0	0	0
104	237	3	1	65	343	16	0	115	74	39	66
10	8	0	0	10	18	0	0	6	8	0	0
0	0	0	0	0	0	0	0	0	0	0	0
19	12	0	0	0	18	0	0	0	0	0	0
27	23	0	0	63	30	0	0	20	23	0	0
0	0	0	0	0	0	0	0	0	0	3	0
324	202	0	0	69	3	1	0	65	39	8	5
12	4	0	0	10	3	1	0	0	0	1	0
53	43	0	0	28	31	0	0	29	37	0	0
0	0	0	19	0	0	0	0	0	0	3	3
29	17	0	0	3	3	0	0	0	0	0	0
72	58	0	0	228	0	0	0	0	0	0	0
38	0	0	0	0	0	0	0	0	2	0	0
19	14	0	0	41	35	2	0	7	2	0	0

8. 其他部委所属高等学校人文、社会科学学术交流情况表(二)

	港澳台学术会议			港澳台受聘讲学	
	参加人次	其中赴境外人次	提交论文(篇)	派出人次	来校人次
合计	256	12	69	21	33
中共中央办公厅	0	0	0	0	0
外交部	0	0	0	0	1
国防部	0	0	0	0	0
国家民族事务委员会	44	2	8	0	0
公安部	0	0	0	5	2
司法部	2	0	1	0	0
工业和信息化部	8	1	2	0	4
交通运输部	0	0	0	0	0
国家卫生健康委员会	0	0	0	0	0
海关总署	0	0	0	0	0
交通运输部(中国民用航空局)	0	0	0	0	0
中国地震局	0	0	0	0	0
国务院侨务办公室	197	9	57	16	25
应急管理部	0	0	0	0	0
国家体育总局	0	0	0	0	0
中国科学院	5	0	1	0	1
中国社会科学院	0	0	0	0	0
中华全国总工会	0	0	0	0	0
共青团中央	0	0	0	0	0
中华全国妇女联合会	0	0	0	0	0

港澳台社科考察		港澳台进修学习		港澳台合作研究	
派出人次	来校人次	派出人次	来校人次	派出人次	来校人次
5	0	8	12	1	5
0	0	0	0	0	0
0	0	0	0	0	0
0	0	0	0	0	0
0	0	0	0	0	0
0	0	0	12	0	0
0	0	0	0	0	0
5	0	3	0	0	0
0	0	0	0	0	0
0	0	0	0	0	0
0	0	0	0	0	0
0	0	0	0	0	0
0	0	0	0	0	0
0	0	5	0	1	2
0	0	0	0	0	0
0	0	0	0	0	0
0	0	0	0	0	3
0	0	0	0	0	0
0	0	0	0	0	0
0	0	0	0	0	0
0	0	0	0	0	0

9. 全国高等学校人文、社会科学学术交流情况表

学术交流类别		校办学术会议		学术会议			受聘讲学		社科考察		进修学习		合作研究		
		本校独办数	与外单位合办数	参加人次	其中：赴境外人次	提交论文（篇）	派出人次	来校人次	派出人次	来校人次	派出人次	来校人次	派出人次	来校人次	课题数（项）
	编号	L01	L02	L03	L04	L05	L06	L07	L08	L09	L10	L11	L12	L13	L14
合计	1	11 933	4 871	187 074	1 241	90 451	28 917	46 145	37 450	35 183	47 091	31 676	11 928	10 007	8 437
国际学术交流	2	1 000	668	24 778	921	13 104	1 192	3 588	1 178	1 775	2 190	1 011	664	504	453
国内学术交流	3	10 839	4 115	159 503	0	76 082	27 337	41 731	35 869	32 998	44 456	30 408	11 104	9 339	7 841
与港澳台地区学术交流	4	94	88	2 793	320	1 265	388	826	403	410	445	257	160	164	143

10. 本科院校人文、社会科学学术交流情况表

学术交流类别		校办学术会议		学术会议			受聘讲学		社科考察		进修学习		合作研究		
		本校独办数	与外单位合办数	参加人次	其中：赴境外人次	提交论文（篇）	派出人次	来校人次	派出人次	来校人次	派出人次	来校人次	派出人次	来校人次	课题数（项）
	编号	L01	L02	L03	L04	L05	L06	L07	L08	L09	L10	L11	L12	L13	L14
合计	1	11 053	4 538	173 986	1 234	86 118	26 721	42 808	30 757	29 637	26 842	21 493	10 425	8 793	7 583
国际学术交流	2	984	656	24 234	917	12 952	1 137	3 525	1 148	1 737	1 943	919	599	468	448
国内学术交流	3	9 979	3 797	147 130	0	71 905	25 208	38 473	29 217	27 505	24 490	20 325	9 690	8 165	6 996
与港澳台地区学术交流	4	90	85	2 622	317	1 261	376	810	392	395	409	249	136	160	139

11. 专科院校人文、社会科学学术交流情况表

学术交流类别		校办学术会议		学术会议			受聘讲学		社科考察		进修学习		合作研究		
		本校独办数	与外单位合办数	参加人次	其中:赴境外人次	提交论文(篇)	派出人次	来校人次	派出人次	来校人次	派出人次	来校人次	派出人次	来校人次	课题数(项)
	编号	L01	L02	L03	L04	L05	L06	L07	L08	L09	L10	L11	L12	L13	L14
合计	1	880	333	13 088	7	4 333	2 196	3 337	6 693	5 546	20 249	10 183	1 503	1 214	854
国际学术交流	2	16	12	544	4	152	55	63	30	38	247	92	65	36	5
国内学术交流	3	860	318	12 373	0	4 177	2 129	3 258	6 652	5 493	19 966	10 083	1 414	1 174	845
与港澳台地区学术交流	4	4	3	171	3	4	12	16	11	15	36	8	24	4	4

12. 教育部直属院校人文、社会科学学术交流情况表

学术交流类别		校办学术会议		学术会议			受聘讲学		社科考察		进修学习		合作研究		
		本校独办数	与外单位合办数	参加人次	其中:赴境外人次	提交论文(篇)	派出人次	来校人次	派出人次	来校人次	派出人次	来校人次	派出人次	来校人次	课题数(项)
	编号	L01	L02	L03	L04	L05	L06	L07	L08	L09	L10	L11	L12	L13	L14
合计	1	3 706	1 388	43 918	502	22 518	8 004	10 874	7 255	9 074	3 071	5 763	2 692	2 592	2 563
国际学术交流	2	406	281	8 806	380	4 869	423	1 620	396	658	339	467	230	166	242
国内学术交流	3	3 262	1 077	34 329	0	17 200	7 407	8 928	6 710	8 266	2 638	5 219	2 418	2 356	2 265
与港澳台地区学术交流	4	38	30	783	122	449	174	326	149	150	94	77	44	70	56

13. 其他部委院校人文、社会科学学术交流情况表

学术交流类别		校办学术会议		学术会议			受聘讲学		社科考察		进修学习		合作研究		
		本校独办数	与外单位合办数	参加人次	其中:赴境外人次	提交论文(篇)	派出人次	来校人次	派出人次	来校人次	派出人次	来校人次	派出人次	来校人次	课题数(项)
	编号	L01	L02	L03	L04	L05	L06	L07	L08	L09	L10	L11	L12	L13	L14
合计	1	375	133	12 269	35	5 527	1 639	2 366	985	1 008	645	651	400	391	244
国际学术交流	2	48	29	2 622	23	1 140	31	317	3	20	20	37	54	74	21
国内学术交流	3	322	101	9 391	0	4 318	1 587	2 016	977	988	617	602	345	312	220
与港澳台地区学术交流	4	5	3	256	12	69	21	33	5	0	8	12	1	5	3

14. 地方院校人文、社会科学学术交流情况表

学术交流类别		校办学术会议		学术会议			受聘讲学		社科考察		进修学习		合作研究		
		本校独办数	与外单位合办数	参加人次	其中:赴境外人次	提交论文(篇)	派出人次	来校人次	派出人次	来校人次	派出人次	来校人次	派出人次	来校人次	课题数(项)
	编号	L01	L02	L03	L04	L05	L06	L07	L08	L09	L10	L11	L12	L13	L14
合计	1	7 852	3 350	130 887	704	62 406	19 274	32 905	29 210	25 101	43 375	25 262	8 836	7 024	5 630
国际学术交流	2	546	358	13 350	518	7 095	738	1 651	779	1 097	1 831	507	380	264	190
国内学术交流	3	7 255	2 937	115 783	0	54 564	18 343	30 787	28 182	23 744	41 201	24 587	8 341	6 671	5 356
与港澳台地区学术交流	4	51	55	1 754	186	747	193	467	249	260	343	168	115	89	84

15. 综合院校人文、社会科学学术交流情况表

学术交流类别		校办学术会议		学术会议			受聘讲学		社科考察		进修学习		合作研究		
		本校独办数	与外单位合办数	参加人次	其中:赴境外人次	提交论文(篇)	派出人次	来校人次	派出人次	来校人次	派出人次	来校人次	派出人次	来校人次	课题数(项)
	编号	L01	L02	L03	L04	L05	L06	L07	L08	L09	L10	L11	L12	L13	L14
合计	1	3 909	2 007	56 487	529	29 165	10 365	15 604	12 634	11 947	14 486	14 193	4 088	3 519	3 168
国际学术交流	2	283	263	7 770	393	4 886	468	1 523	404	336	719	435	236	197	235
国内学术交流	3	3 571	1 706	47 504	25	23 832	9 708	13 696	12 059	11 438	13 554	13 634	3 757	3 216	2 837
与港澳台地区学术交流	4	55	38	1 213	111	447	189	385	171	173	213	124	95	106	96

16. 理工农医院校人文、社会科学学术交流情况表

学术交流类别		校办学术会议		学术会议			受聘讲学		社科考察		进修学习		合作研究		
		本校独办数	与外单位合办数	参加人次	其中:赴境外人次	提交论文(篇)	派出人次	来校人次	派出人次	来校人次	派出人次	来校人次	派出人次	来校人次	课题数(项)
	编号	L01	L02	L03	L04	L05	L06	L07	L08	L09	L10	L11	L12	L13	L14
合计	1	2 696	1 082	41 881	274	22 730	6 495	10 068	10 722	8 563	16 938	6 001	3 501	2 708	2 464
国际学术交流	2	179	128	5 895	200	3 190	251	698	278	593	413	233	259	167	91
国内学术交流	3	2 511	948	35 573	38	19 312	6 208	9 216	10 380	7 936	16 441	5 752	3 213	2 517	2 349
与港澳台地区学术交流	4	6	6	413	36	228	36	154	64	34	84	16	29	24	24

17. 师范院校人文、社会科学学术交流情况表

学术交流类别		校办学术会议		学术会议			受聘讲学		社科考察		进修学习		合作研究		
		本校独办数	与外单位合办数	参加人次	其中:赴境外人次	提交论文(篇)	派出人次	来校人次	派出人次	来校人次	派出人次	来校人次	派出人次	来校人次	课题数(项)
	编号	L01	L02	L03	L04	L05	L06	L07	L08	L09	L10	L11	L12	L13	L14
合计	1	2 404	639	32 863	379	17 624	5 758	9 671	5 260	5 128	5 615	4 383	1 999	1 891	1 270
国际学术交流	2	309	103	3 592	210	2 216	226	601	208	266	564	133	79	68	60
国内学术交流	3	2 074	512	28 784	28	15 115	5 456	8 874	4 948	4 770	4 980	4 177	1 906	1 804	1 196
与港澳台地区学术交流	4	21	24	487	141	293	76	196	104	92	71	73	14	19	14

18. 语言院校人文、社会科学学术交流情况表

学术交流类别		校办学术会议		学术会议			受聘讲学		社科考察		进修学习		合作研究		
		本校独办数	与外单位合办数	参加人次	其中:赴境外人次	提交论文(篇)	派出人次	来校人次	派出人次	来校人次	派出人次	来校人次	派出人次	来校人次	课题数(项)
	编号	L01	L02	L03	L04	L05	L06	L07	L08	L09	L10	L11	L12	L13	L14
合计	1	352	195	7 176	10	4 104	1 402	2 265	1 960	2 974	2 197	3 483	365	313	256
国际学术交流	2	45	62	1 944	8	1 028	101	348	128	244	163	2	48	29	36
国内学术交流	3	307	130	5 164	0	3 028	1 282	1 895	1 809	2 689	2 028	3 481	310	280	219
与港澳台地区学术交流	4	0	3	68	2	48	19	22	23	41	6	0	7	4	1

19. 财经院校人文、社会科学学术交流情况表

学术交流类别		校办学术会议		学术会议			受聘讲学		社科考察		进修学习		合作研究		
		本校独办数	与外单位合办数	参加人次	其中:赴境外人次	提交论文(篇)	派出人次	来校人次	派出人次	来校人次	派出人次	来校人次	派出人次	来校人次	课题数(项)
	编号	L01	L02	L03	L04	L05	L06	L07	L08	L09	L10	L11	L12	L13	L14
合计	1	1 661	593	13 799	38	7 538	2 204	4 342	4 278	3 614	4 900	1 027	1 047	748	533
国际学术交流	2	88	50	1 747	26	739	59	140	76	48	129	87	32	33	22
国内学术交流	3	1 564	530	11 904	0	6 636	2 105	4 165	4 171	3 530	4 725	923	1 002	705	503
与港澳台地区学术交流	4	9	13	148	12	163	40	37	31	36	46	17	13	10	8

20. 政法院校人文、社会科学学术交流情况表

学术交流类别		校办学术会议		学术会议			受聘讲学		社科考察		进修学习		合作研究		
		本校独办数	与外单位合办数	参加人次	其中:赴境外人次	提交论文(篇)	派出人次	来校人次	派出人次	来校人次	派出人次	来校人次	派出人次	来校人次	课题数(项)
	编号	L01	L02	L03	L04	L05	L06	L07	L08	L09	L10	L11	L12	L13	L14
合计	1	236	142	7 065	3	3 122	893	1 213	716	637	947	732	271	139	116
国际学术交流	2	16	14	699	0	213	1	58	9	7	5	46	0	1	1
国内学术交流	3	218	127	6 025	0	2 853	883	1 150	698	623	935	662	271	138	115
与港澳台地区学术交流	4	2	1	341	3	56	9	5	9	7	7	24	0	0	0

21. 艺术院校人文、社会科学学术交流情况表

学术交流类别		校办学术会议		学术会议			受聘讲学		社科考察		进修学习		合作研究		
		本校独办数	与外单位合办数	参加人次	其中:赴境外人次	提交论文(篇)	派出人次	来校人次	派出人次	来校人次	派出人次	来校人次	派出人次	来校人次	课题数(项)
	编号	L01	L02	L03	L04	L05	L06	L07	L08	L09	L10	L11	L12	L13	L14
合计	1	493	143	20 716	99	2 661	1 070	1 689	969	1 195	1 356	1 513	272	252	194
国际学术交流	2	65	36	2 375	84	474	65	199	75	281	181	75	10	9	7
国内学术交流	3	427	106	18 286	2	2 174	986	1 463	893	887	1 157	1 435	260	242	187
与港澳台地区学术交流	4	1	1	55	13	13	19	27	1	27	18	3	2	1	0

22. 民族院校人文、社会科学学术交流情况表

学术交流类别		校办学术会议		学术会议			受聘讲学		社科考察		进修学习		合作研究		
		本校独办数	与外单位合办数	参加人次	其中:赴境外人次	提交论文(篇)	派出人次	来校人次	派出人次	来校人次	派出人次	来校人次	派出人次	来校人次	课题数(项)
	编号	L01	L02	L03	L04	L05	L06	L07	L08	L09	L10	L11	L12	L13	L14
合计	1	114	49	4 241	2	1 735	417	1 002	765	1 012	313	258	274	321	374
国际学术交流	2	10	1	183	0	119	16	21	0	0	2	0	0	0	1
国内学术交流	3	104	47	4 014	0	1 608	401	981	765	1 012	311	258	274	321	373
与港澳台地区学术交流	4	0	1	44	2	8	0	0	0	0	0	0	0	0	0

23. 体育院校人文、社会科学学术交流情况表

学术交流类别		校办学术会议		学术会议			受聘讲学		社科考察		进修学习		合作研究		
		本校独办数	与外单位合办数	参加人次	其中:赴境外人次	提交论文(篇)	派出人次	来校人次	派出人次	来校人次	派出人次	来校人次	派出人次	来校人次	课题数(项)
	编号	L01	L02	L03	L04	L05	L06	L07	L08	L09	L10	L11	L12	L13	L14
合计	1	68	21	2 846	0	1 772	313	291	146	113	339	86	111	116	62
国际学术交流	2	5	11	573	0	239	5	0	0	0	14	0	0	0	0
国内学术交流	3	63	9	2 249	0	1 524	308	291	146	113	325	86	111	116	62
与港澳台地区学术交流	4	0	1	24	0	9	0	0	0	0	0	0	0	0	0

八、社科研究与发展成果

1. 各类高等学校人文、社会科学研究与发展成果情况表

<table>
<tr><th colspan="2" rowspan="2"></th><th rowspan="2">出版专著(部)</th><th colspan="4">发表论文(篇)</th><th colspan="2">研究与咨询报告</th></tr>
<tr><th>合计</th><th>国内学术刊物</th><th>国外学术刊物</th><th>港澳台刊物</th><th>合计</th><th>其中:被采纳数</th></tr>
<tr><td></td><td>合计</td><td>17 203</td><td>375 093</td><td>345 871</td><td>28 801</td><td>421</td><td>44 874</td><td>21 967</td></tr>
<tr><td rowspan="3">按学校隶属关系划分</td><td>教育部直属院校</td><td>3 834</td><td>69 848</td><td>57 898</td><td>11 723</td><td>227</td><td>9 291</td><td>7 004</td></tr>
<tr><td>其他部委院校</td><td>439</td><td>9 553</td><td>8 523</td><td>1 011</td><td>19</td><td>1 317</td><td>682</td></tr>
<tr><td>地方院校</td><td>12 930</td><td>295 692</td><td>279 450</td><td>16 067</td><td>175</td><td>34 266</td><td>14 281</td></tr>
<tr><td rowspan="2">按学校规格划分</td><td>本科院校</td><td>15 969</td><td>295 239</td><td>267 456</td><td>27 367</td><td>416</td><td>38 473</td><td>19 632</td></tr>
<tr><td>专科院校</td><td>1 234</td><td>79 854</td><td>78 415</td><td>1 434</td><td>5</td><td>6 401</td><td>2 335</td></tr>
<tr><td rowspan="9">按学校类型划分</td><td>综合大学</td><td>5 752</td><td>119 013</td><td>108 507</td><td>10 287</td><td>219</td><td>14 762</td><td>7 870</td></tr>
<tr><td>理工农医院校</td><td>4 164</td><td>107 238</td><td>99 835</td><td>7 360</td><td>43</td><td>13 686</td><td>6 112</td></tr>
<tr><td>高等师范院校</td><td>3 219</td><td>61 617</td><td>57 562</td><td>3 969</td><td>86</td><td>6 336</td><td>3 386</td></tr>
<tr><td>语言院校</td><td>617</td><td>12 098</td><td>10 191</td><td>1 884</td><td>23</td><td>2 091</td><td>977</td></tr>
<tr><td>财经院校</td><td>1 952</td><td>46 971</td><td>42 483</td><td>4 462</td><td>26</td><td>5 550</td><td>2 557</td></tr>
<tr><td>政法院校</td><td>464</td><td>9 279</td><td>9 019</td><td>240</td><td>20</td><td>1 153</td><td>605</td></tr>
<tr><td>体育院校</td><td>113</td><td>3 006</td><td>2 745</td><td>261</td><td>0</td><td>384</td><td>92</td></tr>
<tr><td>艺术院校</td><td>598</td><td>11 531</td><td>11 337</td><td>193</td><td>1</td><td>483</td><td>173</td></tr>
<tr><td>民族院校</td><td>324</td><td>4 340</td><td>4 192</td><td>145</td><td>3</td><td>429</td><td>195</td></tr>
</table>

2. 各省、市、自治区高等学校人文、社会科学研究与发展成果情况表

<table>
<tr><th rowspan="2"></th><th rowspan="2">出版专著(部)</th><th colspan="4">发表论文(篇)</th><th colspan="2">研究与咨询报告</th></tr>
<tr><th>合计</th><th>国内学术刊物</th><th>国外学术刊物</th><th>港澳台刊物</th><th>合计</th><th>其中:被采纳数</th></tr>
<tr><td>合计</td><td>17 203</td><td>375 093</td><td>345 871</td><td>28 801</td><td>421</td><td>44 874</td><td>21 967</td></tr>
<tr><td>北京市</td><td>1 781</td><td>32 855</td><td>28 762</td><td>4 034</td><td>59</td><td>2 155</td><td>1 492</td></tr>
<tr><td>天津市</td><td>275</td><td>7 715</td><td>7 161</td><td>538</td><td>16</td><td>609</td><td>434</td></tr>
<tr><td>河北省</td><td>503</td><td>11 785</td><td>11 400</td><td>384</td><td>1</td><td>603</td><td>273</td></tr>
<tr><td>山西省</td><td>437</td><td>5 858</td><td>5 658</td><td>200</td><td>0</td><td>285</td><td>193</td></tr>
<tr><td>内蒙古自治区</td><td>206</td><td>3 915</td><td>3 758</td><td>155</td><td>2</td><td>84</td><td>35</td></tr>
</table>

续表

	出版专著（部）	发表论文（篇）				研究与咨询报告	
		合计	国内学术刊物	国外学术刊物	港澳台刊物	合计	其中：被采纳数
辽宁省	503	11 631	11 044	587	0	1 673	921
吉林省	419	9 687	9 119	567	1	728	529
黑龙江省	345	5 794	5 696	98	0	173	129
上海市	1 091	20 644	17 987	2 601	56	3 376	2 377
江苏省	1 026	30 090	28 115	1 964	11	3 889	2 144
浙江省	1 128	19 201	16 561	2 621	19	4 816	1 631
安徽省	296	11 163	10 640	522	1	609	444
福建省	371	10 514	9 360	1 097	57	1 799	1 690
江西省	393	8 617	8 106	510	1	155	127
山东省	1 201	18 879	17 290	1 567	22	2 786	1 008
河南省	842	18 191	17 297	892	2	3 141	56
湖北省	1 115	20 308	18 595	1 682	31	2 091	1 727
湖南省	720	16 984	16 096	867	21	754	307
广东省	905	28 379	25 105	3 186	88	3 689	2 136
广西壮族自治区	386	9 428	9 049	378	1	330	220
海南省	144	2 817	2 702	114	1	105	98
重庆市	644	12 062	11 386	666	10	2 574	1 684
四川省	674	17 329	15 724	1 593	12	1 525	856
贵州省	258	6 781	6 671	110	0	1 477	321
云南省	298	7 856	7 599	256	1	387	177
西藏自治区	32	438	427	11	0	12	0
陕西省	787	15 157	13 773	1 377	7	4 479	595
甘肃省	244	5 506	5 352	153	1	417	282
青海省	39	514	509	5	0	22	3
宁夏回族自治区	59	870	862	8	0	71	37
新疆维吾尔自治区	81	4 125	4 067	58	0	60	41

3. 各省、市、自治区所属高等学校人文、社会科学研究与发展成果情况表

	出版专著（部）	发表论文（篇）				研究与咨询报告	
		合计	国内学术刊物	国外学术刊物	港澳台刊物	合计	其中：被采纳数
合计	12 930	295 692	279 450	16 067	175	34 266	14 281
北京市	476	7 512	6 886	623	3	339	211
天津市	176	4 925	4 751	171	3	434	268
河北省	492	11 460	11 089	370	1	556	258
山西省	437	5 858	5 658	200	0	285	193
内蒙古自治区	206	3 915	3 758	155	2	84	35
辽宁省	437	10 040	9 533	507	0	1 443	816
吉林省	232	6 763	6 433	330	0	436	237
黑龙江省	315	5 372	5 313	59	0	99	71
上海市	495	9 813	9 077	730	6	1 367	887
江苏省	824	25 193	24 064	1 122	7	3 198	1 646
浙江省	1 028	17 580	15 533	2 034	13	4 341	1 298
安徽省	283	10 872	10 395	476	1	574	443
福建省	279	8 556	7 943	577	36	1 396	1 294
江西省	393	8 617	8 106	510	1	155	127
山东省	1 043	16 375	15 163	1 194	18	2 432	743
河南省	841	18 095	17 215	878	2	3 113	56
湖北省	620	12 881	12 515	359	7	1 312	997
湖南省	643	15 420	14 810	604	6	676	230
广东省	694	25 113	22 455	2 605	53	2 672	1 563
广西壮族自治区	386	9 428	9 049	378	1	330	220
海南省	144	2 817	2 702	114	1	105	98
重庆市	507	9 434	9 196	235	3	1 914	1 057
四川省	459	13 337	12 617	717	3	1 183	545
贵州省	258	6 781	6 671	110	0	1 477	321
云南省	298	7 856	7 599	256	1	387	177
西藏自治区	32	438	427	11	0	12	0
陕西省	597	11 758	11 125	627	6	3 750	346
甘肃省	175	4 149	4 104	44	1	90	87
青海省	39	514	509	5	0	22	3
宁夏回族自治区	40	695	687	8	0	24	13
新疆维吾尔自治区	81	4 125	4 067	58	0	60	41

4. 其他部委所属高等学校人文、社会科学研究与发展成果情况表

	出版专著（部）	发表论文（篇）				研究与咨询报告	
		合计	国内学术刊物	国外学术刊物	港澳台刊物	合计	其中：被采纳数
合计	439	9 553	8 523	1 011	19	1 317	682
中共中央办公厅	2	39	39	0	0	0	0
外交部	10	239	222	17	0	23	8
国防部	3	119	119	0	0	0	0
国家民族事务委员会	146	2 290	2 169	118	3	250	123
公安部	30	1 140	1 118	22	0	132	92
司法部	2	67	67	0	0	0	0
工业和信息化部	107	1 690	1 233	455	2	154	106
交通运输部	2	473	473	0	0	40	40
国家卫生健康委员会	6	12	12	0	0	0	0
海关总署	8	82	82	0	0	4	0
交通运输部（中国民用航空局）	6	494	469	25	0	1	1
中国地震局	2	35	27	8	0	22	0
国务院侨务办公室	63	1 097	899	186	12	591	276
应急管理部	2	104	98	6	0	9	9
国家体育总局	17	724	602	122	0	13	13
中国科学院	13	200	170	30	0	20	1
中国社会科学院	8	261	248	12	1	32	6
中华全国总工会	6	281	281	0	0	0	0
共青团中央	0	44	42	1	1	26	7
中华全国妇女联合会	6	162	153	9	0	0	0

5. 全国高等学校人文、社会科学研究与发展成果情况表(一)

学科门类		出版著作(部)							古籍整理(部)	译著(部)
		合计	专著	被译成外文	编著教材	工具书参考书	皮书/发展报告	科普读物		
	编号	L01	L02	L03	L04	L05	L06	L07	L08	L09
合计	0	28 893	17 203	320	10 767	381	272	270	272	2 261
管理学	1	4 369	2 612	38	1 668	39	42	8	1	86
马克思主义	2	1 418	960	14	399	13	14	32	1	33
哲学	3	653	470	17	175	1	2	5	11	142
逻辑学	4	15	6	0	9	0	0	0	0	4
宗教学	5	71	51	0	18	1	0	1	7	7
语言学	6	2 686	1 380	41	1 194	92	5	15	9	454
中国文学	7	2 006	1 309	12	621	30	4	42	121	146
外国文学	8	705	422	44	264	13	2	4	2	572
艺术学	9	3 993	2 381	22	1 492	68	16	36	13	128
历史学	10	1 112	751	17	334	10	4	13	80	172
考古学	11	84	64	2	18	1	0	1	2	15
经济学	12	2 814	1 729	27	1 003	17	44	21	0	63
政治学	13	429	282	15	121	7	12	7	0	40
法学	14	1 660	1 010	11	585	24	27	14	5	97
社会学	15	579	365	6	180	4	19	11	0	67
民族学与文化学	16	338	207	5	118	0	7	6	1	11
新闻学与传播学	17	737	480	12	218	1	29	9	1	34
图书馆、情报与文献学	18	328	214	0	104	9	1	0	18	4
教育学	19	3 229	1 582	16	1 559	36	31	21	0	111
统计学	20	130	64	2	62	2	2	0	0	2
心理学	21	214	108	1	99	4	1	2	0	30
体育学	22	1 136	645	10	459	6	6	20	0	23
其他学科	23	187	111	8	67	3	4	2	0	20

发表译文（篇）	电子出版物（件）	发表论文（篇）				获奖成果数（项）				研究与咨询报告	
		合计	国内学术刊物	国外学术刊物	港澳台刊物	合计	国家级奖	部级奖	省级奖	合计	其中：被采纳数
L10	L11	L12	L13	L14	L15	L16	L17	L18	L19	L20	L21
329	409	375 093	345 871	28 801	421	3 490	8	400	3 082	44 874	21 967
20	73	63 553	54 772	8 743	38	602	0	34	568	12 112	6 116
13	23	22 906	22 650	255	1	210	0	11	199	1 952	935
27	3	5 975	5 566	358	51	108	0	1	107	222	101
0	0	301	263	38	0	1	0	0	1	30	7
0	0	450	398	43	9	17	0	0	17	47	33
41	12	24 725	22 107	2 586	32	141	0	4	137	1 865	678
25	17	16 963	16 568	343	52	226	0	1	225	663	217
54	2	6 942	6 261	671	10	57	0	0	57	292	105
28	137	44 766	42 997	1 751	18	149	2	6	141	3 556	1 202
19	2	7 670	7 310	309	51	177	0	3	174	606	365
1	0	1 135	1 011	120	4	16	0	1	15	257	159
11	21	37 353	32 344	5 001	8	512	0	23	489	6 510	3 633
17	7	6 718	6 381	322	15	72	0	5	67	1 458	989
41	3	16 031	15 417	570	44	231	0	16	215	3 090	1 928
4	3	9 351	8 568	777	6	96	1	19	76	1 996	937
3	3	2 619	2 518	98	3	62	1	22	39	553	191
5	28	9 780	9 184	575	21	88	0	3	85	1 566	980
2	7	7 155	6 799	353	3	42	0	3	39	343	107
13	34	65 687	63 058	2 612	17	487	3	232	252	4 993	1 954
0	2	2 094	1 457	636	1	27	0	0	27	198	88
2	10	4 357	3 238	1 111	8	58	1	6	51	321	159
2	4	15 979	14 857	1 110	12	89	0	9	80	1 463	524
1	18	2 583	2 147	419	17	22	0	1	21	781	559

6. 全国高等学校人文、社会科学研究与发展成果情况表(二)

课题来源		出版著作(部)						
		合计	专著		编著教材	工具书参考书	皮书/发展报告	科普读物
				被译成外文				
	编号	L01	L02	L03	L04	L05	L06	L07
合计	0	16 262	11 138	180	4 625	145	217	137
国家社科基金项目	1	3 028	2 499	35	476	26	20	7
国家社科基金单列学科项目	2	223	169	6	50	2	1	1
教育部人文社科研究项目	3	1 269	1 029	14	220	5	9	6
高校古籍整理研究项目	4	27	16	0	8	3	0	0
国家自然科学基金项目	5	395	333	7	59	1	2	0
中央其他部门社科专门项目	6	561	357	6	188	7	5	4
省、市、自治区社科基金项目	7	2 434	1 933	21	447	13	18	23
省教育厅社科项目	8	1 804	1 219	16	562	10	6	7
地、市、厅、局等政府部门项目	9	2 029	1 232	19	703	21	39	34
国际合作研究项目	10	23	9	1	14	0	0	0
与港、澳、台合作研究项目	11	7	3	0	4	0	0	0
企事业单位委托项目	12	1 265	600	19	542	25	59	39
学校社科项目	13	2 619	1 501	31	1 029	23	53	13
外资项目	14	7	1	0	5	0	1	0
其他项目	15	571	237	5	318	9	4	3

古籍整理（部）	译著（部）	发表译文（篇）	电子出版物（件）	发表论文（篇）				研究与咨询报告	
				合计	国内学术刊物	国外学术刊物	港澳台刊物	合计	其中：被采纳数
L08	L09	L10	L11	L12	L13	L14	L15	L16	L17
190	935	121	222	228 179	208 840	19 102	237	40 024	18 092
47	185	46	14	33 092	30 156	2 859	77	1 778	1 242
1	28	2	2	2 217	2 054	157	6	176	147
4	61	7	8	12 247	10 975	1 258	14	483	331
48	1	0	0	78	77	1	0	3	1
0	6	1	10	11 163	6 816	4 343	4	179	130
12	35	2	3	4 619	4 161	452	6	796	446
15	106	8	21	30 478	28 188	2 271	19	2 648	1 331
8	53	13	24	36 146	34 478	1 647	21	1 522	521
10	85	5	29	35 050	33 279	1 755	16	8 268	2 877
0	6	2	0	230	91	139	0	17	10
0	1	0	0	76	41	22	13	6	5
24	129	15	73	15 362	14 106	1 240	16	20 525	9 835
19	187	19	24	41 913	39 272	2 603	38	3 286	982
0	2	0	1	76	31	45	0	4	3
2	50	1	13	5 432	5 115	310	7	333	231

7. 本科院校人文、社会科学研究与发展成果情况表

学科门类		出版著作（部）							古籍整理（部）	译著（部）
		合计	专著	被译成外文	编著教材	工具书参考书	皮书/发展报告	科普读物		
	编号	L01	L02	L03	L04	L05	L06	L07	L08	L09
合计	0	24 698	15 969	309	7 894	350	241	244	270	2 224
管理学	1	3 618	2 404	36	1 144	33	33	4	1	84
马克思主义	2	1 280	900	14	324	11	13	32	1	33
哲学	3	628	464	17	156	1	2	5	10	142
逻辑学	4	13	6	0	7	0	0	0	0	4
宗教学	5	71	51	0	18	1	0	1	7	7
语言学	6	2 326	1 307	39	910	91	5	13	9	441
中国文学	7	1 853	1 239	11	541	30	3	40	120	143
外国文学	8	675	410	44	246	13	2	4	2	567
艺术学	9	3 457	2 194	22	1 156	57	16	34	13	128
历史学	10	1 096	742	16	327	10	4	13	80	171
考古学	11	83	63	2	18	1	0	1	2	15
经济学	12	2 355	1 639	27	637	17	44	18	0	62
政治学	13	396	269	14	102	7	11	7	0	40
法学	14	1 578	987	11	526	24	27	14	5	97
社会学	15	498	333	6	136	2	17	10	0	65
民族学与文化学	16	295	190	5	95	0	4	6	1	10
新闻学与传播学	17	707	467	12	204	1	28	7	1	32
图书馆、情报与文献学	18	292	198	0	85	8	1	0	18	4
教育学	19	2 114	1 277	12	776	29	20	12	0	106
统计学	20	110	57	2	49	2	2	0	0	2
心理学	21	156	94	1	56	4	0	2	0	29
体育学	22	953	579	10	344	5	5	20	0	22
其他学科	23	144	99	8	37	3	4	1	0	20

发表译文(篇)	电子出版物(件)	发表论文(篇)				获奖成果数(项)				研究与咨询报告	
		合计	国内学术刊物	国外学术刊物	港澳台刊物	合计	国家级奖	部级奖	省级奖	合计	其中：被采纳数
L10	L11	L12	L13	L14	L15	L16	L17	L18	L19	L20	L21
313	307	295 239	267 456	27 367	416	3 469	5	395	3 069	38 473	19 632
16	63	50 700	42 227	8 435	38	598	0	33	565	10 269	5 415
12	10	18 860	18 648	211	1	210	0	11	199	1 680	852
27	2	5 633	5 228	354	51	108	0	1	107	207	95
0	0	234	198	36	0	1	0	0	1	28	6
0	0	441	390	42	9	17	0	0	17	47	33
40	10	20 925	18 409	2 484	32	141	0	4	137	1 672	604
25	15	14 936	14 563	322	51	226	0	1	225	581	201
50	1	6 372	5 715	648	9	57	0	0	57	282	104
27	116	36 488	34 884	1 586	18	144	0	5	139	3 140	1 059
19	1	7 416	7 066	299	51	177	0	3	174	579	359
1	0	1 119	995	120	4	16	0	1	15	256	159
11	17	31 084	26 187	4 889	8	511	0	23	488	5 754	3 276
15	4	5 653	5 322	316	15	72	0	5	67	1 381	970
41	2	14 753	14 154	556	43	231	0	16	215	2 965	1 876
4	3	7 540	6 772	762	6	95	1	18	76	1 644	819
3	1	2 126	2 030	93	3	61	0	22	39	440	163
5	27	9 099	8 520	559	20	88	0	3	85	1 500	937
2	7	6 039	5 714	322	3	42	0	3	39	286	96
10	7	36 079	33 915	2 148	16	479	3	230	246	3 280	1 395
0	2	1 844	1 214	629	1	27	0	0	27	183	80
2	1	3 397	2 296	1 093	8	57	1	6	50	266	149
2	2	12 484	11 417	1 055	12	89	0	9	80	1 325	480
1	16	2 017	1 592	408	17	22	0	1	21	708	504

8. 专科院校人文、社会科学研究与发展成果情况表

学科门类		出版著作(部)							古籍整理(部)	译著(部)
		合计	专著	被译成外文	编著教材	工具书参考书	皮书/发展报告	科普读物		
	编号	L01	L02	L03	L04	L05	L06	L07	L08	L09
合计	0	4 195	1 234	11	2 873	31	31	26	2	37
管理学	1	751	208	2	524	6	9	4	0	2
马克思主义	2	138	60	0	75	2	1	0	0	0
哲学	3	25	6	0	19	0	0	0	1	0
逻辑学	4	2	0	0	2	0	0	0	0	0
宗教学	5	0	0	0	0	0	0	0	0	0
语言学	6	360	73	2	284	1	0	2	0	13
中国文学	7	153	70	1	80	0	1	2	1	3
外国文学	8	30	12	0	18	0	0	0	0	5
艺术学	9	536	187	0	336	11	0	2	0	0
历史学	10	16	9	1	7	0	0	0	0	1
考古学	11	1	1	0	0	0	0	0	0	0
经济学	12	459	90	0	366	0	0	3	0	1
政治学	13	33	13	1	19	0	1	0	0	0
法学	14	82	23	0	59	0	0	0	0	0
社会学	15	81	32	0	44	2	2	1	0	2
民族学与文化学	16	43	17	0	23	0	3	0	0	1
新闻学与传播学	17	30	13	0	14	0	1	2	0	2
图书馆、情报与文献学	18	36	16	0	19	1	0	0	0	0
教育学	19	1 115	305	4	783	7	11	9	0	5
统计学	20	20	7	0	13	0	0	0	0	0
心理学	21	58	14	0	43	0	1	0	0	1
体育学	22	183	66	0	115	1	1	0	0	1
其他学科	23	43	12	0	30	0	0	1	0	0

发表译文（篇）	电子出版物（件）	发表论文（篇）				获奖成果数（项）				研究与咨询报告	
		合计	国内学术刊物	国外学术刊物	港澳台刊物	合计	国家级奖	部级奖	省级奖	合计	其中：被采纳数
L10	L11	L12	L13	L14	L15	L16	L17	L18	L19	L20	L21
16	102	79 854	78 415	1 434	5	21	3	5	13	6 401	2 335
4	10	12 853	12 545	308	0	4	0	1	3	1 843	701
1	13	4 046	4 002	44	0	0	0	0	0	272	83
0	1	342	338	4	0	0	0	0	0	15	6
0	0	67	65	2	0	0	0	0	0	2	1
0	0	9	8	1	0	0	0	0	0	0	0
1	2	3 800	3 698	102	0	0	0	0	0	193	74
0	2	2 027	2 005	21	1	0	0	0	0	82	16
4	1	570	546	23	1	0	0	0	0	10	1
1	21	8 278	8 113	165	0	5	2	1	2	416	143
0	1	254	244	10	0	0	0	0	0	27	6
0	0	16	16	0	0	0	0	0	0	1	0
0	4	6 269	6 157	112	0	1	0	0	1	756	357
2	3	1 065	1 059	6	0	0	0	0	0	77	19
0	1	1 278	1 263	14	1	0	0	0	0	125	52
0	0	1 811	1 796	15	0	1	0	1	0	352	118
0	2	493	488	5	0	1	1	0	0	113	28
0	1	681	664	16	1	0	0	0	0	66	43
0	0	1 116	1 085	31	0	0	0	0	0	57	11
3	27	29 608	29 143	464	1	8	0	2	6	1 713	559
0	0	250	243	7	0	0	0	0	0	15	8
0	9	960	942	18	0	1	0	0	1	55	10
0	2	3 495	3 440	55	0	0	0	0	0	138	44
0	2	566	555	11	0	0	0	0	0	73	55

9. 教育部直属院校人文、社会科学研究与发展成果情况表

学科门类		出版著作(部)							古籍整理(部)	译著(部)
		合计	专著	被译成外文	编著教材	工具书参考书	皮书/发展报告	科普读物		
	编号	L01	L02	L03	L04	L05	L06	L07	L08	L09
合计	0	6 681	3 834	130	2 495	161	85	106	128	871
管理学	1	772	515	12	230	9	15	3	0	34
马克思主义	2	433	275	3	132	1	1	24	1	19
哲学	3	328	217	14	107	1	0	3	6	75
逻辑学	4	4	1	0	3	0	0	0	0	2
宗教学	5	18	13	0	4	0	0	1	2	6
语言学	6	668	273	7	337	49	3	6	2	118
中国文学	7	517	315	6	185	10	0	7	52	38
外国文学	8	236	126	25	104	3	0	3	0	224
艺术学	9	514	254	8	213	26	5	16	0	44
历史学	10	440	280	6	150	6	1	3	46	69
考古学	11	45	33	1	12	0	0	0	1	11
经济学	12	597	359	9	211	5	11	11	0	18
政治学	13	208	131	11	61	7	5	4	0	30
法学	14	626	351	8	244	16	9	6	4	53
社会学	15	173	117	3	45	0	5	6	0	32
民族学与文化学	16	60	29	0	30	0	1	0	1	2
新闻学与传播学	17	294	156	5	121	1	12	4	0	18
图书馆、情报与文献学	18	88	39	0	43	5	1	0	13	2
教育学	19	436	221	5	183	18	12	2	0	46
统计学	20	34	15	0	17	1	1	0	0	1
心理学	21	37	26	1	7	3	0	1	0	12
体育学	22	97	48	0	44	0	0	5	0	11
其他学科	23	56	40	6	12	0	3	1	0	6

发表译文（篇）	电子出版物（件）	发表论文(篇)				获奖成果数(项)				研究与咨询报告	
		合计	国内学术刊物	国外学术刊物	港澳台刊物	合计	国家级奖	部级奖	省级奖	合计	其中：被采纳数
L10	L11	L12	L13	L14	L15	L16	L17	L18	L19	L20	L21
180	111	69 848	57 898	11 723	227	1 138	0	202	936	9 291	7 004
6	35	12 153	8 254	3 888	11	206	0	11	195	2 419	1 607
10	0	4 917	4 871	46	0	70	0	5	65	436	317
17	1	2 867	2 581	250	36	51	0	1	50	81	49
0	0	34	23	11	0	0	0	0	0	1	1
0	0	205	167	30	8	7	0	0	7	22	20
21	6	3 685	2 855	811	19	41	0	0	41	209	145
14	13	3 891	3 751	110	30	51	0	0	51	70	54
23	1	1 733	1 453	276	4	17	0	0	17	38	28
10	5	3 745	3 407	333	5	20	0	2	18	158	145
15	0	2 773	2 561	181	31	61	0	0	61	207	168
0	0	629	535	90	4	11	0	1	10	49	46
3	6	9 414	7 009	2 400	5	185	0	11	174	1 797	1 314
11	0	2 629	2 405	212	12	27	0	1	26	668	571
37	0	5 266	5 004	244	18	78	0	4	74	861	713
2	0	2 434	2 000	428	6	26	0	1	25	381	278
2	0	303	276	27	0	18	0	5	13	65	40
4	19	3 159	2 816	339	4	34	0	0	34	579	525
1	6	1 746	1 543	200	3	16	0	3	13	35	25
3	0	5 022	4 397	618	7	193	0	150	43	624	507
0	2	442	225	216	1	4	0	0	4	24	19
0	0	937	348	582	7	8	0	3	5	88	78
0	1	1 000	830	170	0	7	0	3	4	87	49
1	16	864	587	261	16	7	0	1	6	392	305

10. 其他部委院校人文、社会科学研究与发展成果情况表

学科门类		出版著作(部)							古籍整理(部)	译著(部)
		合计	专著	被译成外文	编著教材	工具书参考书	皮书/发展报告	科普读物		
	编号	L01	L02	L03	L04	L05	L06	L07	L08	L09
合计	0	777	439	8	259	17	43	19	8	95
管理学	1	130	73	1	51	2	4	0	0	4
马克思主义	2	33	22	1	9	1	0	1	0	3
哲学	3	17	16	2	0	0	0	1	0	2
逻辑学	4	0	0	0	0	0	0	0	0	0
宗教学	5	2	2	0	0	0	0	0	2	0
语言学	6	85	38	0	38	7	0	2	0	39
中国文学	7	52	28	1	19	1	2	2	2	5
外国文学	8	13	8	2	4	0	1	0	0	12
艺术学	9	41	29	0	11	1	0	0	0	3
历史学	10	33	16	0	12	0	3	2	4	8
考古学	11	0	0	0	0	0	0	0	0	0
经济学	12	75	52	0	12	0	11	0	0	1
政治学	13	22	17	0	3	0	2	0	0	2
法学	14	93	40	0	37	3	7	6	0	7
社会学	15	31	21	0	8	0	2	0	0	5
民族学与文化学	16	11	10	0	0	0	0	1	0	0
新闻学与传播学	17	27	17	0	4	0	6	0	0	4
图书馆、情报与文献学	18	7	6	0	1	0	0	0	0	0
教育学	19	53	22	0	28	1	0	2	0	0
统计学	20	1	1	0	0	0	0	0	0	0
心理学	21	5	2	0	3	0	0	0	0	0
体育学	22	40	15	1	17	1	5	2	0	0
其他学科	23	6	4	0	2	0	0	0	0	0

发表译文（篇）	电子出版物（件）	发表论文（篇）				获奖成果数（项）				研究与咨询报告	
		合计	国内学术刊物	国外学术刊物	港澳台刊物	合计	国家级奖	部级奖	省级奖	合计	其中：被采纳数
L10	L11	L12	L13	L14	L15	L16	L17	L18	L19	L20	L21
6	6	9 553	8 523	1 011	19	187	0	27	160	1 317	682
0	2	1 958	1 507	450	1	32	0	2	30	302	179
0	3	798	793	5	0	9	0	2	7	58	39
2	0	171	165	4	2	6	0	0	6	12	3
0	0	0	0	0	0	0	0	0	0	0	0
0	0	26	23	3	0	4	0	0	4	6	5
2	0	645	557	86	2	13	0	0	13	37	10
0	0	446	441	3	2	7	0	0	7	35	9
0	0	117	84	33	0	5	0	0	5	6	1
0	0	375	345	30	0	6	0	0	6	7	2
0	1	270	253	7	10	8	0	1	7	19	12
1	0	27	22	5	0	0	0	0	0	5	2
0	0	725	603	122	0	28	0	5	23	248	107
0	0	268	257	11	0	6	0	1	5	55	28
0	0	1 011	970	39	2	18	0	3	15	168	113
1	0	323	297	26	0	4	0	1	3	45	28
0	0	186	183	3	0	22	0	8	14	93	43
0	0	306	302	4	0	8	0	0	8	58	17
0	0	144	134	10	0	0	0	0	0	39	5
0	0	842	808	34	0	8	0	4	4	58	26
0	0	38	27	11	0	0	0	0	0	5	3
0	0	66	48	18	0	0	0	0	0	1	0
0	0	756	653	103	0	2	0	0	2	22	17
0	0	55	51	4	0	1	0	0	1	38	33

11. 地方院校人文、社会科学研究与发展成果情况表

学科门类		出版著作(部)							古籍整理(部)	译著(部)
		合计	专著	被译成外文	编著教材	工具书参考书	皮书/发展报告	科普读物		
	编号	L01	L02	L03	L04	L05	L06	L07	L08	L09
合计	0	21 435	12 930	182	8 013	203	144	145	136	1 295
管理学	1	3 467	2 024	25	1 387	28	23	5	1	48
马克思主义	2	952	663	10	258	11	13	7	0	11
哲学	3	308	237	1	68	0	2	1	5	65
逻辑学	4	11	5	0	6	0	0	0	0	2
宗教学	5	51	36	0	14	1	0	0	3	1
语言学	6	1 933	1 069	34	819	36	2	7	7	297
中国文学	7	1 437	966	5	417	19	2	33	67	103
外国文学	8	456	288	17	156	10	1	1	2	336
艺术学	9	3 438	2 098	14	1 268	41	11	20	13	81
历史学	10	639	455	11	172	4	0	8	30	95
考古学	11	39	31	1	6	1	0	1	1	4
经济学	12	2 142	1 318	18	780	12	22	10	0	44
政治学	13	199	134	4	57	0	5	3	0	8
法学	14	941	619	3	304	5	11	2	1	37
社会学	15	375	227	3	127	4	12	5	0	30
民族学与文化学	16	267	168	5	88	0	6	5	0	9
新闻学与传播学	17	416	307	7	93	0	11	5	1	12
图书馆、情报与文献学	18	233	169	0	60	4	0	0	5	2
教育学	19	2 740	1 339	11	1 348	17	19	17	0	65
统计学	20	95	48	2	45	1	1	0	0	1
心理学	21	172	80	0	89	1	1	1	0	18
体育学	22	999	582	9	398	5	1	13	0	12
其他学科	23	125	67	2	53	3	1	1	0	14

发表译文（篇）	电子出版物（件）	发表论文（篇）				获奖成果数（项）				研究与咨询报告	
		合计	国内学术刊物	国外学术刊物	港澳台刊物	合计	国家级奖	部级奖	省级奖	合计	其中：被采纳数
L10	L11	L12	L13	L14	L15	L16	L17	L18	L19	L20	L21
143	292	295 692	279 450	16 067	175	2 165	8	171	1 986	34 266	14 281
14	36	49 442	45 011	4 405	26	364	0	21	343	9 391	4 330
3	20	17 191	16 986	204	1	131	0	4	127	1 458	579
8	2	2 937	2 820	104	13	51	0	0	51	129	49
0	0	267	240	27	0	1	0	0	1	29	6
0	0	219	208	10	1	6	0	0	6	19	8
18	6	20 395	18 695	1 689	11	87	0	4	83	1 619	523
11	4	12 626	12 376	230	20	168	0	1	167	558	154
31	1	5 092	4 724	362	6	35	0	0	35	248	76
18	132	40 646	39 245	1 388	13	123	2	4	117	3 391	1 055
4	1	4 627	4 496	121	10	108	0	2	106	380	185
0	0	479	454	25	0	5	0	0	5	203	111
8	15	27 214	24 732	2 479	3	299	0	7	292	4 465	2 212
6	7	3 821	3 719	99	3	39	0	3	36	735	390
4	3	9 754	9 443	287	24	135	0	9	126	2 061	1 102
1	3	6 594	6 271	323	0	66	1	17	48	1 570	631
1	3	2 130	2 059	68	3	22	1	9	12	395	108
1	9	6 315	6 066	232	17	46	0	3	43	929	438
1	1	5 265	5 122	143	0	26	0	0	26	269	77
10	34	59 823	57 853	1 960	10	286	3	78	205	4 311	1 421
0	0	1 614	1 205	409	0	23	0	0	23	169	66
2	10	3 354	2 842	511	1	50	1	3	46	232	81
2	3	14 223	13 374	837	12	80	0	6	74	1 354	458
0	2	1 664	1 509	154	1	14	0	0	14	351	221

12. 综合院校人文、社会科学研究与发展成果情况表

学科门类		出版著作(部)							古籍整理(部)	译著(部)
		合计	专著	被译成外文	编著教材	工具书参考书	皮书/发展报告	科普读物		
	编号	L01	L02	L03	L04	L05	L06	L07	L08	L09
合计	0	9 283	5 752	126	3 260	74	14 762	7 870	116	81
管理学	1	1 191	725	11	441	6	3 539	1 804	19	0
马克思主义	2	482	309	3	136	4	597	316	8	25
哲学	3	377	251	11	123	0	84	45	1	2
逻辑学	4	6	2	0	4	0	1	1	0	0
宗教学	5	32	27	0	4	0	19	15	0	1
语言学	6	820	443	14	355	14	578	225	2	6
中国文学	7	864	578	7	257	21	291	97	3	5
外国文学	8	270	168	25	99	0	92	31	1	2
艺术学	9	1 055	688	4	341	11	875	272	8	7
历史学	10	552	372	9	169	3	332	212	2	6
考古学	11	64	48	2	16	0	126	55	0	0
经济学	12	822	498	9	292	2	2 592	1 618	23	7
政治学	13	208	132	6	68	0	657	503	5	3
法学	14	581	355	6	208	2	1 086	733	16	0
社会学	15	193	116	1	64	1	745	356	9	3
民族学与文化学	16	142	89	0	49	0	173	66	3	1
新闻学与传播学	17	304	196	6	93	1	621	392	8	6
图书馆、情报与文献学	18	137	79	0	53	4	118	36	1	0
教育学	19	745	410	7	323	5	1 449	628	5	2
统计学	20	14	5	0	9	0	28	12	0	0
心理学	21	54	26	0	26	0	115	70	1	1
体育学	22	322	202	3	117	0	385	169	0	3
其他学科	23	48	33	2	13	0	259	214	1	1

发表译文（篇）	电子出版物（件）	发表论文（篇）				获奖成果数（项）				研究与咨询报告	
		合计	国内学术刊物	国外学术刊物	港澳台刊物	合计	国家级奖	部级奖	省级奖	合计	其中：被采纳数
L10	L11	L12	L13	L14	L15	L16	L17	L18	L19	L20	L21
157	810	103	148	119 013	108 507	10 287	219	1 267	4	113	1 150
0	20	8	4	18 603	15 440	3 142	21	174	0	9	165
1	12	2	6	6 913	6 830	83	0	65	0	3	62
8	80	15	1	3 027	2 745	254	28	68	0	1	67
0	3	0	0	55	43	12	0	0	0	0	0
2	4	0	0	242	205	31	6	10	0	0	10
4	125	15	12	7 346	6 461	869	16	47	0	0	47
64	54	16	12	7 222	7 034	154	34	101	0	0	101
0	215	7	2	2 384	2 089	291	4	23	0	0	23
5	26	4	66	11 580	11 101	476	3	43	2	1	40
56	77	10	1	3 646	3 454	162	30	86	0	0	86
0	11	0	0	861	767	94	0	11	0	1	10
0	14	1	5	12 992	11 187	1 800	5	213	0	8	205
0	26	2	3	2 901	2 707	185	9	37	0	2	35
5	39	9	0	5 481	5 230	235	16	88	0	3	85
0	25	1	1	3 471	3 098	370	3	29	1	2	26
0	7	2	1	992	940	50	2	22	0	7	15
1	12	2	19	3 942	3 715	223	4	45	0	0	45
11	2	1	1	3 082	2 884	195	3	22	0	3	19
0	36	4	12	17 960	17 178	779	3	142	1	72	69
0	0	0	0	312	228	84	0	3	0	0	3
0	10	2	0	1 042	789	246	7	7	0	1	6
0	3	2	1	4 133	3 779	345	9	21	0	0	21
0	9	0	1	826	603	207	16	10	0	0	10

13. 理工农医院校人文、社会科学研究与发展成果情况表

学科门类		出版著作(部)							古籍整理(部)	译著(部)
		合计	专著	被译成外文	编著教材	工具书参考书	皮书/发展报告	科普读物		
	编号	L01	L02	L03	L04	L05	L06	L07	L08	L09
合计	0	7 152	4 164	101	2 822	40	13 686	6 112	63	63
管理学	1	1 569	959	20	589	5	4 924	2 530	11	5
马克思主义	2	528	375	7	143	1	720	294	2	7
哲学	3	124	104	2	19	0	73	39	0	1
逻辑学	4	6	2	0	4	0	23	3	0	0
宗教学	5	6	5	0	1	0	3	0	0	0
语言学	6	757	377	12	372	1	551	213	0	7
中国文学	7	261	170	0	81	1	145	55	0	9
外国文学	8	160	90	10	67	1	86	39	1	1
艺术学	9	828	488	13	324	11	1 394	457	1	4
历史学	10	148	110	5	37	0	75	25	0	1
考古学	11	4	3	0	1	0	6	2	0	0
经济学	12	676	373	8	291	4	1 502	763	3	5
政治学	13	54	39	6	12	0	268	125	2	1
法学	14	272	181	2	80	2	510	308	4	5
社会学	15	175	114	3	50	0	667	297	4	7
民族学与文化学	16	54	32	0	19	0	88	32	1	2
新闻学与传播学	17	169	96	0	56	0	211	92	15	2
图书馆、情报与文献学	18	102	73	0	26	3	154	46	0	0
教育学	19	797	339	4	433	3	1 613	517	17	5
统计学	20	31	13	2	16	1	49	21	1	0
心理学	21	57	20	1	34	3	73	23	0	0
体育学	22	299	157	4	139	2	347	146	0	1
其他学科	23	75	44	2	28	2	204	85	1	0

发表译文（篇）	电子出版物（件）	发表论文（篇）				获奖成果数（项）				研究与咨询报告	
		合计	国内学术刊物	国外学术刊物	港澳台刊物	合计	国家级奖	部级奖	省级奖	合计	其中：被采纳数
L10	L11	L12	L13	L14	L15	L16	L17	L18	L19	L20	L21
25	397	47	160	107 238	99 835	7 360	43	719	0	42	677
0	30	1	57	24 365	21 251	3 107	7	253	0	8	245
0	4	1	15	8 547	8 460	87	0	69	0	2	67
2	20	4	1	1 211	1 167	37	7	12	0	0	12
0	0	0	0	176	160	16	0	0	0	0	0
0	0	0	0	42	38	3	1	3	0	0	3
0	116	4	0	7 288	6 649	636	3	27	0	0	27
13	20	2	2	2 512	2 452	54	6	18	0	0	18
0	106	20	0	1 630	1 483	147	0	8	0	0	8
0	22	1	21	11 092	10 564	526	2	28	0	0	28
4	16	4	1	943	894	46	3	16	0	0	16
1	0	1	0	32	28	4	0	1	0	0	1
0	10	0	9	9 404	8 220	1 184	0	90	0	6	84
0	0	1	3	1 202	1 168	34	0	4	0	0	4
0	3	1	1	2 929	2 807	120	2	47	0	1	46
0	11	2	2	3 266	3 079	187	0	26	0	7	19
0	2	0	2	541	524	16	1	6	0	1	5
0	9	1	8	1 702	1 578	117	7	18	0	1	17
5	1	0	6	2 107	2 018	89	0	10	0	0	10
0	11	4	15	21 291	20 836	452	3	61	0	16	45
0	0	0	2	495	410	85	0	3	0	0	3
0	4	0	9	1 106	965	141	0	4	0	0	4
0	8	0	2	4 415	4 216	199	0	8	0	0	8
0	4	0	4	942	868	73	1	7	0	0	7

14. 师范院校人文、社会科学研究与发展成果情况表

学科门类		出版著作（部）							古籍整理（部）	译著（部）
		合计	专著	被译成外文	编著教材	工具书参考书	皮书/发展报告	科普读物		
	编号	L01	L02	L03	L04	L05	L06	L07	L08	L09
合计	0	5 214	3 219	43	1 854	69	6 336	3 386	28	44
管理学	1	384	238	3	138	3	1 148	662	4	1
马克思主义	2	212	148	2	59	2	347	212	3	0
哲学	3	90	75	4	15	0	34	11	0	0
逻辑学	4	0	0	0	0	0	1	0	0	0
宗教学	5	9	8	0	1	0	14	12	0	0
语言学	6	457	244	3	199	13	236	68	0	1
中国文学	7	602	399	2	180	4	139	49	0	19
外国文学	8	125	85	3	39	1	54	12	0	0
艺术学	9	748	457	1	277	8	530	173	1	5
历史学	10	336	225	2	99	7	174	116	0	5
考古学	11	16	13	0	1	1	122	99	0	1
经济学	12	261	209	2	47	4	536	316	1	0
政治学	13	62	39	2	17	0	255	172	3	3
法学	14	149	98	0	47	4	320	225	0	0
社会学	15	86	62	2	20	1	321	178	2	1
民族学与文化学	16	67	38	4	26	0	107	34	2	1
新闻学与传播学	17	98	75	5	19	0	205	140	4	0
图书馆、情报与文献学	18	59	38	0	19	2	40	16	0	0
教育学	19	1 151	594	4	528	18	1 169	610	6	5
统计学	20	11	4	0	7	0	22	12	0	0
心理学	21	72	48	0	23	1	104	61	0	0
体育学	22	182	102	0	79	0	303	95	0	1
其他学科	23	37	20	4	14	0	155	113	2	1

发表译文(篇)	电子出版物(件)	发表论文(篇)				获奖成果数(项)				研究与咨询报告	
		合计	国内学术刊物	国外学术刊物	港澳台刊物	合计	国家级奖	部级奖	省级奖	合计	其中：被采纳数
L10	L11	L12	L13	L14	L15	L16	L17	L18	L19	L20	L21
77	362	66	31	61 617	57 562	3 969	86	870	4	167	699
1	9	9	1	5 007	4 452	549	6	58	0	4	54
0	7	1	0	3 823	3 780	42	1	51	0	1	50
1	19	3	0	1 055	1 011	34	10	21	0	0	21
0	1	0	0	19	19	0	0	1	0	0	1
2	2	0	0	87	83	3	1	2	0	0	2
5	51	6	0	4 224	3 898	321	5	28	0	2	26
38	43	4	0	5 080	5 005	67	8	90	0	0	90
2	88	20	0	1 393	1 304	87	2	11	0	0	11
7	18	0	12	8 692	8 403	278	11	44	0	3	41
18	44	2	0	2 550	2 462	72	16	63	0	2	61
1	4	0	0	191	170	17	4	4	0	0	4
0	6	7	1	3 040	2 691	349	0	52	0	1	51
0	1	5	0	1 087	1 070	17	0	25	0	1	24
0	7	1	0	1 438	1 395	41	2	30	0	1	29
0	9	0	0	1 247	1 131	114	2	19	0	4	15
1	2	0	0	432	422	10	0	8	1	2	5
0	0	1	0	1 479	1 429	46	4	10	0	1	9
1	0	1	0	1 015	973	42	0	7	0	0	7
0	36	5	2	14 227	13 366	851	10	269	2	136	131
0	0	0	0	209	181	28	0	1	0	0	1
0	8	0	1	1 786	1 123	662	1	47	1	5	41
0	3	0	1	3 089	2 856	230	3	27	0	4	23
0	4	1	13	447	338	109	0	2	0	0	2

15. 语言院校人文、社会科学研究与发展成果情况表

学科门类		出版著作(部)							古籍整理(部)	译著(部)
		合计	专著	被译成外文	编著教材	工具书参考书	皮书/发展报告	科普读物		
	编号	L01	L02	L03	L04	L05	L06	L07	L08	L09
合计	0	1 197	617	16	465	76	2 091	977	26	13
管理学	1	80	44	0	31	2	252	78	3	0
马克思主义	2	26	14	1	7	5	48	25	0	0
哲学	3	14	9	0	3	0	0	0	1	1
逻辑学	4	0	0	0	0	0	1	0	0	0
宗教学	5	2	1	0	0	1	0	0	0	0
语言学	6	319	131	4	145	40	273	73	3	0
中国文学	7	82	42	1	30	4	42	8	0	6
外国文学	8	88	48	6	35	4	36	15	0	1
艺术学	9	127	67	1	51	6	215	55	0	3
历史学	10	27	12	1	15	0	2	0	0	0
考古学	11	0	0	0	0	0	0	0	0	0
经济学	12	91	56	0	24	1	224	108	10	0
政治学	13	42	25	0	9	7	163	137	1	0
法学	14	43	21	0	16	2	101	65	4	0
社会学	15	10	3	0	5	0	50	23	2	0
民族学与文化学	16	7	5	0	2	0	18	2	0	0
新闻学与传播学	17	95	58	1	35	0	368	291	1	1
图书馆、情报与文献学	18	1	1	0	0	0	3	1	0	0
教育学	19	119	66	1	47	4	204	30	1	1
统计学	20	2	1	0	1	0	0	0	0	0
心理学	21	4	1	0	3	0	6	0	0	0
体育学	22	13	10	0	3	0	13	0	0	0
其他学科	23	5	2	0	3	0	72	66	0	0

发表译文（篇）	电子出版物（件）	发表论文（篇）				获奖成果数（项）				研究与咨询报告	
		合计	国内学术刊物	国外学术刊物	港澳台刊物	合计	国家级奖	部级奖	省级奖	合计	其中：被采纳数
L10	L11	L12	L13	L14	L15	L16	L17	L18	L19	L20	L21
3	367	43	1	12 098	10 191	1 884	23	89	0	11	78
0	6	0	0	1 200	923	276	1	9	0	4	5
0	5	9	0	410	396	14	0	1	0	0	1
0	7	1	0	105	98	7	0	4	0	0	4
0	0	0	0	4	2	2	0	0	0	0	0
0	1	0	0	9	7	2	0	0	0	0	0
0	105	14	0	2 325	1 822	497	6	24	0	0	24
3	7	2	0	537	502	34	1	5	0	0	5
0	126	7	0	898	790	104	4	11	0	0	11
0	17	0	1	1 249	1 099	150	0	1	0	0	1
0	24	2	0	128	112	16	0	1	0	0	1
0	0	0	0	8	7	1	0	0	0	0	0
0	15	0	0	927	775	151	1	4	0	0	4
0	7	2	0	620	543	72	5	3	0	0	3
0	5	4	0	325	305	19	1	6	0	2	4
0	7	1	0	132	120	12	0	3	0	2	1
0	0	0	0	26	18	8	0	0	0	0	0
0	11	1	0	1 066	916	147	3	8	0	0	8
0	0	0	0	120	110	10	0	1	0	0	1
0	17	0	0	1 620	1 355	264	1	6	0	2	4
0	0	0	0	42	23	19	0	0	0	0	0
0	5	0	0	45	16	29	0	0	0	0	0
0	0	0	0	210	172	38	0	0	0	0	0
0	2	0	0	92	80	12	0	2	0	1	1

16. 财经院校人文、社会科学研究与发展成果情况表

学科门类		出版著作(部)							古籍整理(部)	译著(部)
		合计	专著	被译成外文	编著教材	工具书参考书	皮书/发展报告	科普读物		
	编号	L01	L02	L03	L04	L05	L06	L07	L08	L09
合计	0	3 382	1 952	17	1 334	64	5 550	2 557	16	16
管理学	1	970	540	2	404	19	2 076	971	5	2
马克思主义	2	105	66	0	37	1	176	66	1	0
哲学	3	28	18	0	9	1	17	4	0	0
逻辑学	4	1	1	0	0	0	3	3	0	0
宗教学	5	0	0	0	0	0	3	0	0	0
语言学	6	225	126	5	80	19	182	89	0	0
中国文学	7	88	60	1	27	0	31	8	1	0
外国文学	8	51	23	0	21	7	19	6	0	0
艺术学	9	196	109	0	85	1	214	99	0	1
历史学	10	18	16	0	2	0	10	2	0	0
考古学	11	0	0	0	0	0	1	1	0	0
经济学	12	888	527	7	343	5	1 539	778	5	8
政治学	13	26	18	0	8	0	42	14	0	0
法学	14	167	110	1	52	4	296	159	0	1
社会学	15	62	38	0	21	2	150	60	1	0
民族学与文化学	16	23	17	0	6	0	34	5	0	0
新闻学与传播学	17	36	29	0	7	0	92	40	0	0
图书馆、情报与文献学	18	13	12	0	1	0	16	3	0	0
教育学	19	285	115	0	161	4	423	136	2	3
统计学	20	70	40	0	28	1	99	43	1	0
心理学	21	11	5	0	5	0	12	5	0	1
体育学	22	105	74	1	31	0	70	23	0	0
其他学科	23	14	8	0	6	0	45	42	0	0

发表译文（篇）	电子出版物（件）	发表论文（篇）				获奖成果数（项）				研究与咨询报告	
		合计	国内学术刊物	国外学术刊物	港澳台刊物	合计	国家级奖	部级奖	省级奖	合计	其中：被采纳数
L10	L11	L12	L13	L14	L15	L16	L17	L18	L19	L20	L21
2	143	23	30	46 971	42 483	4 462	26	333	0	11	322
0	13	1	11	12 289	10 696	1 592	1	91	0	2	89
0	3	0	1	2 051	2 022	29	0	16	0	1	15
0	6	0	1	353	331	20	2	3	0	0	3
0	0	0	0	38	30	8	0	0	0	0	0
0	0	0	0	9	8	0	1	1	0	0	1
0	32	2	0	2 483	2 288	194	1	4	0	0	4
2	15	0	1	866	834	29	3	6	0	0	6
0	21	0	0	553	512	41	0	1	0	0	1
0	3	0	1	3 221	3 085	135	1	2	0	0	2
0	2	0	0	164	152	11	1	4	0	0	4
0	0	0	0	11	9	2	0	0	0	0	0
0	13	3	6	10 222	8 751	1 469	2	137	0	3	134
0	3	6	1	439	428	10	1	1	0	0	1
0	9	11	2	1 752	1 677	66	9	29	0	2	27
0	12	0	0	655	592	63	0	11	0	1	10
0	0	0	0	186	179	7	0	0	0	0	0
0	0	0	1	712	678	31	3	3	0	1	2
0	0	0	0	446	433	13	0	2	0	0	2
0	5	0	5	7 722	7 499	223	0	1	0	1	0
0	2	0	0	991	576	414	1	20	0	0	20
0	3	0	0	203	187	16	0	0	0	0	0
0	1	0	0	1 472	1 399	73	0	1	0	0	1
0	0	0	0	133	117	16	0	0	0	0	0

17. 政法院校人文、社会科学研究与发展成果情况表

学科门类		出版著作(部)							古籍整理(部)	译著(部)
		合计	专著	被译成外文	编著教材	工具书参考书	皮书/发展报告	科普读物		
	编号	L01	L02	L03	L04	L05	L06	L07	L08	L09
合计	0	838	464	8	348	15	1 153	605	5	6
管理学	1	108	67	2	37	4	92	39	0	0
马克思主义	2	30	20	0	10	0	39	15	0	0
哲学	3	7	3	0	3	0	3	1	0	1
逻辑学	4	2	1	0	1	0	1	0	0	0
宗教学	5	3	2	0	1	0	6	5	0	0
语言学	6	36	15	2	20	1	10	3	0	0
中国文学	7	19	10	0	8	0	2	0	0	1
外国文学	8	3	3	0	0	0	3	0	0	0
艺术学	9	7	3	0	4	0	1	1	0	0
历史学	10	16	7	0	7	0	4	2	2	0
考古学	11	0	0	0	0	0	0	0	0	0
经济学	12	25	21	1	3	0	43	20	0	1
政治学	13	28	22	1	6	0	57	31	0	0
法学	14	416	228	2	174	9	734	414	3	2
社会学	15	30	14	0	16	0	30	14	0	0
民族学与文化学	16	2	0	0	2	0	3	1	0	0
新闻学与传播学	17	15	11	0	4	0	41	14	0	0
图书馆、情报与文献学	18	3	3	0	0	0	6	5	0	0
教育学	19	46	13	0	32	0	51	23	0	1
统计学	20	1	1	0	0	0	0	0	0	0
心理学	21	6	1	0	5	0	2	0	0	0
体育学	22	31	17	0	14	0	4	2	0	0
其他学科	23	4	2	0	1	1	21	15	0	0

发表译文（篇）	电子出版物（件）	发表论文（篇）				获奖成果数（项）				研究与咨询报告	
		合计	国内学术刊物	国外学术刊物	港澳台刊物	合计	国家级奖	部级奖	省级奖	合计	其中：被采纳数
L10	L11	L12	L13	L14	L15	L16	L17	L18	L19	L20	L21
0	86	23	2	9 279	9 019	240	20	35	0	7	28
0	5	1	0	1 106	1 066	39	1	6	0	0	6
0	2	0	0	498	498	0	0	2	0	0	2
0	9	4	0	139	134	2	3	0	0	0	0
0	0	0	0	8	8	0	0	0	0	0	0
0	0	0	0	9	9	0	0	0	0	0	0
0	9	0	0	375	342	32	1	1	0	0	1
0	0	1	2	175	175	0	0	0	0	0	0
0	8	0	0	31	30	1	0	0	0	0	0
0	1	0	0	102	101	1	0	0	0	0	0
0	6	1	0	102	102	0	0	1	0	1	0
0	0	0	0	1	1	0	0	0	0	0	0
0	2	0	0	305	283	22	0	0	0	0	0
0	3	1	0	352	349	3	0	0	0	0	0
0	34	15	0	3 771	3 675	82	14	22	0	5	17
0	1	0	0	344	326	17	1	0	0	0	0
0	0	0	0	14	14	0	0	0	0	0	0
0	2	0	0	309	305	4	0	1	0	0	1
0	1	0	0	128	124	4	0	0	0	0	0
0	2	0	0	1 021	1 007	14	0	0	0	0	0
0	0	0	0	12	10	2	0	0	0	0	0
0	0	0	0	77	75	2	0	0	0	0	0
0	0	0	0	319	306	13	0	1	0	1	0
0	1	0	0	81	79	2	0	1	0	0	1

18. 艺术院校人文、社会科学研究与发展成果情况表

学科门类		出版著作(部)							古籍整理(部)	译著(部)
		合计	专著	被译成外文	编著教材	工具书参考书	皮书/发展报告	科普读物		
	编号	L01	L02	L03	L04	L05	L06	L07	L08	L09
合计	0	1 102	598	3	448	31	483	173	9	16
管理学	1	15	6	0	9	0	23	7	0	0
马克思主义	2	10	5	0	5	0	3	1	0	0
哲学	3	5	2	0	3	0	0	0	0	0
逻辑学	4	0	0	0	0	0	0	0	0	0
宗教学	5	0	0	0	0	0	0	0	0	0
语言学	6	12	9	0	3	0	9	2	0	0
中国文学	7	16	11	0	4	0	4	0	0	1
外国文学	8	1	1	0	0	0	2	2	0	0
艺术学	9	982	536	3	394	31	317	145	6	15
历史学	10	0	0	0	0	0	1	0	0	0
考古学	11	0	0	0	0	0	0	0	0	0
经济学	12	5	2	0	1	0	10	7	2	0
政治学	13	1	0	0	1	0	7	0	0	0
法学	14	3	2	0	1	0	1	0	0	0
社会学	15	2	1	0	1	0	6	1	0	0
民族学与文化学	16	1	1	0	0	0	18	0	0	0
新闻学与传播学	17	5	2	0	2	0	14	3	1	0
图书馆、情报与文献学	18	1	0	0	1	0	2	0	0	0
教育学	19	33	13	0	20	0	50	5	0	0
统计学	20	0	0	0	0	0	0	0	0	0
心理学	21	3	2	0	1	0	4	0	0	0
体育学	22	6	5	0	1	0	12	0	0	0
其他学科	23	1	0	0	1	0	0	0	0	0

发表译文（篇）	电子出版物（件）	发表论文（篇）				获奖成果数（项）				研究与咨询报告	
		合计	国内学术刊物	国外学术刊物	港澳台刊物	合计	国家级奖	部级奖	省级奖	合计	其中：被采纳数
L10	L11	L12	L13	L14	L15	L16	L17	L18	L19	L20	L21
2	49	23	37	11 531	11 337	193	1	32	0	2	30
0	0	0	0	445	444	1	0	0	0	0	0
0	0	0	1	294	294	0	0	1	0	0	1
0	0	0	0	25	24	1	0	0	0	0	0
0	0	0	0	1	1	0	0	0	0	0	0
0	0	0	0	1	1	0	0	0	0	0	0
0	5	0	0	258	253	5	0	1	0	0	1
1	0	0	0	127	127	0	0	0	0	0	0
0	0	0	0	26	26	0	0	0	0	0	0
1	41	23	36	8 269	8 099	169	1	27	0	2	25
0	0	0	0	6	6	0	0	1	0	0	1
0	0	0	0	8	8	0	0	0	0	0	0
0	2	0	0	108	106	2	0	1	0	0	1
0	0	0	0	60	60	0	0	0	0	0	0
0	0	0	0	19	19	0	0	0	0	0	0
0	0	0	0	44	44	0	0	0	0	0	0
0	0	0	0	51	51	0	0	0	0	0	0
0	0	0	0	282	278	4	0	0	0	0	0
0	0	0	0	113	113	0	0	0	0	0	0
0	1	0	0	1 111	1 102	9	0	1	0	0	1
0	0	0	0	5	5	0	0	0	0	0	0
0	0	0	0	37	37	0	0	0	0	0	0
0	0	0	0	210	208	2	0	0	0	0	0
0	0	0	0	31	31	0	0	0	0	0	0

19. 民族院校人文、社会科学研究与发展成果情况表

学科门类		出版著作(部)							古籍整理(部)	译著(部)
		合计	专著	被译成外文	编著教材	工具书参考书	皮书/发展报告	科普读物		
	编号	L01	L02	L03	L04	L05	L06	L07	L08	L09
合计	0	484	324	4	138	6	429	195	3	13
管理学	1	46	32	0	14	0	47	24	0	0
马克思主义	2	21	19	1	2	0	8	5	0	0
哲学	3	7	7	0	0	0	8	1	0	0
逻辑学	4	0	0	0	0	0	0	0	0	0
宗教学	5	19	8	0	11	0	2	1	0	0
语言学	6	53	34	1	16	2	24	4	0	1
中国文学	7	69	37	1	31	0	8	0	0	1
外国文学	8	6	3	0	3	0	0	0	0	0
艺术学	9	42	27	0	14	0	8	0	0	1
历史学	10	15	9	0	5	0	8	8	0	1
考古学	11	0	0	0	0	0	2	2	0	0
经济学	12	44	41	0	2	1	63	23	0	0
政治学	13	8	7	0	0	0	9	7	1	0
法学	14	29	15	0	7	1	39	24	0	6
社会学	15	21	17	0	3	0	26	8	1	0
民族学与文化学	16	42	25	1	14	0	109	51	1	2
新闻学与传播学	17	9	8	0	1	0	8	6	0	0
图书馆、情报与文献学	18	11	8	0	3	0	0	0	0	0
教育学	19	28	18	0	8	1	23	5	0	1
统计学	20	0	0	0	0	0	0	0	0	0
心理学	21	3	3	0	0	0	1	0	0	0
体育学	22	8	4	0	3	1	11	2	0	0
其他学科	23	3	2	0	1	0	25	24	0	0

发表译文（篇）	电子出版物（件）	发表论文（篇）				获奖成果数（项）				研究与咨询报告	
		合计	国内学术刊物	国外学术刊物	港澳台刊物	合计	国家级奖	部级奖	省级奖	合计	其中：被采纳数
L10	L11	L12	L13	L14	L15	L16	L17	L18	L19	L20	L21
6	36	1	0	4 340	4 192	145	3	111	0	42	69
0	3	0	0	402	378	23	1	10	0	6	4
0	0	0	0	280	280	0	0	5	0	4	1
0	1	0	0	42	40	1	1	0	0	0	0
0	0	0	0	0	0	0	0	0	0	0	0
3	0	0	0	50	46	4	0	1	0	0	1
0	11	0	0	335	308	27	0	9	0	2	7
0	7	0	0	423	419	4	0	6	0	1	5
0	6	0	0	24	24	0	0	3	0	0	3
0	0	0	0	424	410	14	0	4	0	0	4
2	3	0	0	127	124	2	1	5	0	0	5
0	0	0	0	23	21	2	0	0	0	0	0
0	1	0	0	337	313	24	0	15	0	5	10
0	0	0	0	56	55	1	0	2	0	2	0
0	0	0	0	307	300	7	0	9	0	2	7
0	2	0	0	176	165	11	0	6	0	3	3
0	0	1	0	369	362	7	0	26	0	12	14
0	0	0	0	136	136	0	0	2	0	0	2
1	0	0	0	119	119	0	0	0	0	0	0
0	2	0	0	456	444	12	0	7	0	5	2
0	0	0	0	13	12	1	0	0	0	0	0
0	0	0	0	7	6	1	0	0	0	0	0
0	0	0	0	203	199	4	0	1	0	0	1
0	0	0	0	31	31	0	0	0	0	0	0

20. 体育院校人文、社会科学研究与发展成果情况表

学科门类		出版著作(部)							古籍整理(部)	译著(部)
		合计	专著	被译成外文	编著教材	工具书参考书	皮书/发展报告	科普读物		
	编号	L01	L02	L03	L04	L05	L06	L07	L08	L09
合计	0	241	113	2	98	6	384	92	6	18
管理学	1	6	1	0	5	0	11	1	0	0
马克思主义	2	4	4	0	0	0	14	1	0	0
哲学	3	1	1	0	0	0	3	0	0	0
逻辑学	4	0	0	0	0	0	0	0	0	0
宗教学	5	0	0	0	0	0	0	0	0	0
语言学	6	7	1	0	4	2	2	1	0	0
中国文学	7	5	2	0	3	0	1	0	0	0
外国文学	8	1	1	0	0	0	0	0	0	0
艺术学	9	8	6	0	2	0	2	0	0	0
历史学	10	0	0	0	0	0	0	0	0	0
考古学	11	0	0	0	0	0	0	0	0	0
经济学	12	2	2	0	0	0	1	0	0	0
政治学	13	0	0	0	0	0	0	0	0	0
法学	14	0	0	0	0	0	3	0	0	0
社会学	15	0	0	0	0	0	1	0	0	0
民族学与文化学	16	0	0	0	0	0	3	0	0	0
新闻学与传播学	17	6	5	0	1	0	6	2	0	0
图书馆、情报与文献学	18	1	0	0	1	0	4	0	0	0
教育学	19	25	14	0	7	1	11	0	0	3
统计学	20	1	0	0	1	0	0	0	0	0
心理学	21	4	2	0	2	0	4	0	0	0
体育学	22	170	74	2	72	3	318	87	6	15
其他学科	23	0	0	0	0	0	0	0	0	0

发表译文（篇）	电子出版物（件）	发表论文（篇）				获奖成果数（项）				研究与咨询报告	
		合计	国内学术刊物	国外学术刊物	港澳台刊物	合计	国家级奖	部级奖	省级奖	合计	其中：被采纳数
L10	L11	L12	L13	L14	L15	L16	L17	L18	L19	L20	L21
0	11	0	0	3 006	2 745	261	0	34	0	5	29
0	0	0	0	136	122	14	0	1	0	1	0
0	0	0	0	90	90	0	0	0	0	0	0
0	0	0	0	18	16	2	0	0	0	0	0
0	0	0	0	0	0	0	0	0	0	0	0
0	0	0	0	1	1	0	0	0	0	0	0
0	0	0	0	91	86	5	0	0	0	0	0
0	0	0	0	21	20	1	0	0	0	0	0
0	2	0	0	3	3	0	0	0	0	0	0
0	0	0	0	137	135	2	0	0	0	0	0
0	0	0	0	4	4	0	0	0	0	0	0
0	0	0	0	0	0	0	0	0	0	0	0
0	0	0	0	18	18	0	0	0	0	0	0
0	0	0	0	1	1	0	0	0	0	0	0
0	0	0	0	9	9	0	0	0	0	0	0
0	0	0	0	16	13	3	0	2	0	0	2
0	0	0	0	8	8	0	0	0	0	0	0
0	0	0	0	152	149	3	0	1	0	0	1
0	0	0	0	25	25	0	0	0	0	0	0
0	1	0	0	279	271	8	0	0	0	0	0
0	0	0	0	15	12	3	0	0	0	0	0
0	0	0	0	54	40	14	0	0	0	0	0
0	8	0	0	1 928	1 722	206	0	30	0	4	26
0	0	0	0	0	0	0	0	0	0	0	0

21. 各类高等学校人文、社会科学研究与发展成果获奖情况表

单位:项

		合计	国家级奖	部级奖	省级奖
	合计	3 490	8	400	3 082
按学校隶属关系划分	教育部直属院校	1 138	0	202	936
	其他部委院校	187	0	27	160
	地方院校	2 165	8	171	1 986
按学校规格划分	本科院校	3 469	5	395	3 069
	专科院校	21	3	5	13
按学校类型划分	综合大学	1 267	4	113	1 150
	理工农医院校	719	0	42	677
	高等师范院校	870	4	167	699
	语言院校	89	0	11	78
	财经院校	333	0	11	322
	政法院校	35	0	7	28
	体育院校	34	0	5	29
	艺术院校	32	0	2	30
	民族院校	111	0	42	69

22. 各省、市、自治区高等学校人文、社会科学研究与发展成果获奖情况表

单位:项

	合计	国家级奖	部级奖	省级奖
合计	3 490	8	400	3 082
北京市	296	0	111	185
天津市	255	0	2	253
河北省	4	0	2	2
山西省	0	0	0	0
内蒙古自治区	2	0	2	0
辽宁省	517	0	12	505
吉林省	12	0	12	0

续表

	合计	国家级奖	部级奖	省级奖
黑龙江省	0	0	0	0
上海市	46	0	45	1
江苏省	26	1	22	3
浙江省	336	0	36	300
安徽省	3	0	2	1
福建省	274	0	11	263
江西省	321	0	0	321
山东省	170	3	4	163
河南省	237	0	4	233
湖北省	73	0	32	41
湖南省	4	0	4	0
广东省	227	0	20	207
广西壮族自治区	10	0	10	0
海南省	6	0	4	2
重庆市	12	0	10	2
四川省	359	2	8	349
贵州省	10	1	9	0
云南省	12	1	11	0
西藏自治区	3	0	3	0
陕西省	7	0	7	0
甘肃省	258	0	7	251
青海省	3	0	3	0
宁夏回族自治区	3	0	3	0
新疆维吾尔自治区	4	0	4	0

23. 各省、市、自治区所属高等学校人文、社会科学研究与发展成果获奖情况表

单位:项

	合计	国家级奖	部级奖	省级奖
合计	2 165	8	171	1 986
北京市	40	0	17	23
天津市	130	0	1	129
河北省	4	0	2	2
山西省	0	0	0	0
内蒙古自治区	2	0	2	0
辽宁省	362	0	2	360
吉林省	0	0	0	0
黑龙江省	0	0	0	0
上海市	6	0	6	0
江苏省	22	1	18	3
浙江省	244	0	26	218
安徽省	3	0	2	1
福建省	115	0	5	110
江西省	321	0	0	321
山东省	103	3	4	96
河南省	237	0	4	233
湖北省	27	0	7	20
湖南省	3	0	3	0
广东省	134	0	19	115
广西壮族自治区	10	0	10	0
海南省	6	0	4	2
重庆市	5	0	3	2
四川省	175	2	4	169
贵州省	10	1	9	0
云南省	12	1	11	0
西藏自治区	3	0	3	0

续表

	合计	国家级奖	部级奖	省级奖
陕西省	0	0	0	0
甘肃省	184	0	2	182
青海省	3	0	3	0
宁夏回族自治区	0	0	0	0
新疆维吾尔自治区	4	0	4	0

24. 其他部委所属高等学校人文、社会科学研究与发展成果获奖情况表

单位:项

	合计	国家级奖	部级奖	省级奖
合计	187	0	27	160
外交部	1	0	0	1
国家民族事务委员会	88	0	21	67
公安部	5	0	4	1
工业和信息化部	3	0	2	1
交通运输部	18	0	0	18
交通运输部(中国民用航空局)	2	0	0	2
国务院侨务办公室	66	0	0	66
中国社会科学院	3	0	0	3
共青团中央	1	0	0	1

25. 各省、市、自治区高等学校专利情况表

	专利申请数(件)	其中:发明专利	有效发明专利数(件)	专利所有权转让及许可数(件)
合计	13 447	1 822	10 988	942
北京市	223	86	165	36
天津市	55	5	92	2
河北省	507	70	428	45
山西省	259	0	183	0
内蒙古自治区	25	2	24	4
辽宁省	645	100	469	46
吉林省	418	30	269	19
黑龙江省	10	0	10	0
上海市	238	82	210	41
江苏省	1 402	153	958	79
浙江省	57	0	27	0
安徽省	1 148	196	836	105
福建省	430	39	344	12
江西省	707	55	789	42
山东省	879	277	751	126
河南省	1 070	256	947	161
湖北省	331	21	273	13
湖南省	1 653	232	1 464	126
广东省	788	58	879	33
广西壮族自治区	165	26	151	7
海南省	129	18	73	4
重庆市	179	10	82	3
四川省	773	16	621	10
贵州省	190	3	179	1
云南省	424	5	327	3
西藏自治区	5	2	0	0
陕西省	100	4	57	6
甘肃省	467	65	271	16
青海省	46	4	13	1
宁夏回族自治区	4	1	8	1
新疆维吾尔自治区	120	6	88	0

专利所有权转让及许可收入(千元)	专利申请授权数(件)	其中:发明专利	形成国家或行业标准数(项)
3 177	278	164 835	0
232	1	0	0
22	1	205	0
109	5	90	0
0	7	77	0
38	0	0	0
104	5	60 100	0
115	4	65	0
0	0	0	0
136	5	49	0
303	97	8 032	0
0	0	20	0
469	14	259	0
113	1	0	0
64	22	23	0
221	16	101	0
404	17	886	0
23	12	92	0
350	34	93 590	0
75	13	752	0
91	0	0	0
13	0	0	0
3	10	110	0
36	2	40	0
40	2	13	0
26	2	12	0
4	0	0	0
42	0	0	0
100	2	320	0
0	0	0	0
38	0	0	0
6	6	0	0